同 打圏《と》書《か》画

『日本山海名産図会』

【図説】江戸のカルチャー

教養書・実用書の世界

深光富士男

河出書房新社

目次

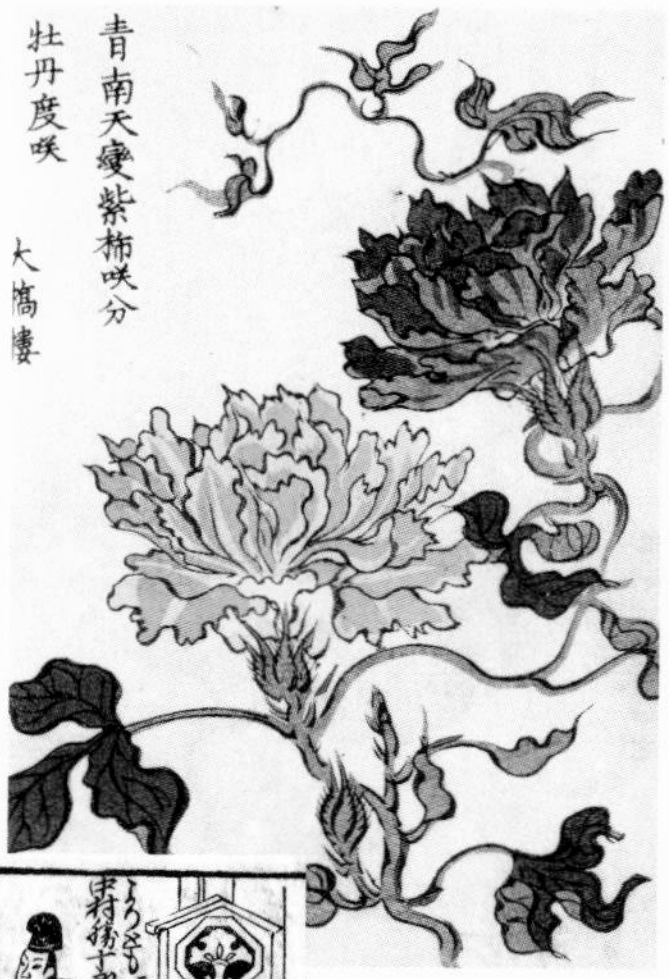

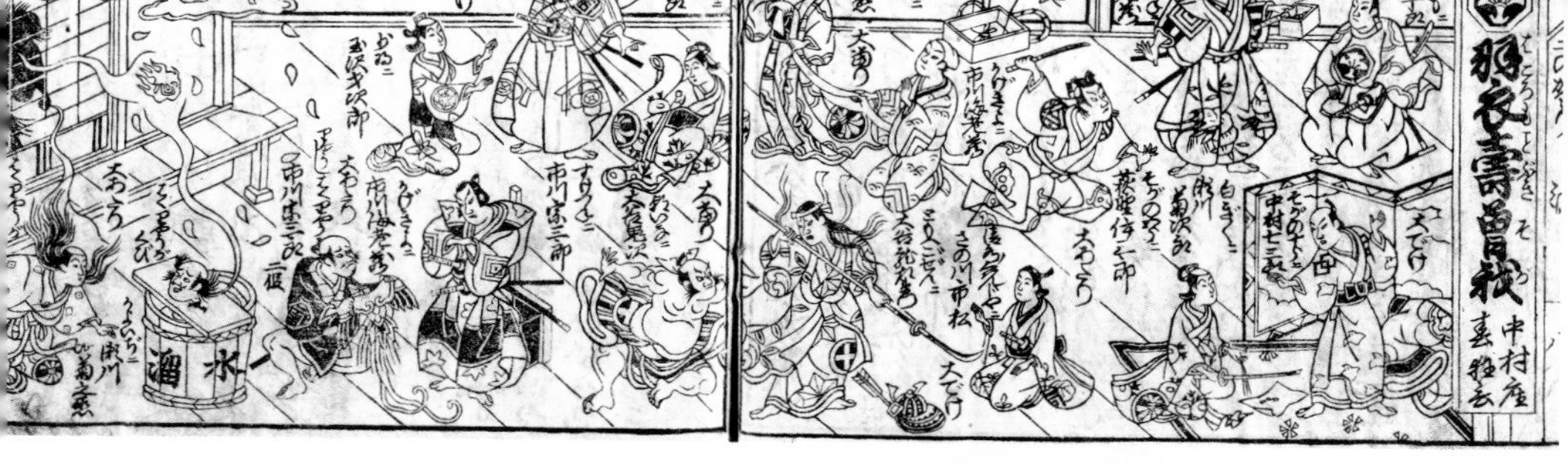

多種多彩な実用書系板本を乱読すると、錦絵にはない江戸時代が立ち上がってくる

和本は、写本と板本に大別される

江戸時代中期以降に制作された和本の大半は、写本と板本の2種類に大別される。

写本は、手書きした紙をそのまま用いてつくり上げた本で、著者本人がオリジナル原稿を書いた自筆本や、すでにある和本を書写して作成した本がある。江戸時代中期以降の書物は木版印刷された板本が多いと思われがちだが、江戸時代以前から続く1点物の写本づくりも盛んだったのである。

読み書きを修得し、教養を身につけた知識人たちは、自ら筆を執り本として残したいという願望を強く抱いていた。旅日記などの写本づくりは、庶民もチャレンジしていた。自信作ができると誰かに読んでもらいたいと思うのは、昔も今も変わらない。

当時は写本を販売する本屋もあった。写本は、れっきとした書物で、商品にもなったのである。ただし手書きのみに頼る写本の量産は容易ではなかった。

もう一方の板本の多くは、筆で著した原稿をもとに、彫師が主に山桜《ヤマザクラ》の板を彫って板木を作成し、摺師が手摺し、綴じて量産した木版本である。

江戸時代の初期には活字版（古活字版）もあったが、主流にはならなかった。活字の数量が潤沢になかったので、初版を摺ったあとは、すぐにばらして使い回さなければならなかったのだ。このため増摺《ましずり》する際には、あらためて活字を組むという面倒な作業を余儀なくされた。致命的ともいえるこの弱点が普及に歯止めをかけた。

板木は一度彫れば、いつでも摩滅するまで何度でも摺れた。増摺が簡便だったがゆえに印刷方式の主流となったのである。板木の一部だけを直したいときは、そのか所だけを削って修正した板をはめ込めばよかった（これを「埋め木」という）。

板本は「版本」と表記されることもある。また、板木からつくられた板本は「整版本」と呼ばれることもある。

板本の多くは、商業出版物だった

ただし板本は量産しやすい反面、少額とはいえない制作費を必要とした。

制作工程は、原稿～筆耕による清書（版下づくり）～彫師による板木づくり～試し摺～校正～本摺～丁合《ちょうあい》～中綴じ～表紙付け～本綴じ～袋入れ、などと幾つもある。

それらはすべて手作業で、職人たちへの支払いはもとより、紙や板などの材料費もかかった。挿絵を絵師に頼むと、画料も必要となる。幕府や藩の公的な板本や、財力のある武士や商人による私家版がつくられることもあったが、板本の多くはプロの板元が売れそうな企画を立てて初期投資の予算を組み、制作から販売まで行う商業出版が占めた。板元は有能な著者を選び、ヒットに欠かせない挿絵を絵師に発注。本の最後には、その板元の既刊本とこれから出す予定の本の広告を掲載した。その商魂は、現在の出版社と変わらない。

板元は、出版プロデューサーでもある。今という時代を見据えたうえ、先見性と英知を尽くしてヒット作を生み出そうと日々奮闘していたのである。その逞しい営みの中から、数多くの名著、ヒット作、ロングセラーが誕生していった。

三都の板元は「仲間」と呼ばれる組合をつくり、営業権を保障し合っていた。長く増摺が期待できる板木は、そのもの自体が

1789（寛政元）年刊の黄表紙『鸚鵡返文武二道《おうむがえしぶんぶのふたみち》』より。作者は恋川春町、挿絵は北尾政美《まさよし》。物語のなかに本屋のくだりがあり、挿絵の左下には、太い字で「書林」「書肆《しょし》」と書かれた置き看板が描かれている。当時の本屋は、このような名称でも呼ばれていた。店主らしき男が武士を相手に接客している。店内に掲げられた書名を読むと、学術書や宗教書が多いようだ。こうした堅い本を出版、販売する板元を、「書物問屋」といった。これに対し、大衆向けの娯楽本や錦絵などを江戸で出版、販売していた板元を、「地本《じほん》問屋」といった。書物問屋と地本問屋を兼ねる板元もあった。

1730（享保15）年に刊行された風俗絵本『絵本常盤草《ときわぐさ》』で、京都の浮世絵師・西川祐信《すけのぶ》が絵を描いた。庭に雪が積もる冬の寒い日に、3人の町女が置炬燵に入り、読書に耽っている。左頁では、待望の新作を手に入れたのか、1冊の板本を2人で楽しそうに読んでいる。美人画で名を馳せた祐信は、14頁より紹介している『雛形《ひいながた》都風俗』でも筆を振るったと考えられている。

版権をもつ「板株《いたかぶ》」として板木市などで売買された。板木を所有（蔵板）することにより出版の権利を得た板元は、自由に何度でも摺って販売することができた。しかし板木は摩滅していき、焼失することもある。その場合も板株は残り、同作の新たな板木づくりが許された。1部でも増摺できる木版印刷の特殊性もあり、江戸時代の良書は息が長かった。初版から数十年にわたり増摺を重ねた板本はざらにある。『都風俗化粧伝《けわいでん》』（10頁より紹介）は、およそ110年にわたり同じ板木から増摺されている。

本書は商業出版された板本の中から、教養書や実用書のジャンルに属する秀作を選び抜いて図説していく。

掲載板本の選考は、4次にわたった

さて、ご多分に漏れず本書も商業出版物である。独善に陥らず商品価値のある書物として成立させるためには、どのような選考基準を設けて掲載作品を絞るべきかと私なりに思案した。企画の根幹となる江戸期古典籍からの選考は4次にわたった。

本書はオールカラーで【図説】をうたっている。私はまず、そこから攻めていこうと考えた。1次リストは、なんらかの魅力を放っている挿絵入りの板本を最優先にして作成。その中から本文も充実している書籍を選出していき、第2次リストに辿り着いた。そこまでくると、自ずと教養のある著者による画文充実の名著が浮かび上がってくる。ただし、仏書、儒書、往来物、学術色の強すぎる書物はリストから外した。あとは分野のバランスである。

必要以上に類書が続かないように配慮しながら、第3次リストを固めていく。「これならいけそう」「何でもありのごった煮感が面白い」と思えてきたのがこの段階である。「江戸期実用書のバラエティセット」といった賑やかなフレーズが頭に浮かび、ラインナップが輝きを放ってきた。そこから128頁に収まるように第4次最終リストを作成。眺めると江戸期出版文化の多彩さ、豊かさがあらためて実感できた。

今回ピックアップした挿絵頁の多くには、見出しや解説文なども入っている。活字ではなく筆耕の手書き文字を浮き彫りにした板木から摺られた板本は、見慣れない漢字や読みづらいくずし字が多い。文体にも馴染めなく、「読むのが厄介だ」と思われてもしかたない。板本の最大のネックがここにある。くずし字は高校の授業でも教わらない。板本はとっつきにくく、読みにくい書籍なのである。でも、今からでも遅くない。漢字にふりがなを振った板本も多いので、少しコツをつかんでざっくりとでも読めるようになると、読む苦痛が楽しみに変わる。その面白味をお伝えしたいと思い、

1748（延享５）年に刊行された『絵本貝歌仙《かいかせん》』より。絵は西川祐信《すけのぶ》が描いた。この絵は見開きの左頁で、本を開いた若い男と、書箱《しょそう》から本を抜き出そうとしている女性が描かれている。書箱は、はめ込み式のふた付きである。板本や写本は軽くて丈夫だが腰がないので、蔵書が増えても縦にして並べることができなかった。和本は、床や棚、書箱の中などに平積みするしかなかった。

1802（享和２）年刊の黄表紙『的中地本問屋《あたりやしたじほんどいや》』より。作者は十返舎一九で、挿絵も描いている。本作には、地本問屋の村田屋次郎兵衛（実際の板元）と一九本人が登場し、売れる草紙づくりをテーマに、板本の制作工程を図説しながら物語を進めている。この絵はラストの見開き頁で、草紙屋（本屋）に大当たりした新作を求める客が殺到している。奇しくもこの年、一九は『東海道中膝栗毛』の初編も刊行した。願望を込めた本作中の大ヒットは現実のものとなる。

図説文の所々に画中の文を抜き出して紹介してみた。そのくだりは、見比べながら読んでみていただきたい（読みやすいように、句点や読点を入れた）。

本書は膨大な江戸期出版物からほんの氷山の一角を示したに過ぎないが、ビジュアル重視で実用書系板本の例を図説する意義は見いだせたのではないか。錦絵にはない、板本から立ち上がってくる江戸時代のリアルを、多少なりとも提供できたように思う。

本書では、章をあえて設けなかった。当初はジャンルのバランスを取りながら5〜6章に分けようと考えていたが、そこからはみ出す本や複数の章にまたがる本が多すぎることに気づき、潔く章立ては諦めた。

そのかわり可能な範囲で同類のグループをつくり、そのつながりのなかでは刊行年の古いものから並べるようにした。とはいえルールはその程度で、一貫した括りはない。江戸時代中期以降の雑多な板本がランダムに並ぶだけである。締まりのない構成ではあるが、それだけ当時の板本は自由度が高かったのだとご理解いただきたい。

現存する江戸時代の板本は今も山のようにあるので、掲載した雑多な板本は少し前の古本と思っていただければいいだろう。

みなさんは目に止まった古本屋にふらりと立ち寄り、狭い通路の奥に雑然と平積みされた江戸期実用書コーナーにうっかり足を踏み入れてしまい、気の向くまま手に取る気分で本書をパラパラめくり、好きなところから板本の多彩な世界に入ってもらえれば……と願う次第である。

草庵で寝っ転がって本を読んでいる人物は、『徒然草』の作者・兼好法師である。これは『大和絵つくし』と題された板本の挿絵で、浮世絵の創始者といわれる菱川師宣が描いた。上部には、兼好の紹介や序段の文などが記されている。本作はこの『徒然草』のほかにも、『源氏物語』や『伊勢物語』『平家物語』などの古典が選ばれ、それぞれの名シーンが師宣流の解釈で絵にされている。初版の刊行は、１６８０（延宝８）年。師宣は、これより８年くらい前から絵師名を板本に記すようになり、板木から複数摺られる木版の絵でも鑑賞に堪える絵画が生み出せることを証明してきた。その筆の冴えは、本作でも発揮されている。意表をつくこの兼好の姿は、今の私たちにも読書の喜びを伝えてくれる。

化粧から肌トラブルの解消法、身嗜《みだしな》みまで指南した超ロングセラーの総合美容書

『都風俗化粧伝《みやこふうぞくけわいでん》』

1

3冊から成る本作は、1813（文化10）年に出版されてから1922（大正11）年に至るまで、約110年にわたり木版で何度も増摺《ましずり》された超ロングセラーの美容書である。

タイトルに「化粧《けわい》」とあるが、顔の化粧法のみならず全身美容の指南書といった内容になっている。

巻之上の前書には、田舎の婦人もこの書のようにすれば、都の婦人のように「百媚百嬌《ひゃくびひゃくきょう》をそなう美人」となること疑いなしとして、「実に婦女子のためには千金にも換《かへ》がたき秘蔵の書」と記している。

本文には、「皺をのばし光沢《つや》よき顔にする伝」「肩のいかりたるを撫《なで》肩《がた》にする伝」など、読者のさまざまな顔や容姿の悩みを解決すべく、あらゆる項目が並んでいる。

また、にきびなどの肌トラブルや、歯痛等に効く薬の作り方なども掲載されていて、家庭の医学書といった一面も持っている。そのほか「身に汗の出ずるを止むる伝」「欠《あくび》を止むる伝」なども記している。

本文頁の多くは、罫線を入れ上下2段に分けている。本文は下段にあり、上段には「頭書《かしらがき》」と称して別の情報を入れている。上下段とも次の頁へ続いていく。

著者は佐山半七丸。この人物の経歴は不明である。挿絵は速水春暁斎《はやみしゅんぎょうさい》。京都の人で、生家は代々呉服商を営んでいた。画才、文才に長け、浮世絵師、読本作家として多数の出版物を残している。

1は「額《ひたい》の上《あが》りたるを短く見する伝」の本文に続く図である。本文では「髪生薬《かみはへぐすり》を用いて額の髪を生やすべし」と髪生薬を勧めて、次にその薬を使わない場合の化粧法を詳しく説明している。図には引き出し線を使って解説を入れ、額に点線で示して「この所より下へむけ白粉《おしろい》を濃くぬるべし」と、本文を補足している。髪生薬の作り方は、巻之中の「髪之部」に掲載されている。あやまって身につけると、そこから毛が生えるという強力きわまりない薬など、5つの薬の材料と製法を記している。2の右頁の頭書では「耳のしもやけを治《ぢ》する薬《くすり》の伝《でん》」として生姜を紹介。「すりおろして汁《しる》をしぼり、あたためて付《つ》へし。治《ぢ》すること妙《めう》なり」とある。下の本文では、上がっている目尻を下げて水平に見せる化粧法を解説。左頁では、下がっている目尻を上げて見せる化粧法を解説している。3は身支度する女性たち。女性たちのさまざまな場面を描いた絵が、本文頁の合間に挿入されている。

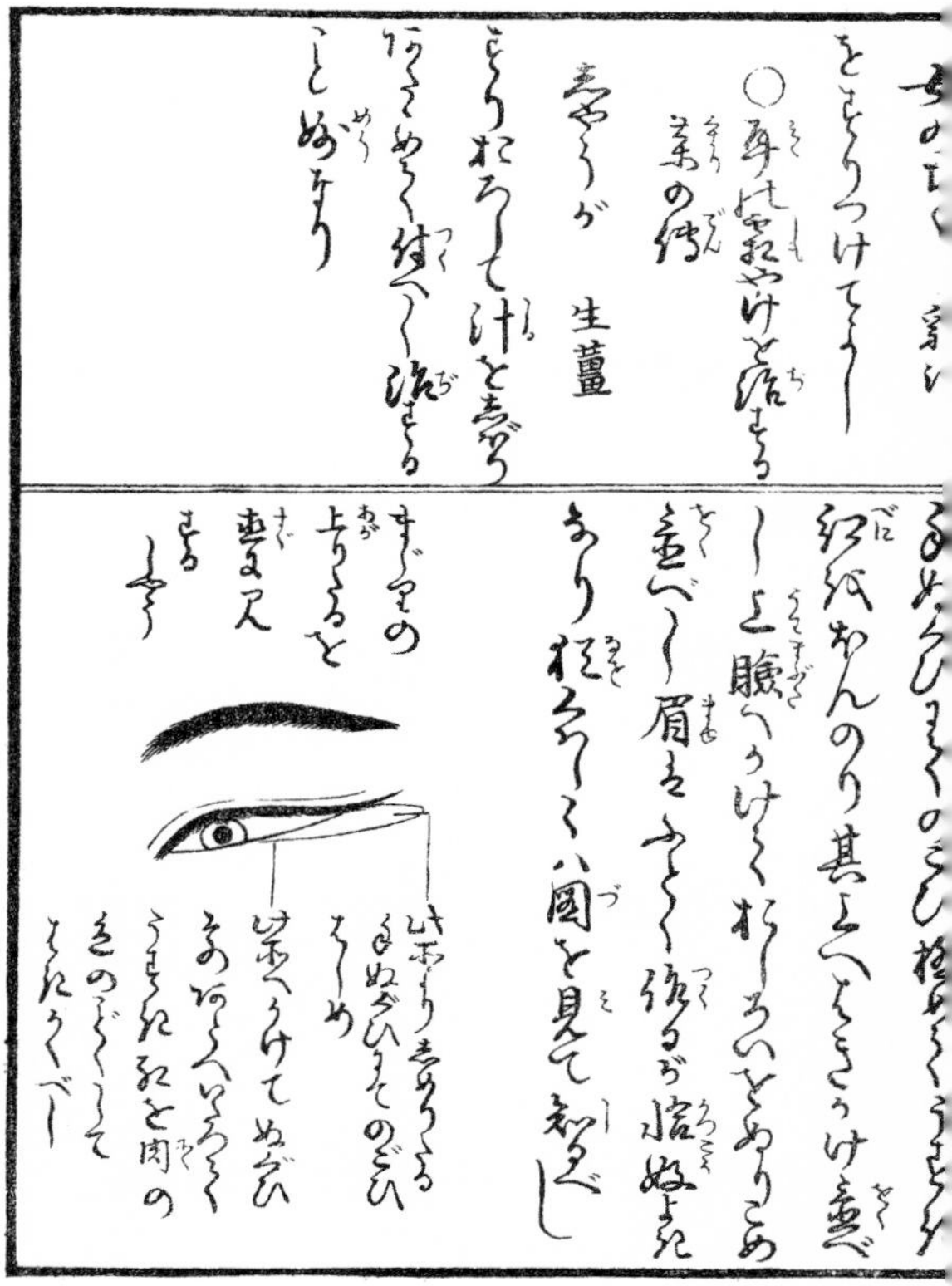

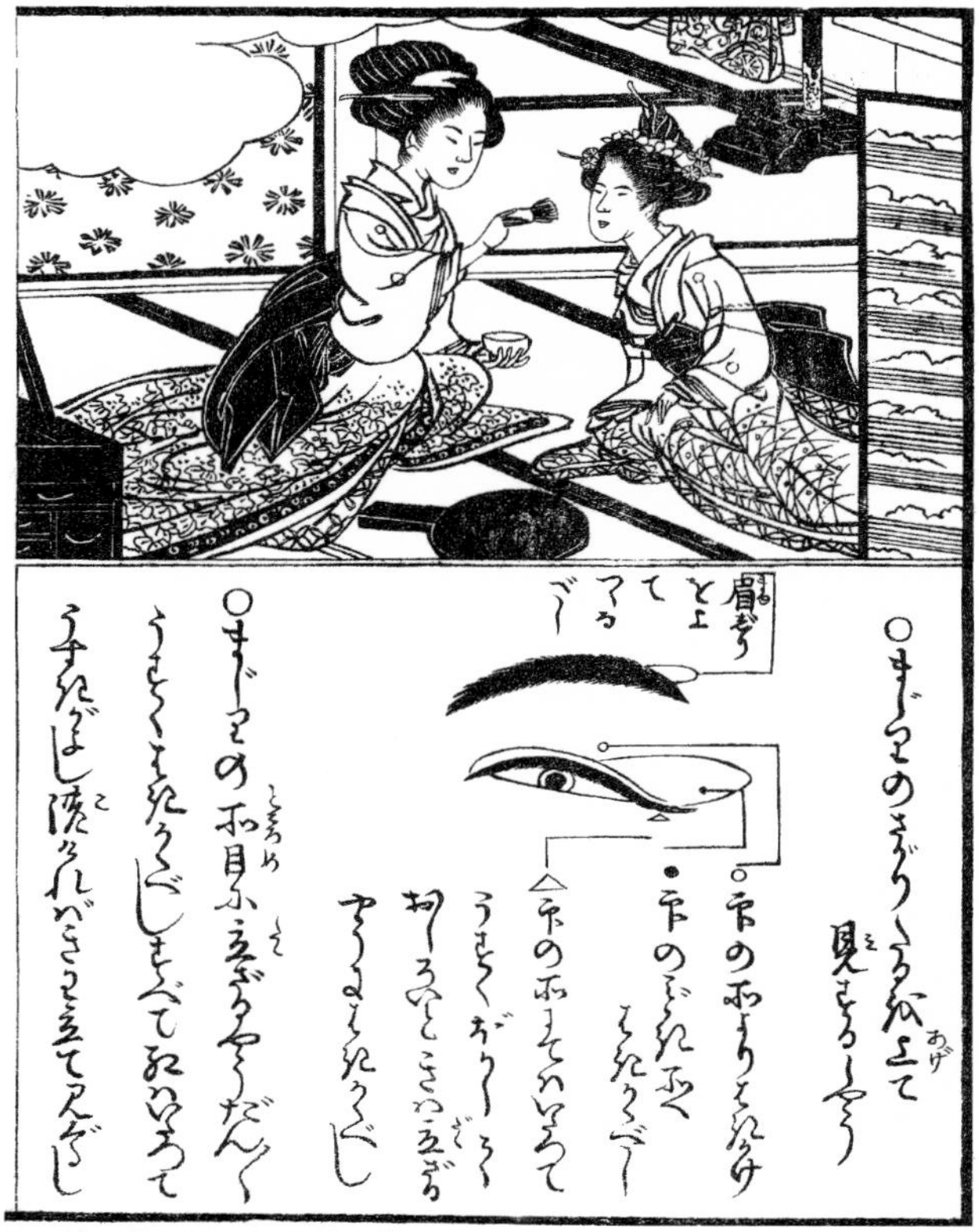

2

3

錦絵 1858（安政５）年に歌川国貞が描いた「江戸百人美女 柳はし」。合わせ鏡で襟足の白粉の具合を見ている。鏡台には白粉用の刷毛や紅猪口《べにちょく》がのっている。本作の本文に、首筋の白粉は顔より少し濃くぬるとよいとある。

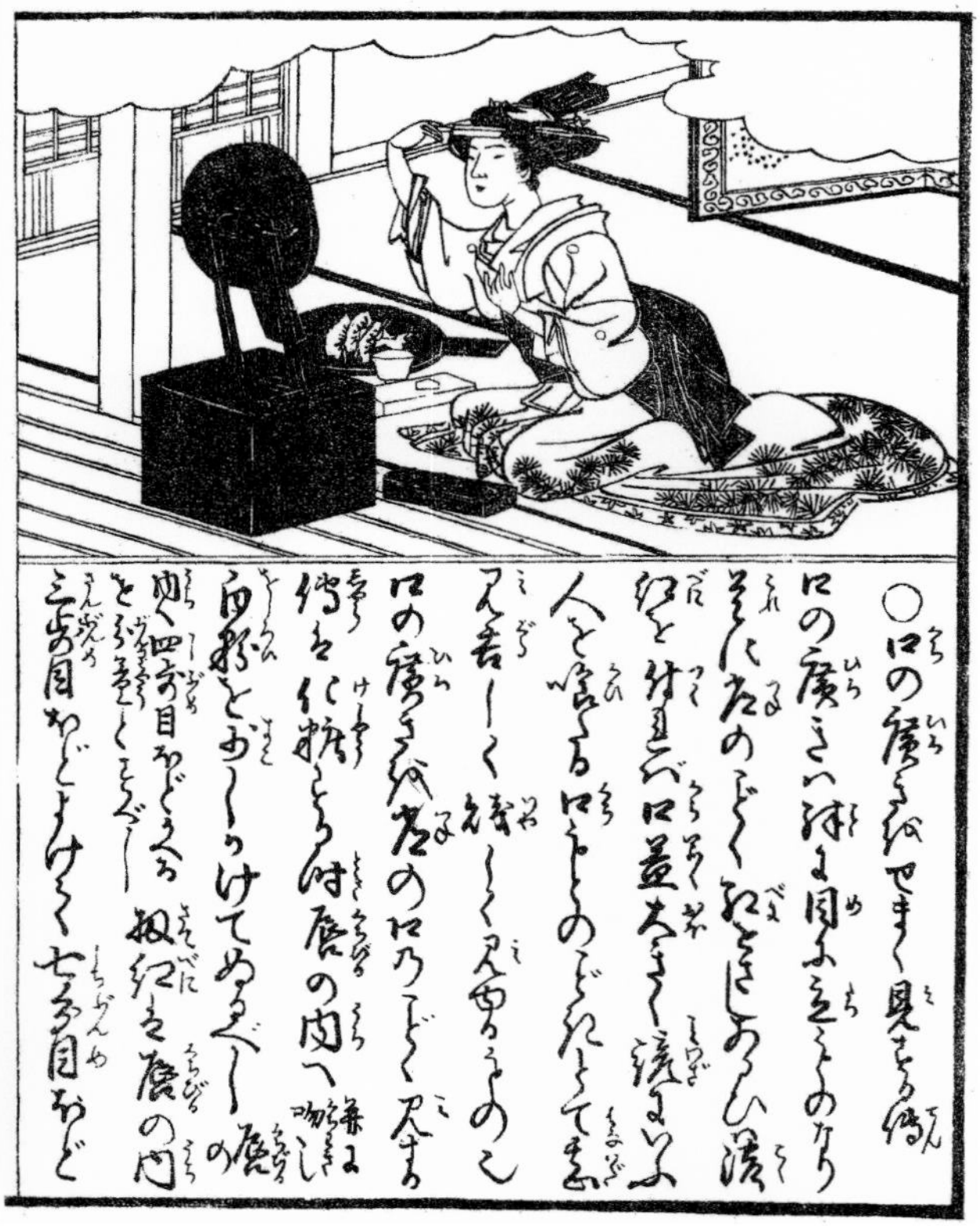

①

②

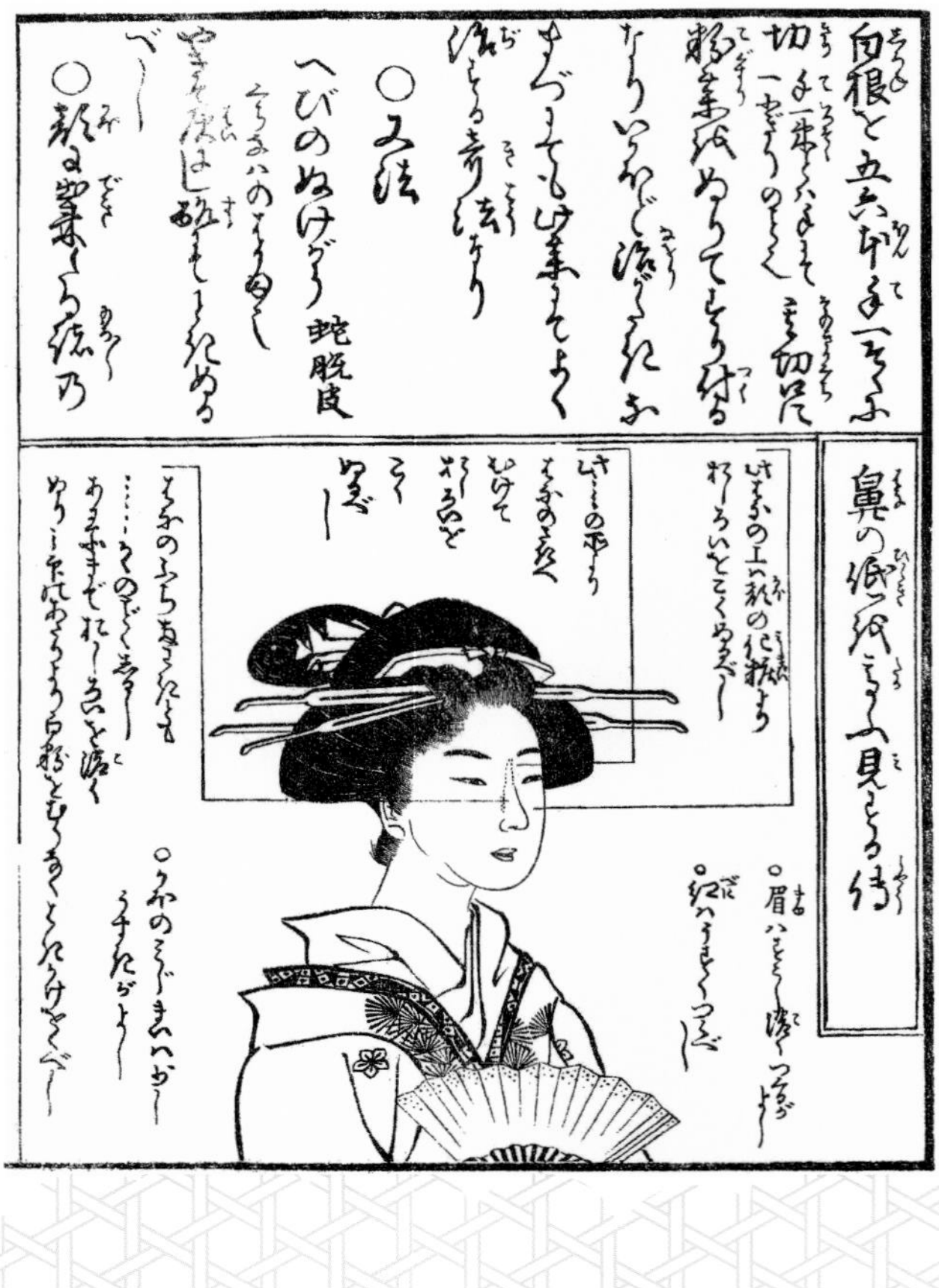

①の上段の絵は、剃刀《かみそり》で眉を整えているところか。下段には「口《くち》の広《ひろ》きをせまく見《み》する伝《てん》」とある。そのまま紅をさすと口が大きく見えるので、唇に白粉《おしろい》を四分目（40％）ほどかけてぬり、紅は内の方より七分目ほど少し濃く付けるべし、と記している。先の頁に詳しい図解がある。（巻之上「顔之部」より）②の下の図は「鼻《はな》の低《ひくき》を高《たか》ふ見《み》する伝《しやう》」。鼻の白粉は顔の白粉より濃くぬり、眉はすこし濃くつくり、紅はうすくつけるべしとある。（巻之上「顔之部」より）③は巻之中「髪之部」の最初の頁。この部では、海蘿《ふのり》と饂飩粉《うどんのこ》を溶いて髪を洗う方法など、髪に関する秘伝を記載している。④の下段の図は「背《せ》の低《ひくき》を高《たか》ふ見《み》する仕《し》様《やう》の図《づ》」。髪の結い方や姿勢などを図説している。上段の頭書《かしらがき》は、帯についての記述。この頁のあと、さまざまな帯の結び方を図で紹介している。（巻之下「容儀《かたちづくり》之部」より）

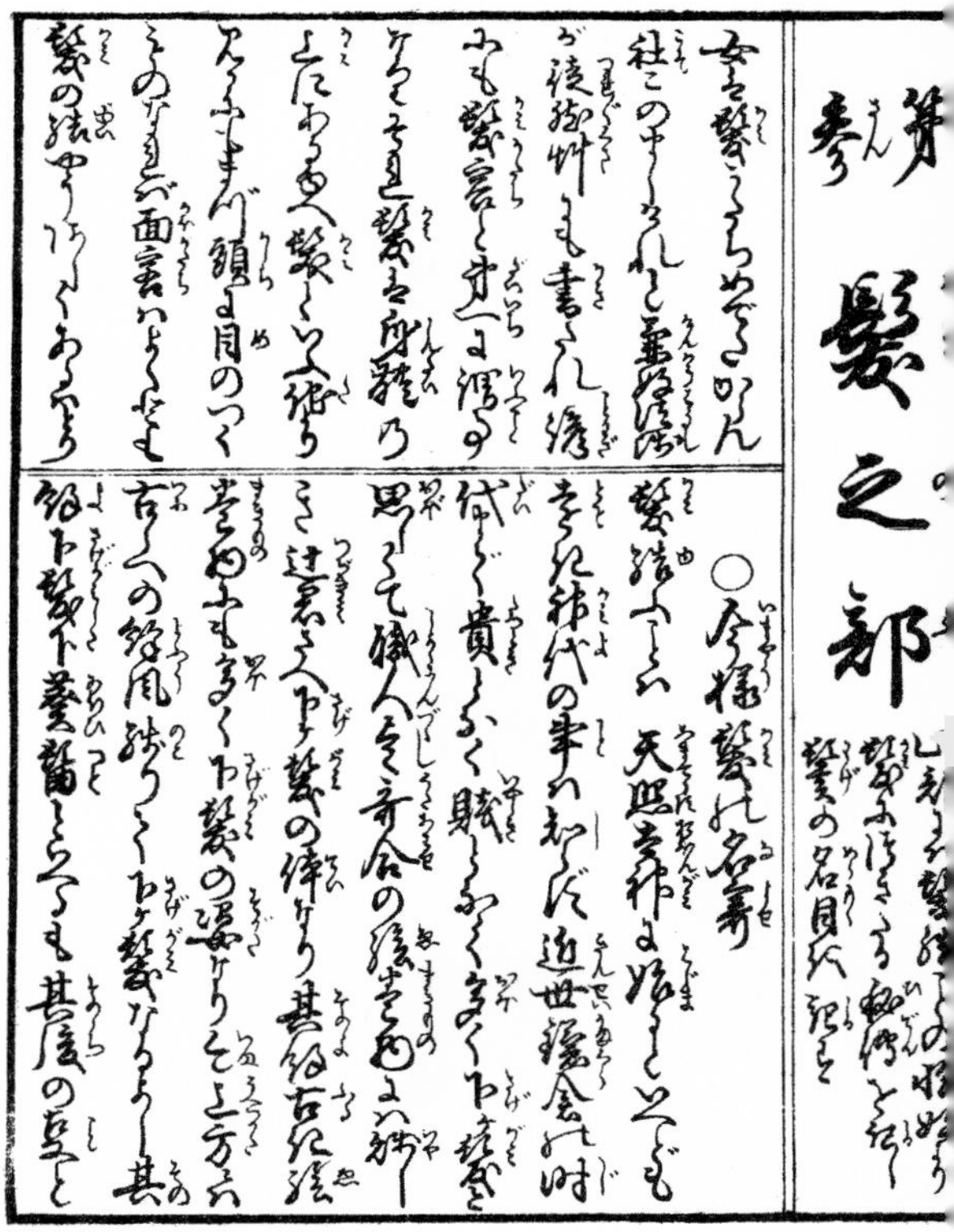

3

4

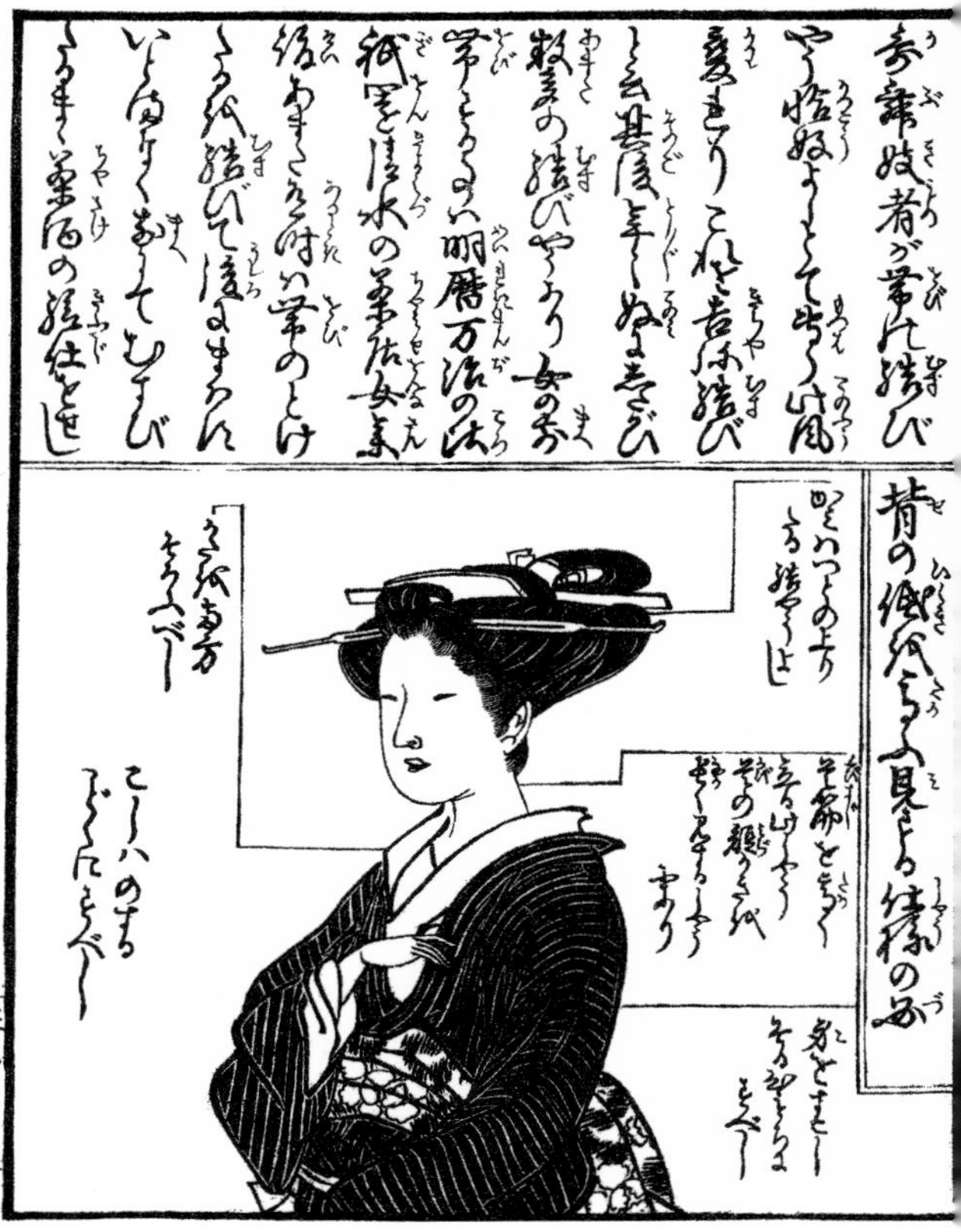

錦絵 髷《まげ》を結う前に、櫛で長い髪を梳《とか》しているところ。1854（安政元）年刊の「双筆五十三次 品川」で、歌川広重が風景を、歌川国貞が人物を描いている。

『雛形都風俗《ひいながたみやこふうぞく》』

江戸時代には小袖の模様を集めた見本帳（小袖雛形本）が数多く刊行された。1666（寛文6）年に刊行された『新撰御ひいながた』をはじめとして、これまでに120種以上が確認されている。こうした小袖雛形本は、呉服商が注文帳として利用したほか、庶民に絵本としても楽しまれた。

本作は1716（正徳6）年に京都で刊行された小袖雛形本である。絵は優美な画風で知られる西川祐信《すけのぶ》と推定される。序文では、「日《め》馴《なれ》ぬる模やうは古めかしくて興なし。依《これによつ》て今新たに珍《めずら》かなる模様を工夫し、染色を分《わかち》集めて雛形都風俗と題して桜木にうつすものなり」と、最新デザイン集であることをうたっている。

元服前の前髪立《まえがみだち》の男性向けデザイン。扇のように広がる矢羽根が描かれている。

見開き頁に小袖模様を２パターンで紹介している。ひとつは上左頁のように小袖を広げ、背中側から見た模様を大きく見せるパターン。もうひとつは上右頁のようにスタイル画風の全身像を描いて、着用のイメージを見せるパターンである。墨摺のため、色や染色方法については文で示されている。上右頁の六十四番には、「地白、水所はあさぎ、のこり友ぜんの色さし、すすきはすみゑいり」とあり、上左頁の六十五番には、「上地白、松ばの所とくさちゃのあけぼの、下白ちゃ、たきはあさぎ、山ぶきゆうぜん色さし」と記されている。

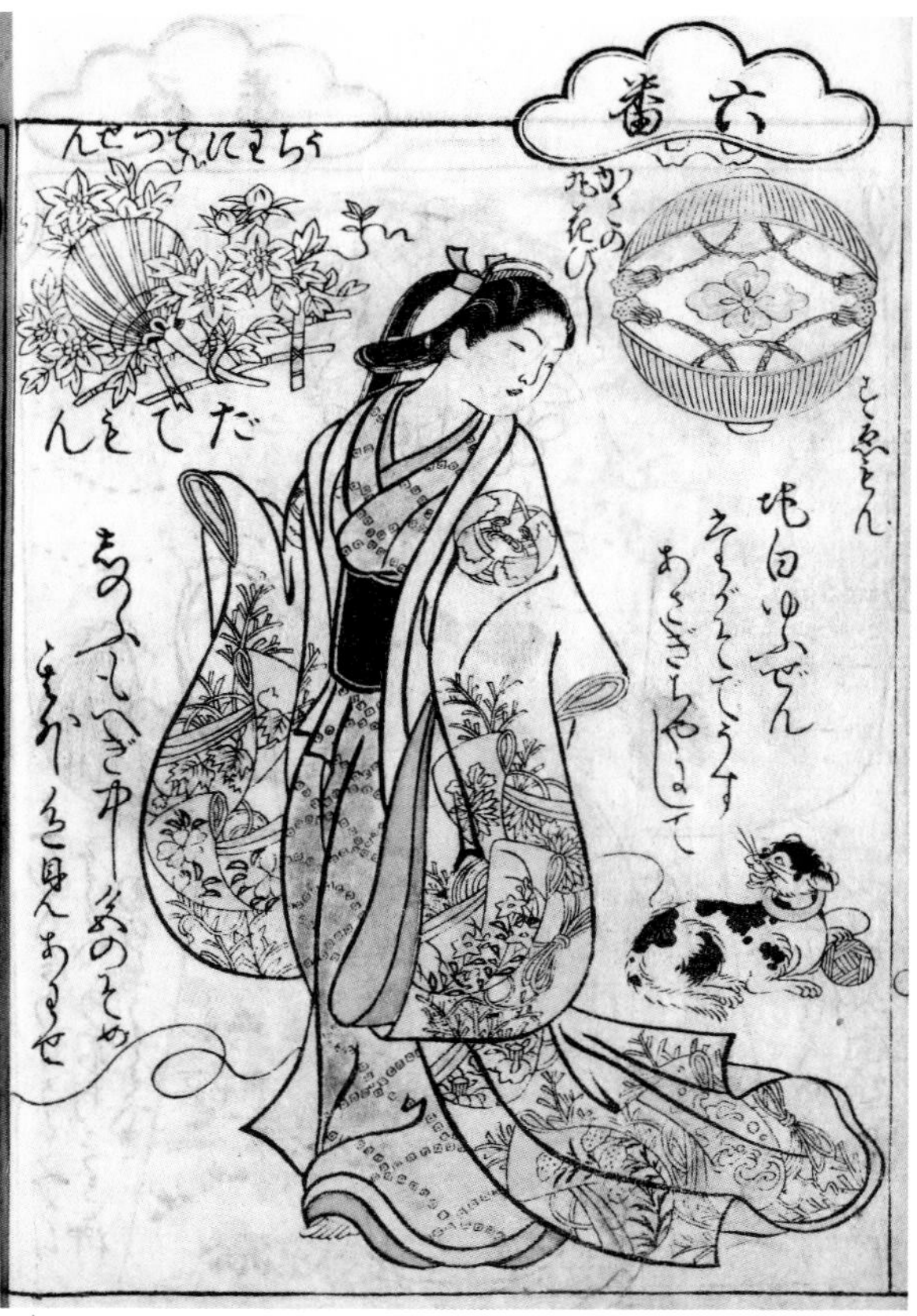
六番

七番

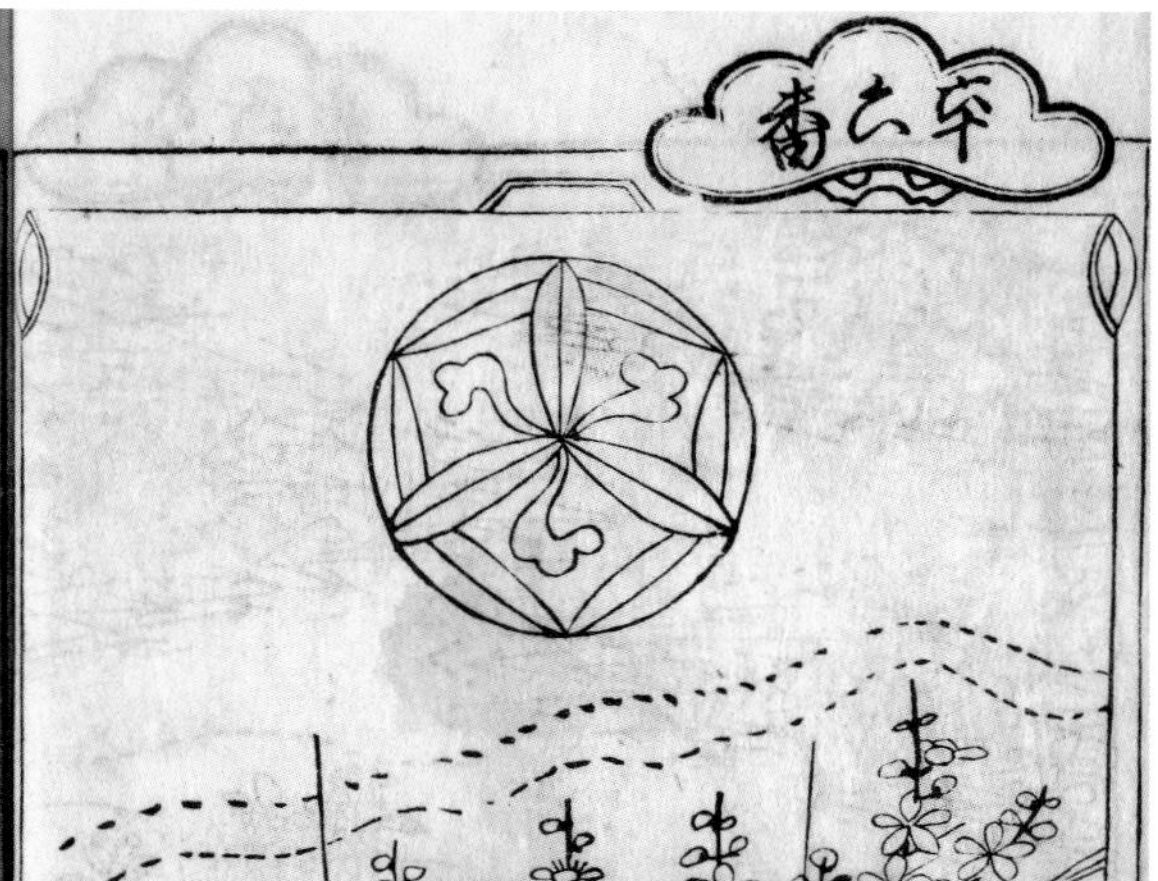

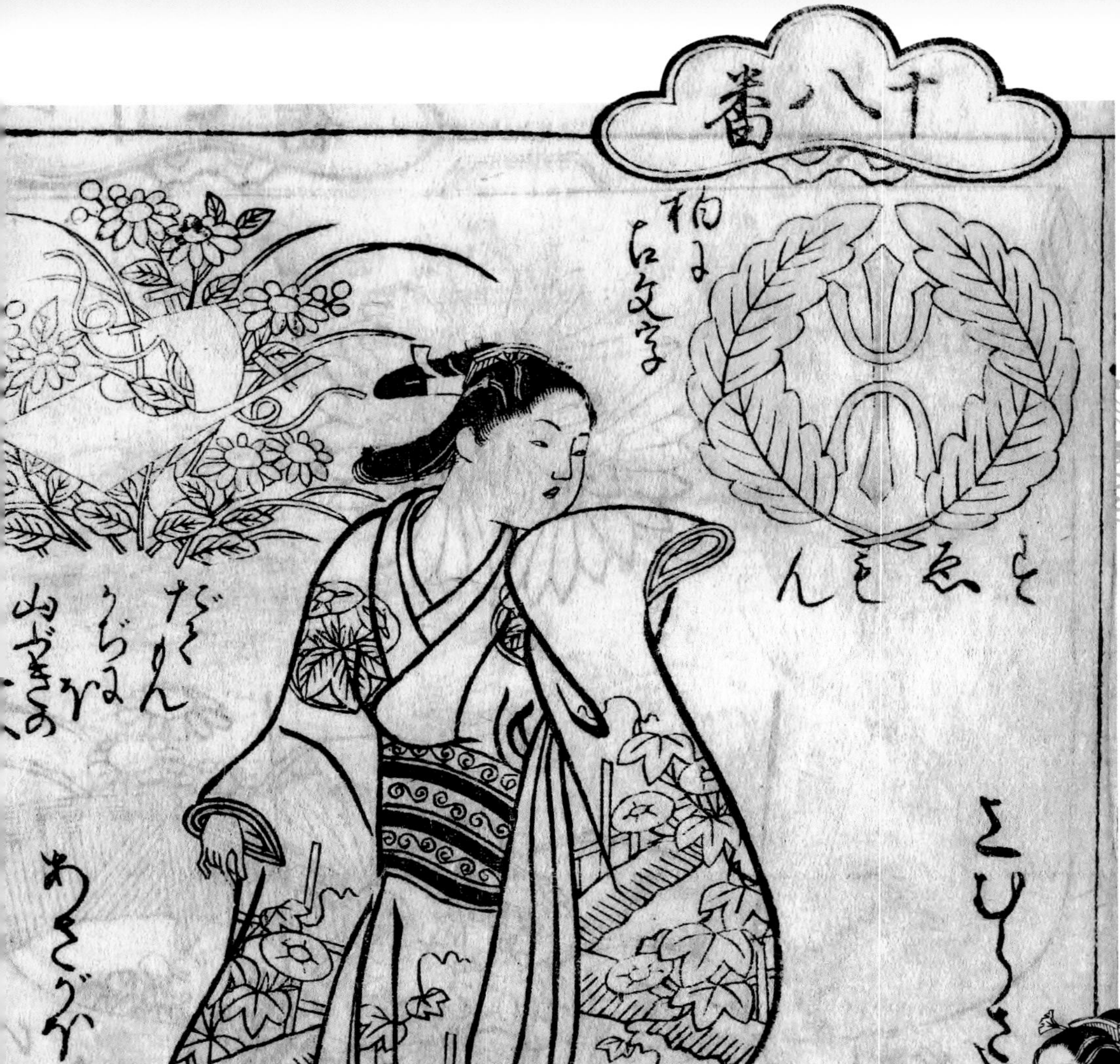

十八番には「上むらさきゆうぜん、たかへい（高塀）あさぎ、あさがほさいしき、すみゑ入」とある。左上に描かれた紋は、おしゃれ用にデザインした伊達紋《だてもん》で、山吹に舵と帆を組み合わせている。右下の小袖は、菱形《ひしがた》を変化させた松皮菱《まつかわびし》の中に、あざみや柳を描いている。

十九番の上部は葦船《あしふね》の模様。下部には「けんぼう」と記されている。剣術家の吉岡憲法《けんぼう》が考案したとされる黒茶色の小紋のことか。そこに雪葦《ゆきあし》、雪雁《ゆきがん》がリズミカルにデザインされている。左上は元服前の男性向け。唐織物風の模様と文字がデザインされている。

葛飾北斎による唯一の小紋デザイン集。序文は柳亭種彦が書いた

『新形《しんがた》小紋《こもん》帳《ちょう》』

画業70年の巨匠・葛飾北斎が本書を著した。北斎が挑戦した絵画ジャンルは多岐にわたり、生涯に描いた作品は3万点以上といわれる。常に未知の領域への好奇心に突き動かされ、自在に筆を走らせた北斎のチャレンジ精神は幾何学模様も含む図案の分野にも及んでいた。

本作は着物の染め職人が雛形として使える小紋の創作デザイン集で、北斎は図案家としての腕も披露していたのだ。優れた図案を約60頁のなかに多数掲載。その実用性は紺屋（染物屋）などの業界人たちから高い評価を受け、後には「北斎模様」と呼ばれ、現在に至るまで活用されている。

もとより北斎は図形への関心が高く、絵画作品の構図にも図形のこだわりがみられる。『略画早指南』等の絵手本にも図形を生かしていた。ただし小紋の図案帳は本作のみ。北斎が63歳頃にまとめて、1824（文政7）年に刊行された。序文は合巻《ごうかん》『偐紫《にせむらさき》田舎《いなか》源氏』の作者・柳亭種彦が書いている。

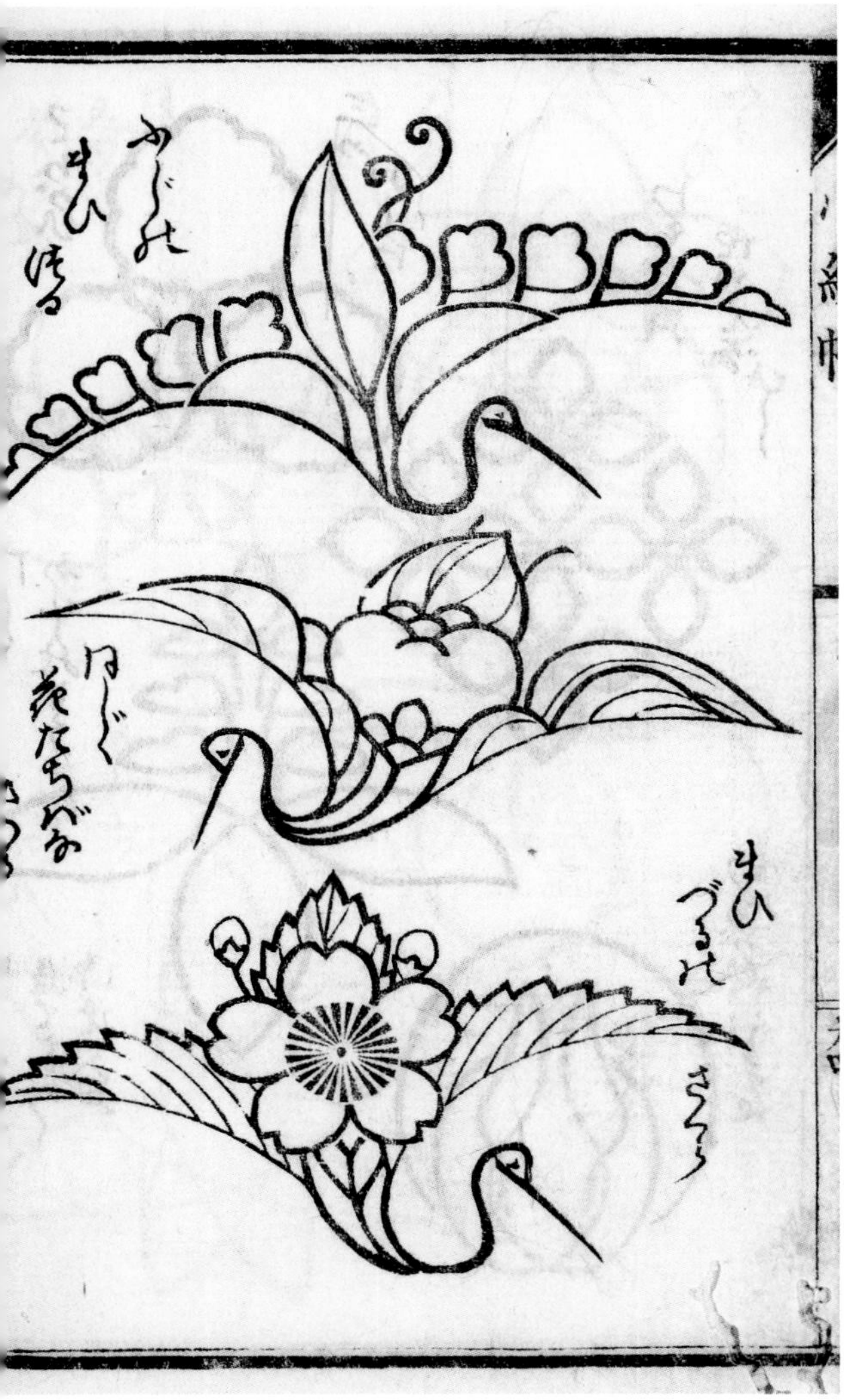

1

3

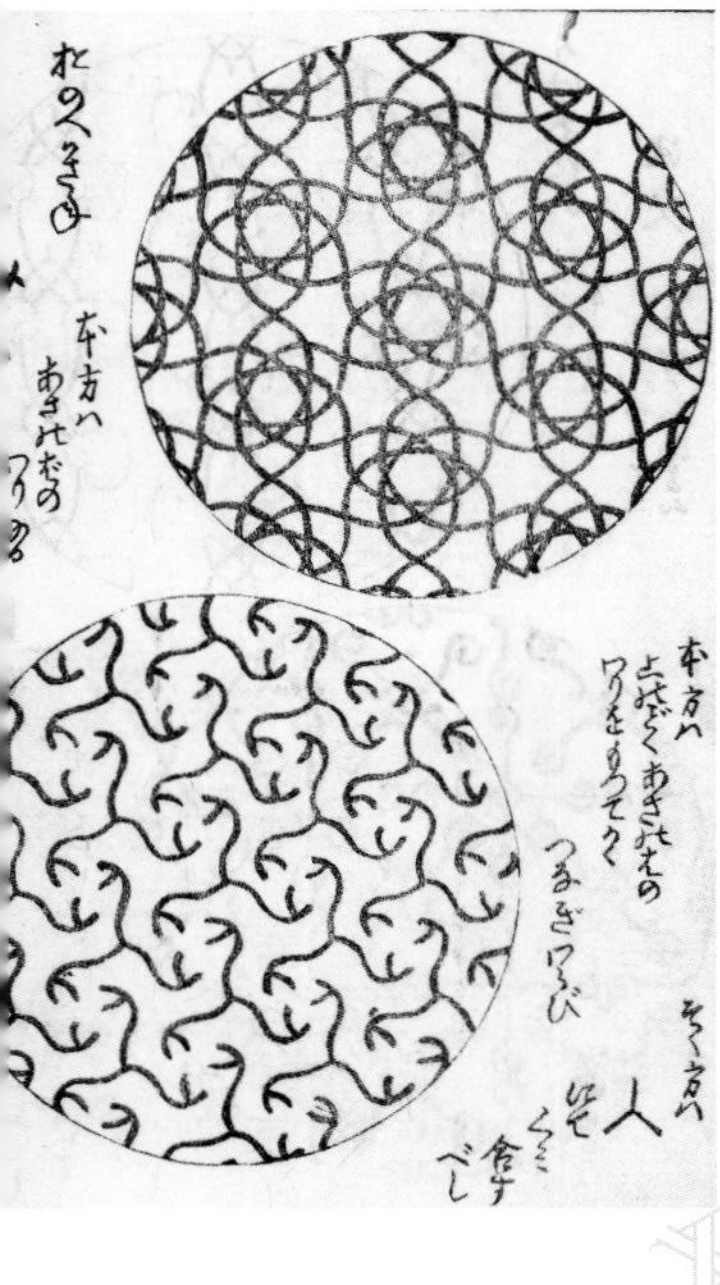

2

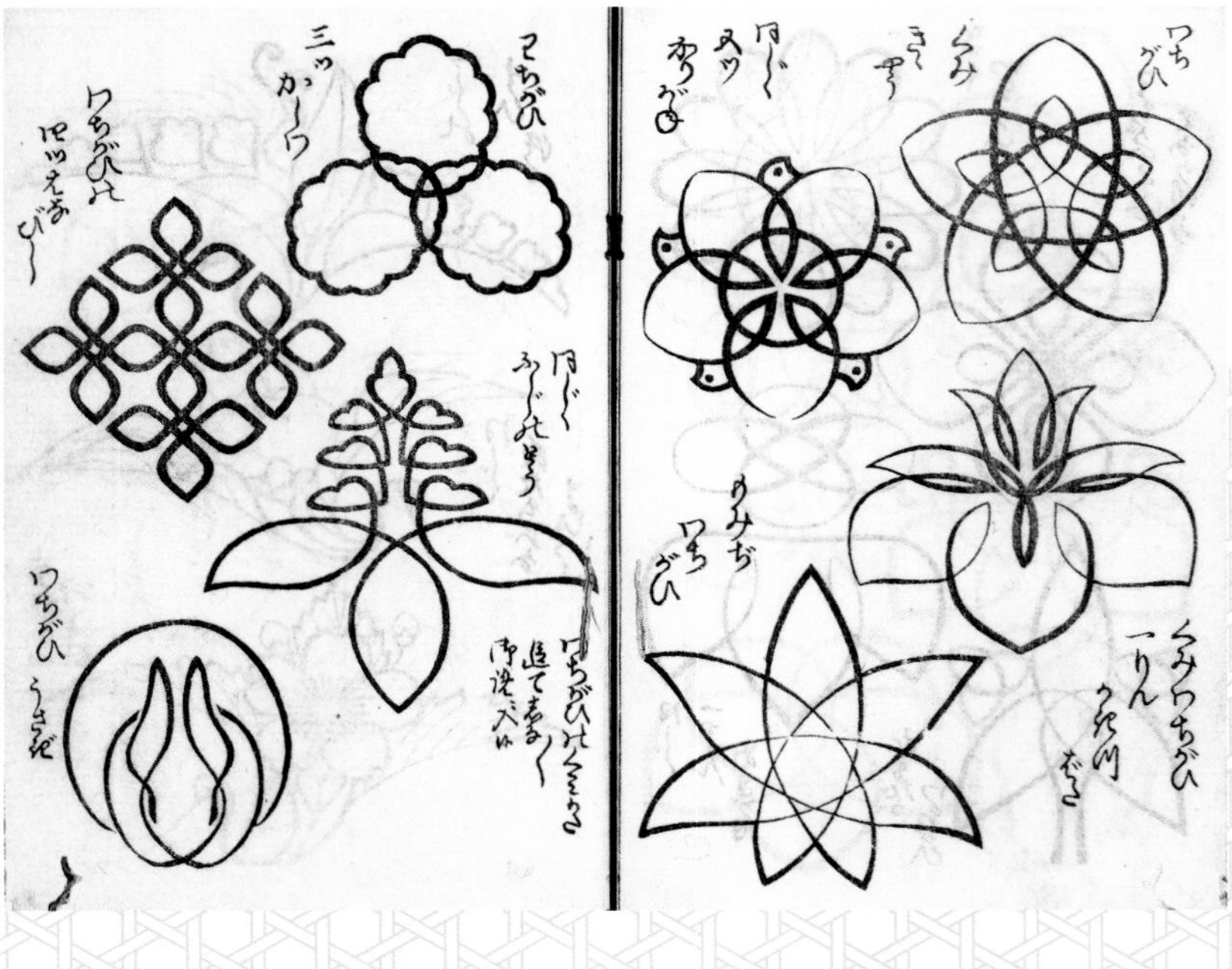

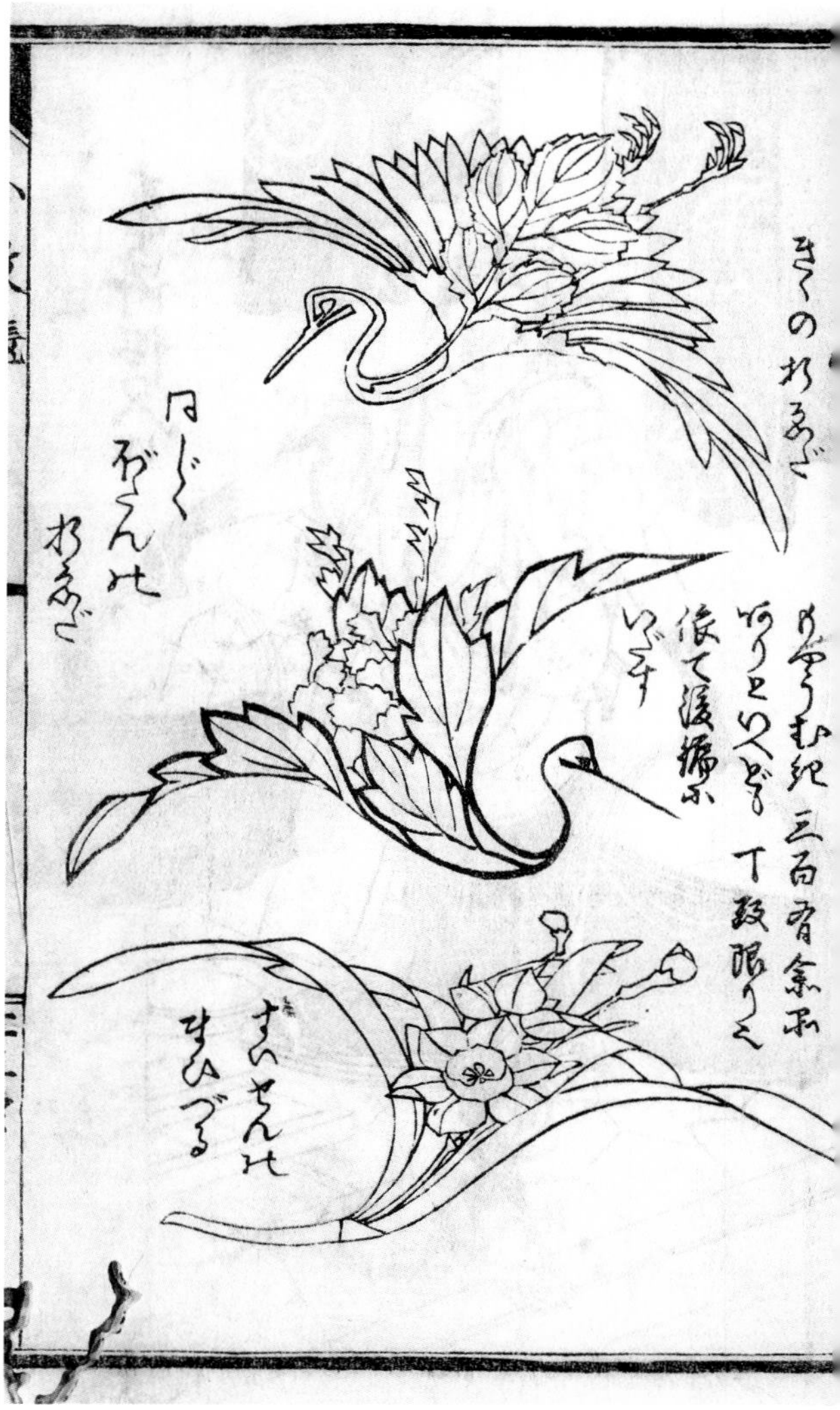

①は「花と舞鶴シリーズ」。右上から、藤、花橘《はなたちばな》、桜、菊の折枝、牡丹の折枝、水仙を用いて鶴に見立てている。②は「輪違いシリーズ」。右上から、組み桔梗《ききょう》、五ツ雁《かり》がね、一輪杜若《かきつばた》、紅葉、三ツかしわ、四ツ花菱、藤のとう、うさぎを表している。③は「幾何学模様シリーズ」の一部。④の右頁下は、右が「文字より絵を生ず」の例、左が「画より文字を生ず」の例。左頁は「幾何学模様シリーズ」の一部で、上が八ツ手麻の葉、下が網代《あじろ》組麻の葉。

④

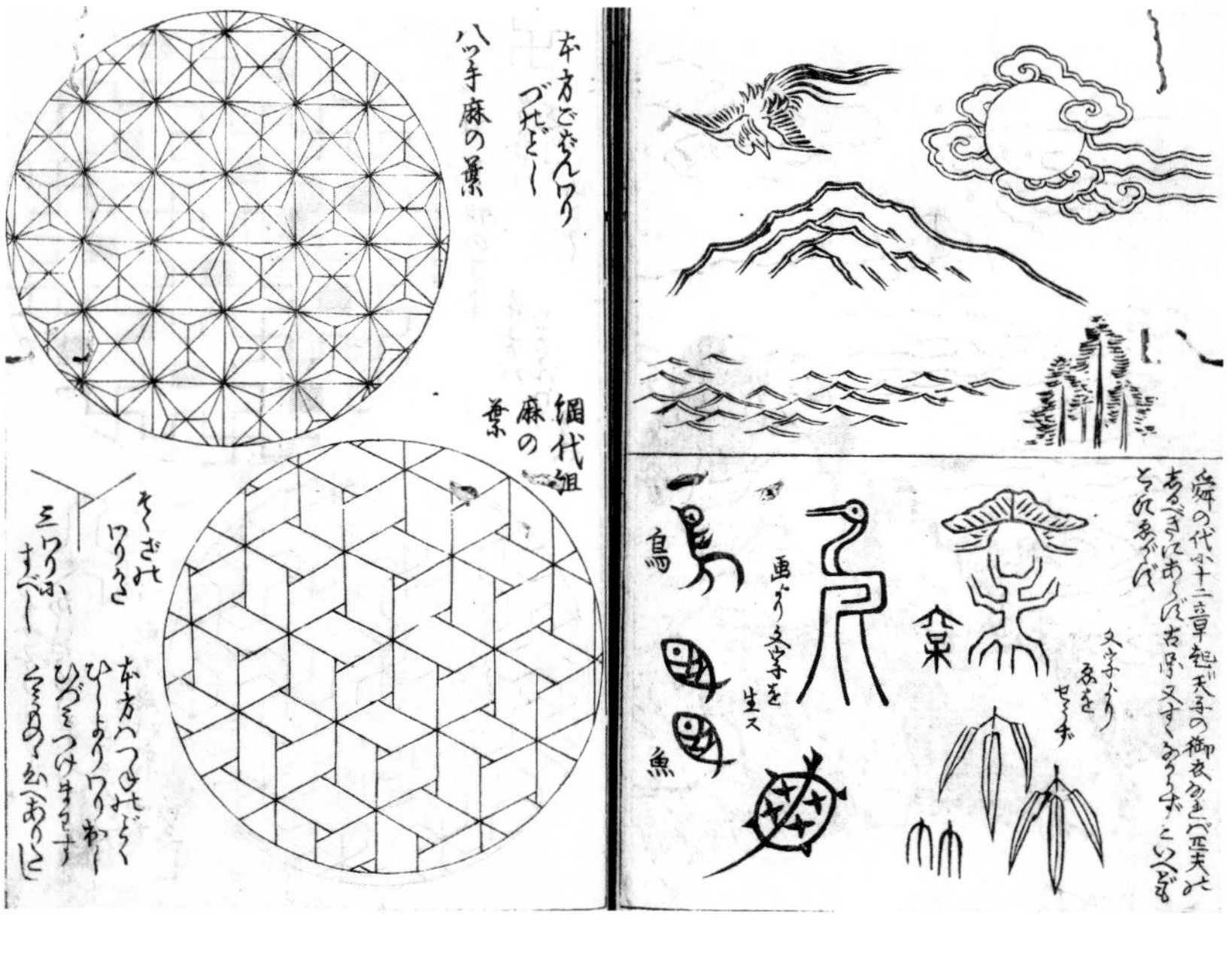

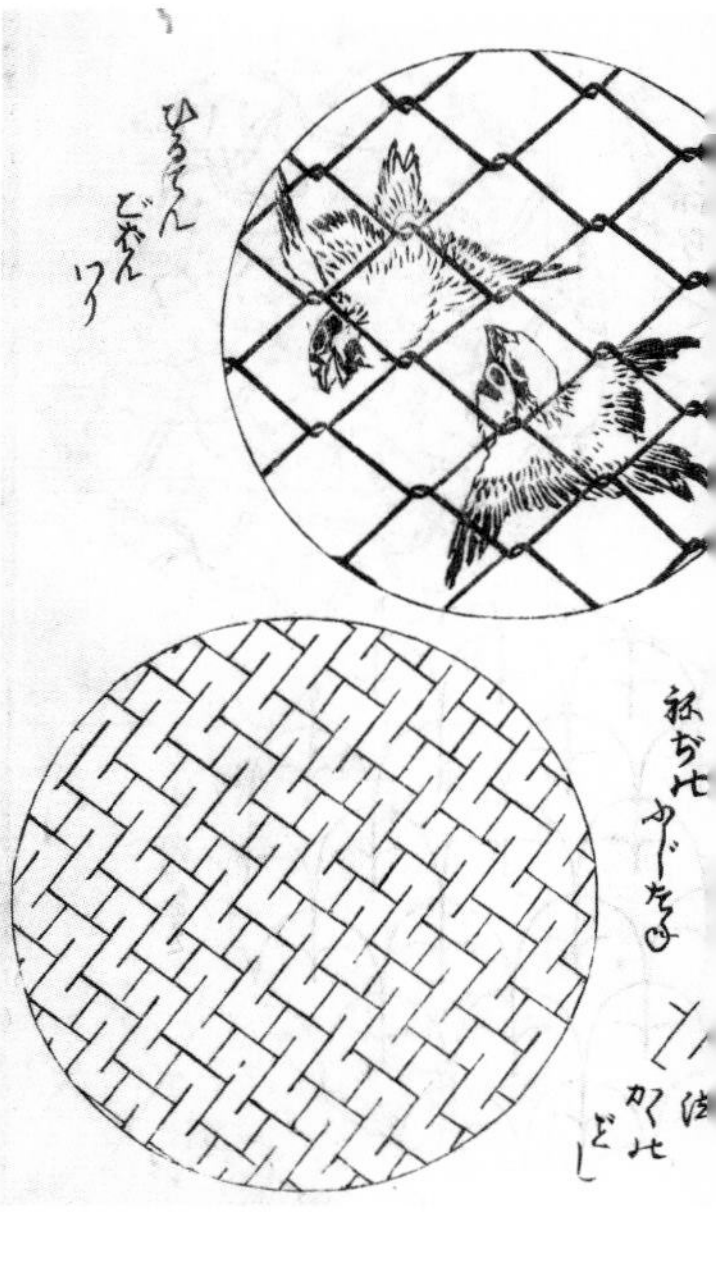

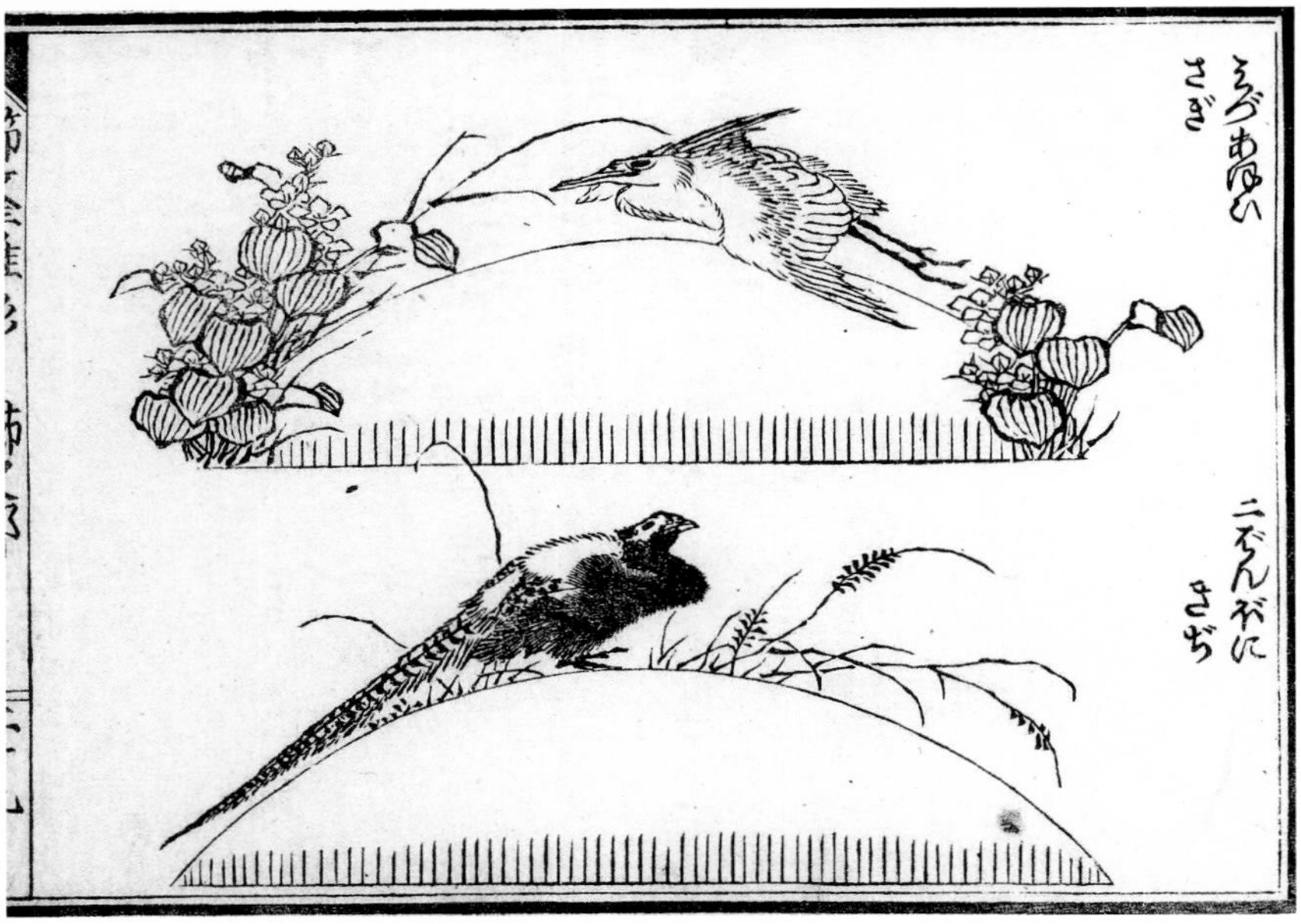

1

選んで切って、貼ってすぐ彫れる！ 葛飾北斎が描いた櫛《くし》と煙管《きせる》の実物大図案集

『今様櫛筌雛形《いまようせっきんひながた》』

本作も葛飾北斎が描いた職人向けの図案集である。『新形小紋帳』刊行前年の、1823（文政6）年に出版された。こちらの序文も柳亭種彦が寄稿している。

初版は「櫛《くし》の部」2冊と「煙管《きせる》の部」1冊の計3冊から成り、櫛の図案を約250図、煙管の図案を約160図収めている。職人や板元の要望があったのか、北斎はすべての絵柄を実物大に描いた。職人は商品にしたい絵柄を選んで切り取り、櫛や煙管の本体に貼りつけて彫り上げればよいのである。

実際に職人が完成させた煙管も現存している。当時の職人の持ち物から、切り取られた絵柄が見つかることもある。現物を使用するため、完全な姿で残っている本作板本は貴重である。

本書では、「富嶽三十六景 神奈川沖浪裏」を想起させる下の図案など、「櫛の部」から抜粋して紹介する。

2

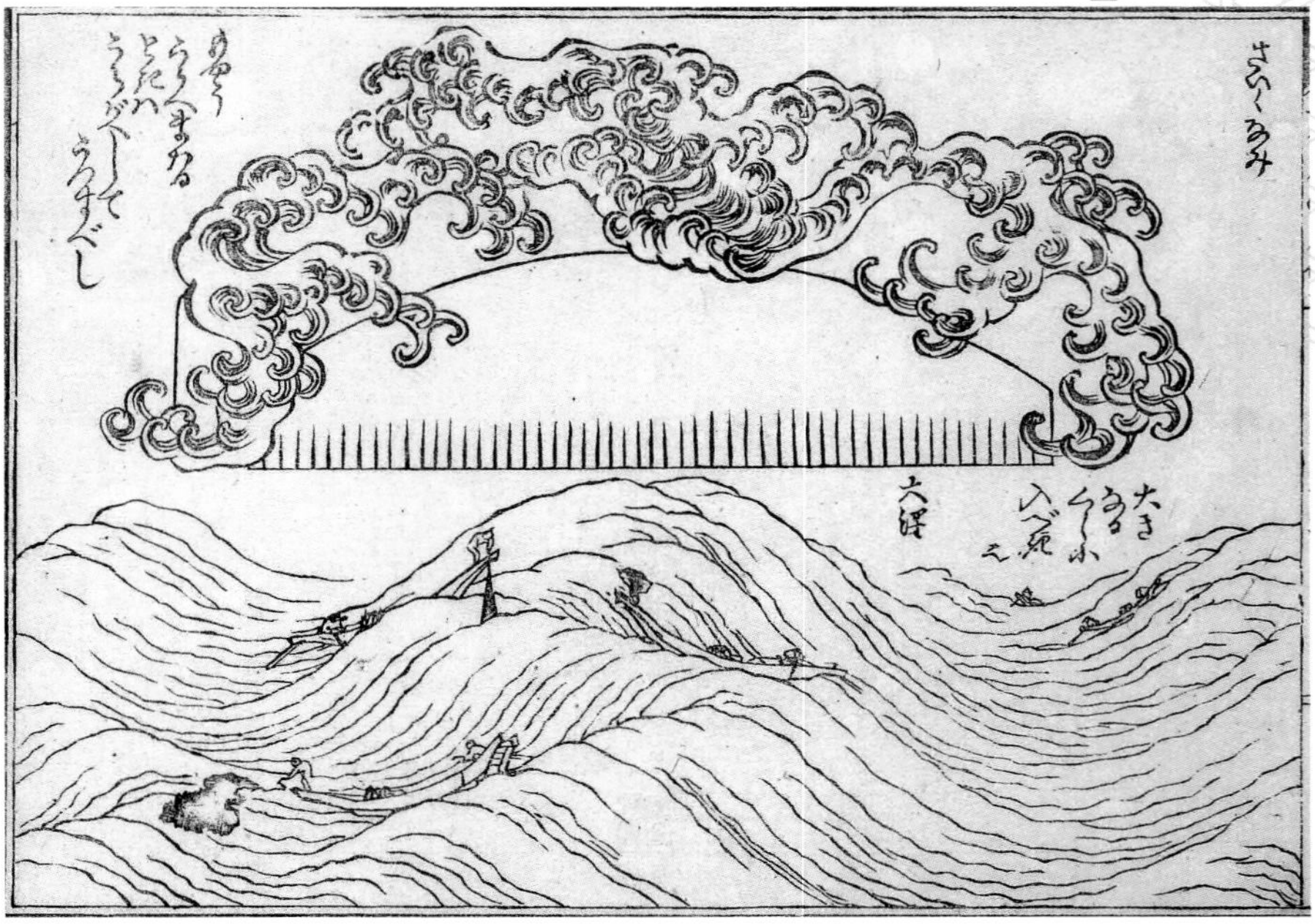

1は植物と鳥の組み合わせで「水葵《みずあおい》と鷺《さぎ》」と「二番穂に雉《きじ》」。二番穂とは、稲刈り後の株から成長した穂のことをいう。2の上は、北斎が好む波の形をデザイン化した「細工《さいく》波《なみ》」。下は大きな櫛用の絵柄で、大波の中に網漁をしている漁民が小さく描かれている。3は「芭蕉」「芋と吾亦紅《われもこう》」「くさふじ」「あざみ」。4は北斎が得意とした富士山をテーマに、「冬の富士」と「夜明けの富士」が描かれている。5は「組み蕨《わらび》」「千鳥つなぎ」「墨流し」。北斎は千鳥がお気に入りだった。6は「藻出《い》での鯉」「菊」「葦《あし》に千鳥」。7は「雁がね」「くわんそう」「葦」。

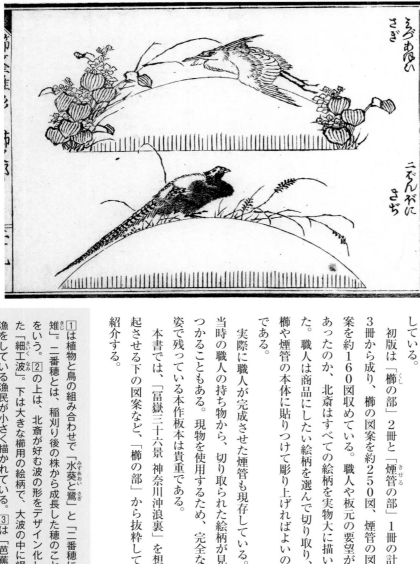

3

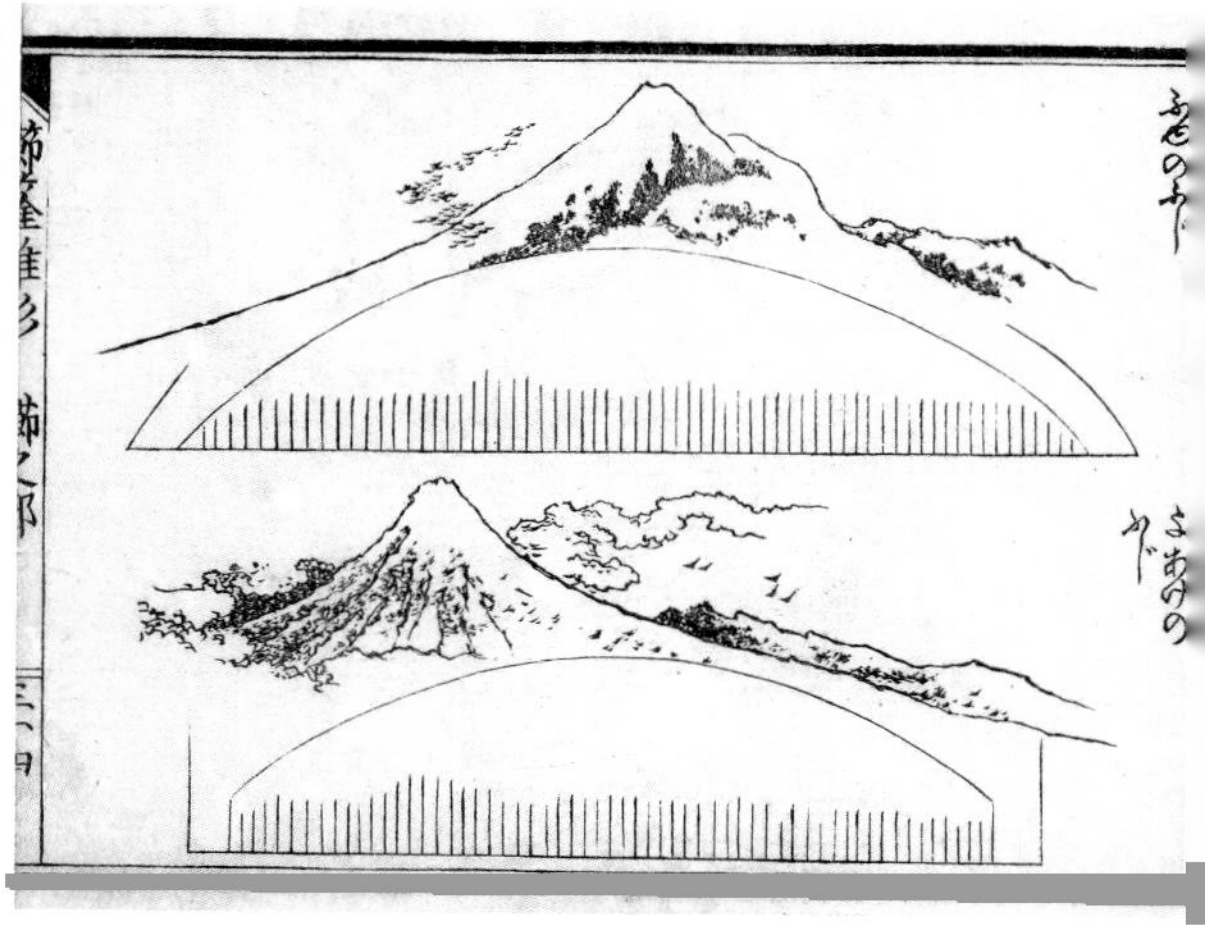

4

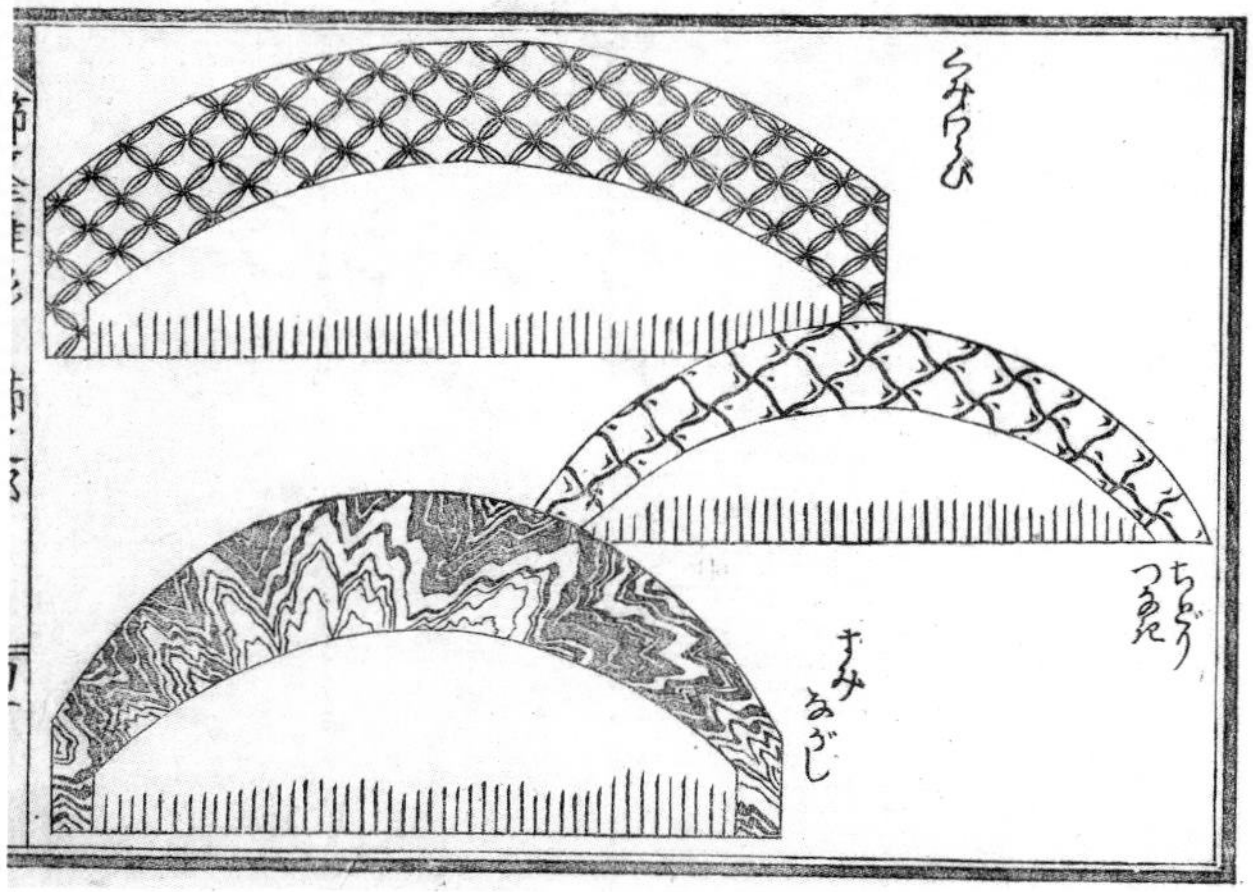

5

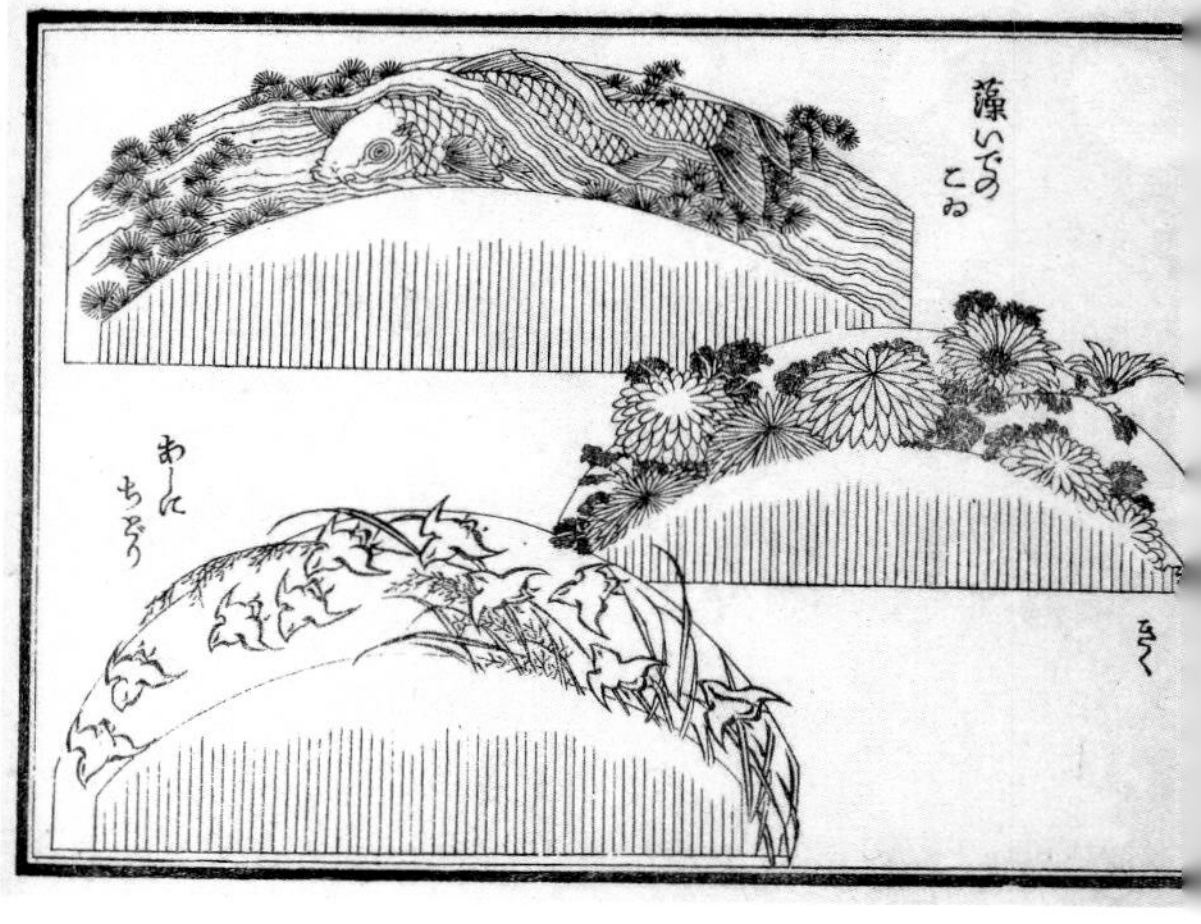

6

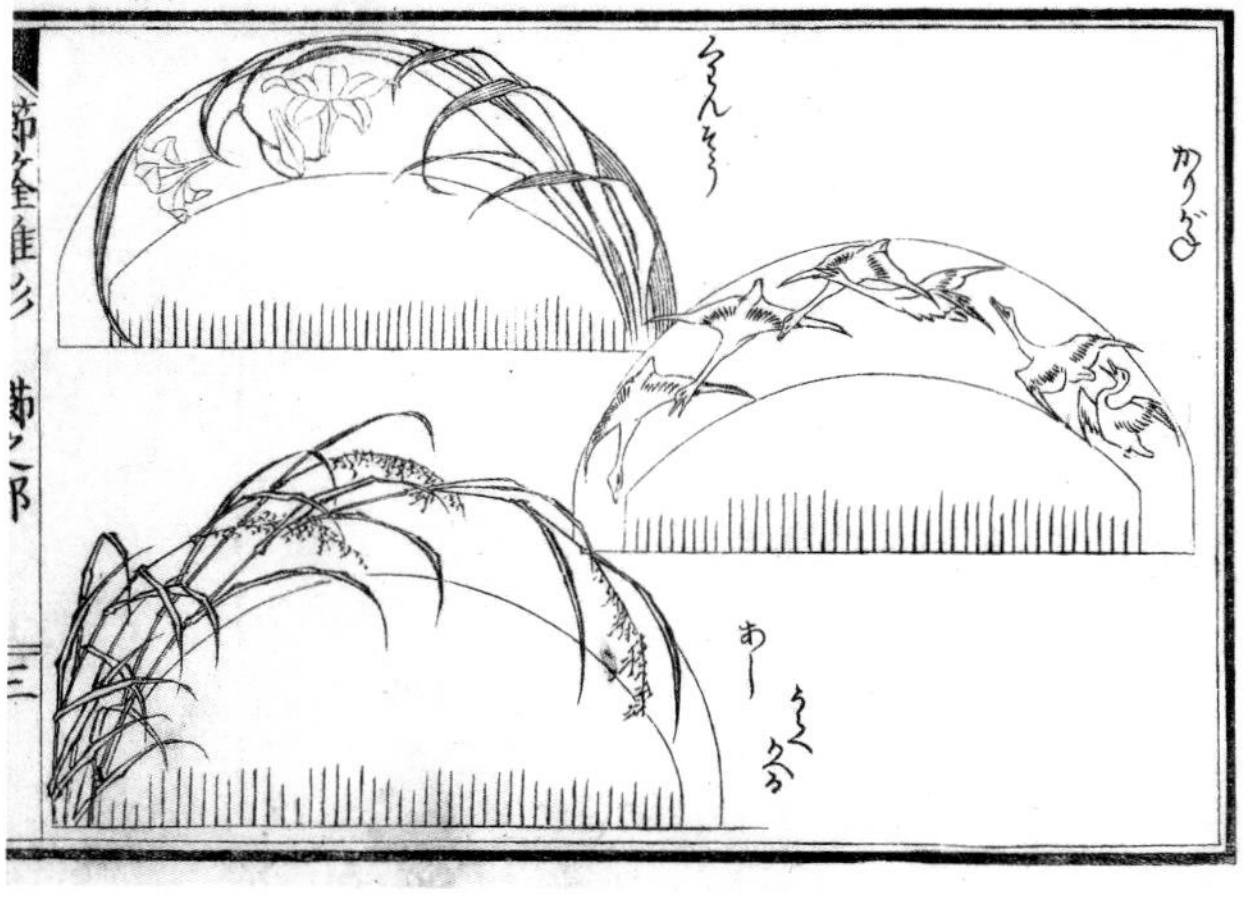

7

『手《た》拭《なぐい》合《あわせ》』

本作の著者は山東京伝で、絵も描いている。京伝は1761（宝暦11）年、江戸深川の質屋に生まれ、北尾重政の門弟となり浮世絵師となった。1782（天明2）年に絵のみならず文も著した黄表紙『御存商売物《ごぞんじのしょうばいもの》』が刊行されると、幕臣で文人の大田《おおた》南畝《なんぽ》から激賞され一気に江戸の文壇に躍り出た。そのとき京伝は22歳だった。

その後、京伝の妹である黒鳶式部《くろとびしきぶ》の主催により「手拭合」と題された会が上野の寺で開かれた（式部は当時14歳だったので、実際は京伝の主催と考えられる）。狂歌・俳諧師、学者、大名家の人々、5代目市川団十郎らが参加し、それぞれ自作した手拭いの図案を持ち寄り品評し合う会で、発想力とデザイン力を競った。

本作は京伝が「手拭合」の出品作79点の図案を図録形式にまとめて紹介している。多色摺りの豪華仕様なので、スポンサーがいた可能性がある。京伝の出世作となった『御存商売物』の刊行から2年後の1784（天明4）年に刊行された。

安永年間（1772〜81）に、各自が自慢の宝物を持ち寄り、評価し合ったり狂文を

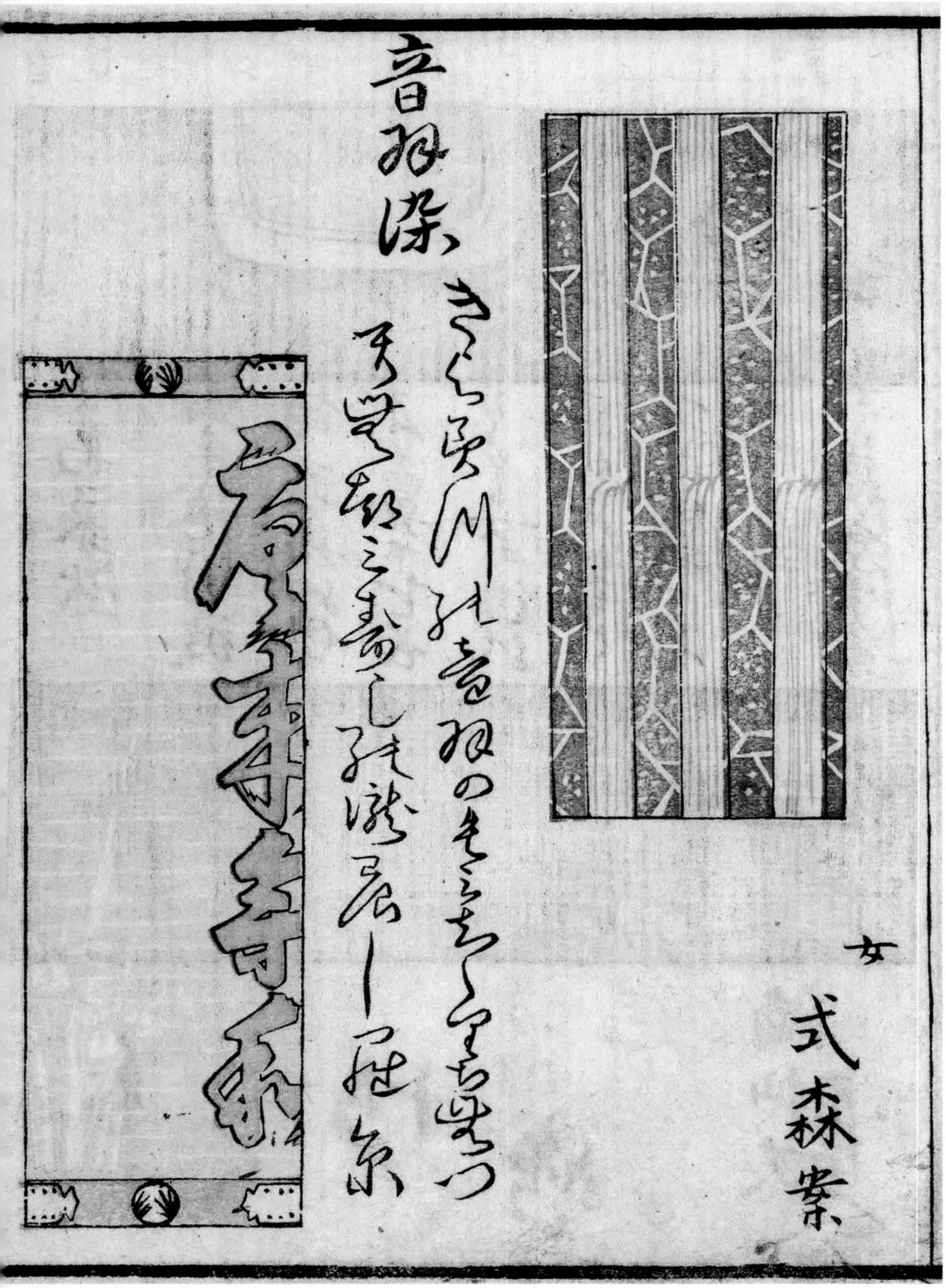

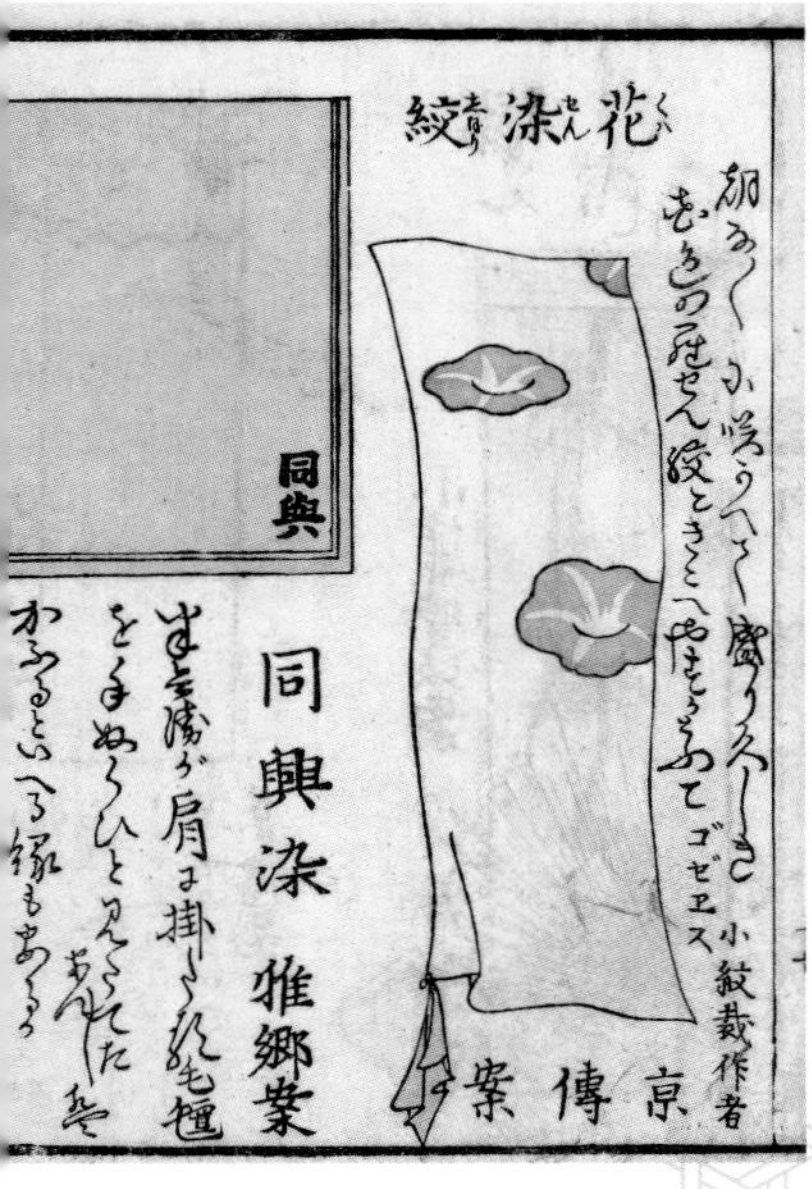

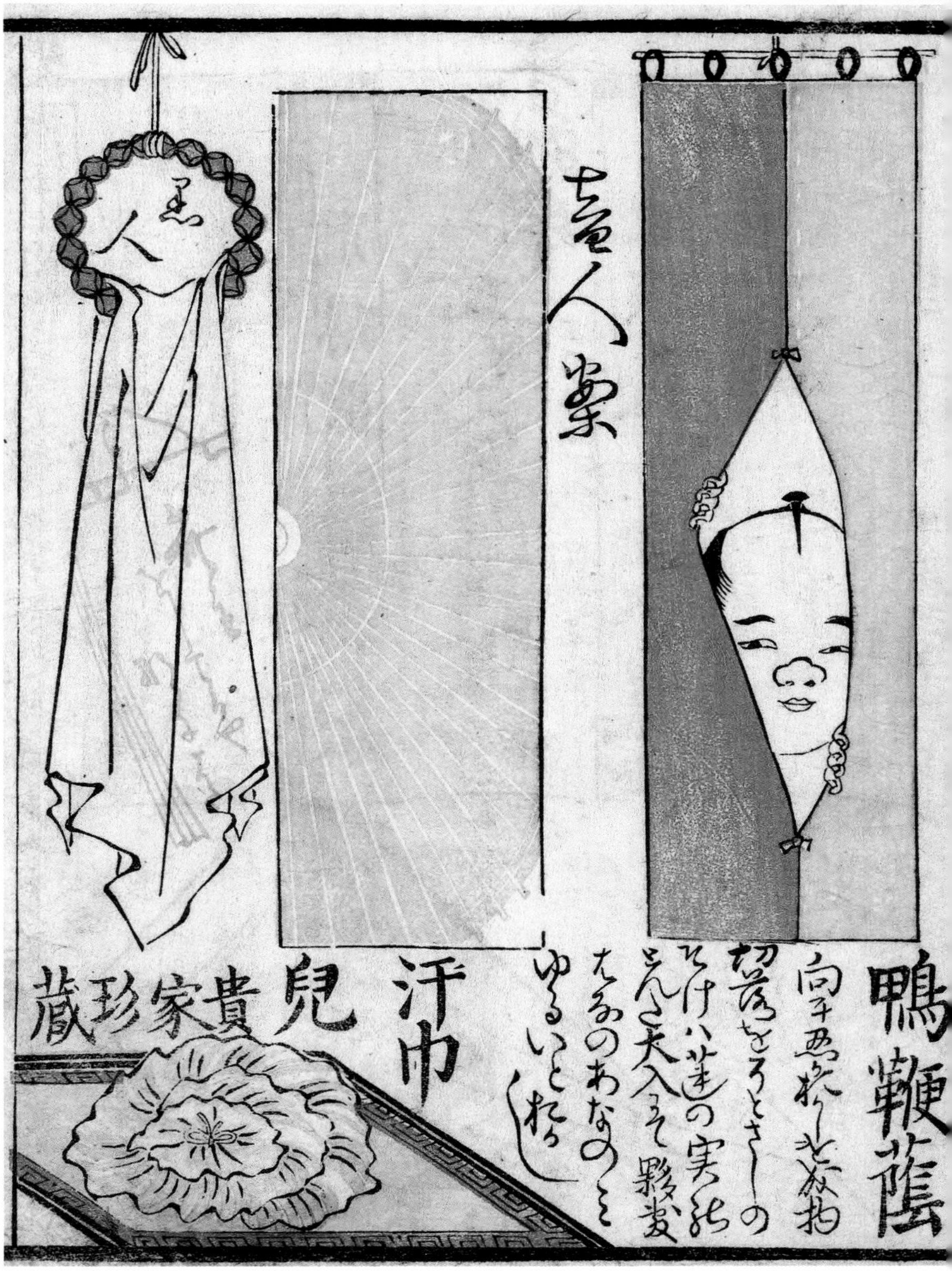

つくったりする「宝合《たからあわせ》」と呼ばれる会がすでに行われていたが、「手拭合」の会もその流れを汲んでいる。

　掲載された手拭いの図案には、様々な趣向が凝らされていて読み解く面白さがある。

　上の見開き頁の右上に縦筋が入った図案が掲載されているが、一見しただけでは理解不能である。側に「音羽染」とあり、その下の文意をつかむと、京都の清水寺に三筋流れる音羽の滝をモチーフにしていることがわかる。

　その左は、提灯をイメージした作品だろうか。回転して右に切れた4文字は、戯作者、狂歌師として知られた唐来参和《とうらいさんな》の名前が入っている。

　左頁に目を移すと、布の切れ目から獅子鼻の男が顔を覗かせている。作者の鴨鞭蔭《かものむちかげ》は、京伝が国学を学んだ加藤千蔭《ちかげ》と思われる（鴨長明をかけたペンネームか）。描かれた男は、翌年刊行された京伝の黄表紙『江戸《えど》生《うまれ》 艶気《うわきの》樺《かば》焼《やき》』の主人公・艶二郎《えんじろう》として登場。「うぬぼれ男」の代名詞とされる人気キャラとなる。

　下の見開き頁には、市川団十郎家の定紋「三升紋」を大胆にアレンジした手拭いが見える。京伝と親交のあった5代目市川団十郎（市川三升）の案と思われる。

　本作は、どこまで京伝の手が入っているのかは不明だが、類い稀なデザインセンスと洒落っ気が感じられる。

『小紋雅話《こもんがわ》』

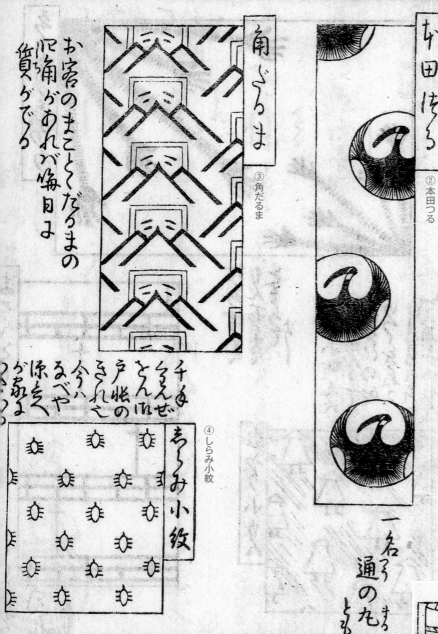

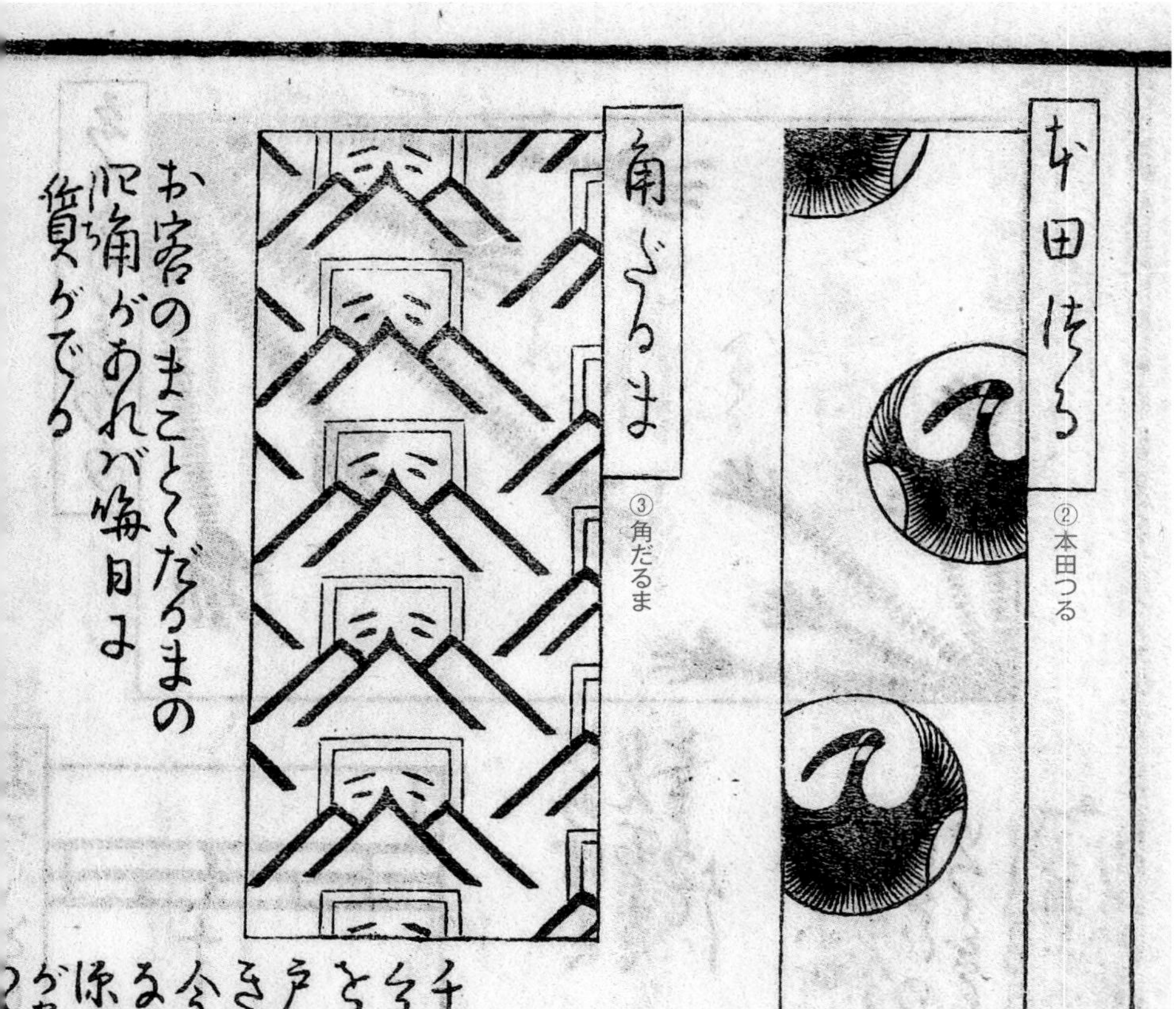

②本田つる

③角だるま

④しらみ小紋

①すへふろつなぎ

て、質草《しちぐさ》が出せるというのだ。当時の晦日は、まとめて支払いをする日で、質入れして現金を借りることはあっても、質草を出せる余裕はないという特別な1日だった。④は「しらみ（虱）小紋」。身近にいてみんなが悩まされた虱の模様。この繰り返しでは、さすがに商品化は難しかったと思われる。⑤は「巳」の字だけが続く「歌字づくし」。小野篁《おののたかむら》の装束の布《きれ》なり、と解説している。⑥は「まいまいともえ」。まいまい（蝸牛）を巴模様にしている。⑦は「つらのかハ梅（面の皮梅）」。光琳梅に手を入れて、お多福にしている。

小紋の図案集で画文とも山東京伝が著した。京伝は、すでに『小紋裁』と『小紋新法』を出版していたが、本作は1790（寛政2）年に『小紋裁』の増補版として刊行された。板元は蔦屋重三郎。

本作と葛飾北斎の『新形小紋帳』（18・19頁参照）を比べてみると、両天才の世界観の違いがわかって面白い。とはいえ、こちらの図案は脱力系の笑えるものばかり。当時はカジュアルな小紋もあったが、本作はプロ仕様の図案見本帳ではなく、滑稽本のジャンルに入れられることが多い。

前頁の『手拭合』は仲間内の余興色が濃く難解な図案も見られたが、本作の図案は万人向けでわかりやすい絵柄が多い。デザイン性は豊かで、頁をめくると粒ぞろいの質の高さに驚かされる。京伝は小紋の繰り返し模様のルールにのっとり、身近な視点から自在にネタをひねり出した。柔軟かつシンプルにデザイン化して見せるセンスの良さは、非凡としか言い様がない。

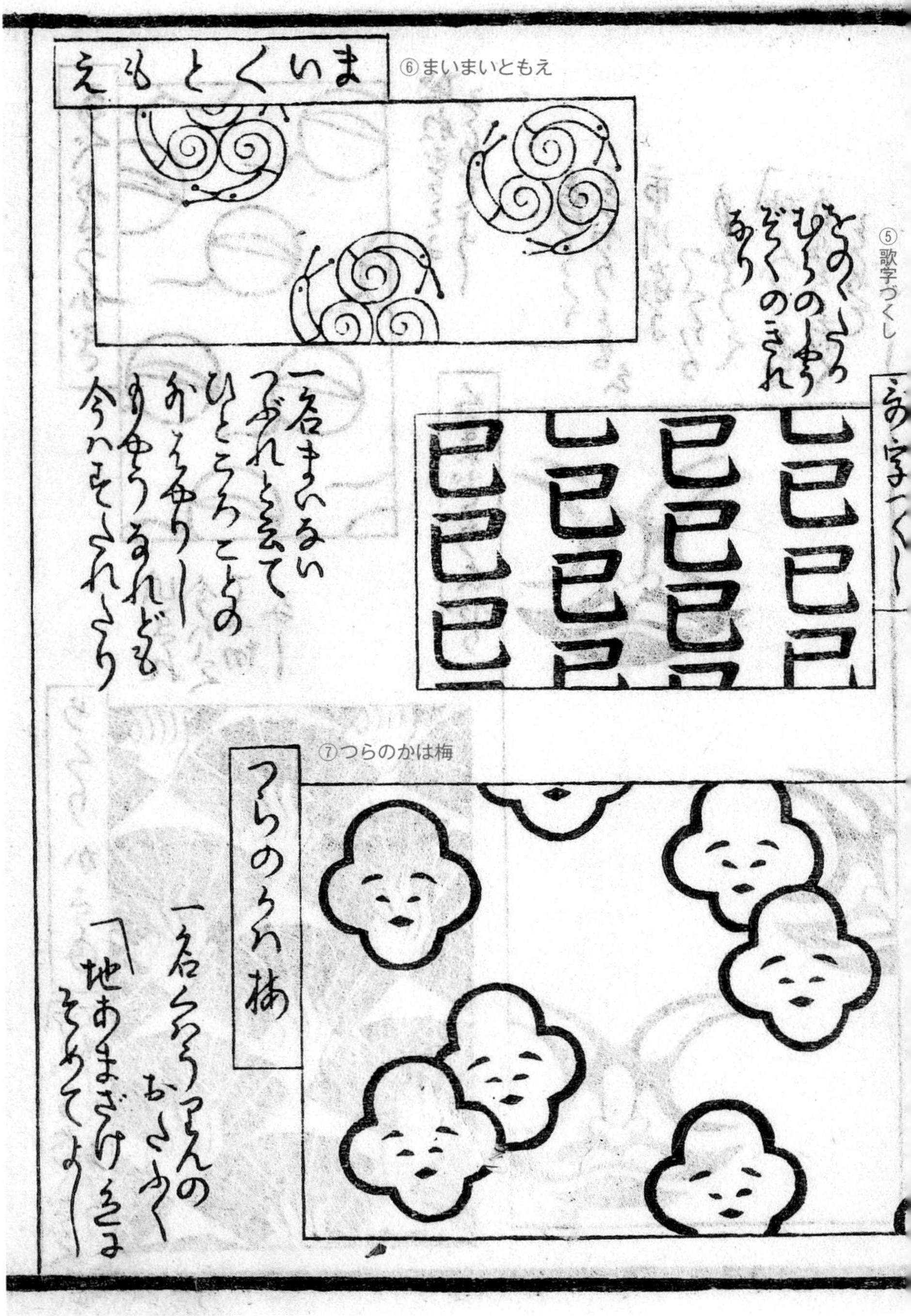

洒落好きの京伝は本書の序文に、化け物の「ももんがぁ」から『小紋雅話』と名づけたと記している。①の「すへふろつなぎ（据え風呂繋ぎ）」は、湯に浸かってくつろぐ男の後ろ姿が単純な線で図案化されている。文には「この模様、浴衣に染めてよし」とある。②は「本田つる」。「本田髷」を結った男の頭を真上から描いて、鶴に見える模様にしている。通人好みの髪型だったので「通の丸」ともいう。③は「角だるま」。脇に「お客のまこととだるまの四角があれバ、晦日《みそか》に質《しち》が出る」とある。質は月をかけている。あるはずがないものがあったら、月が出ない旧暦の晦日（月の末日）に月が出

①は「ゑんかうしぼり（猿猴絞り）」。手長猿（猿猴）が木の枝からぶら下がり、水に映った月を取ろうとして落ち、溺れ死んだという故事から「猿猴《えんこう》捉月《そくげつ》」の絵画が多数描かれた。この絵柄はそのパロディである。②は「両ごくをり（両国織）」。真横から見た両国橋で、槍持奴を通らせている。潔い省略が心地よい。③は「雨ふり小もん」。横なぐりの雨の中を歩く人も題材になることを証明。ふたつの三角形のみで、菅笠と合羽の雨具を表している。

④は「牛蒡《ごぼう》切口」。ゴボウの切り口そのままだが、中心部に注目。育ちすぎて鬆《す》が入ったゴボウを取り上げている。誰もが思い当たる記憶を蘇らせ、「なるほど、こんなカンジ」と納得させられてしまう。万人の共感に導く着眼点に、京伝の冴えが感じられる。⑤は「小笠原おり（折り）」。礼儀作法の流派として名高い小笠原流の折形を用いて、丁寧に図案化している。⑥は「ちからもち（力持ち）」。「いにしえ葺屋《ふきや》町《ちょう》河岸にて染めいだす」とある。葺屋町は芝居小屋の町で、力持ちが出る見世物小屋もあった。積み上がる力持ちの曲芸師を愉快な模様にしている。

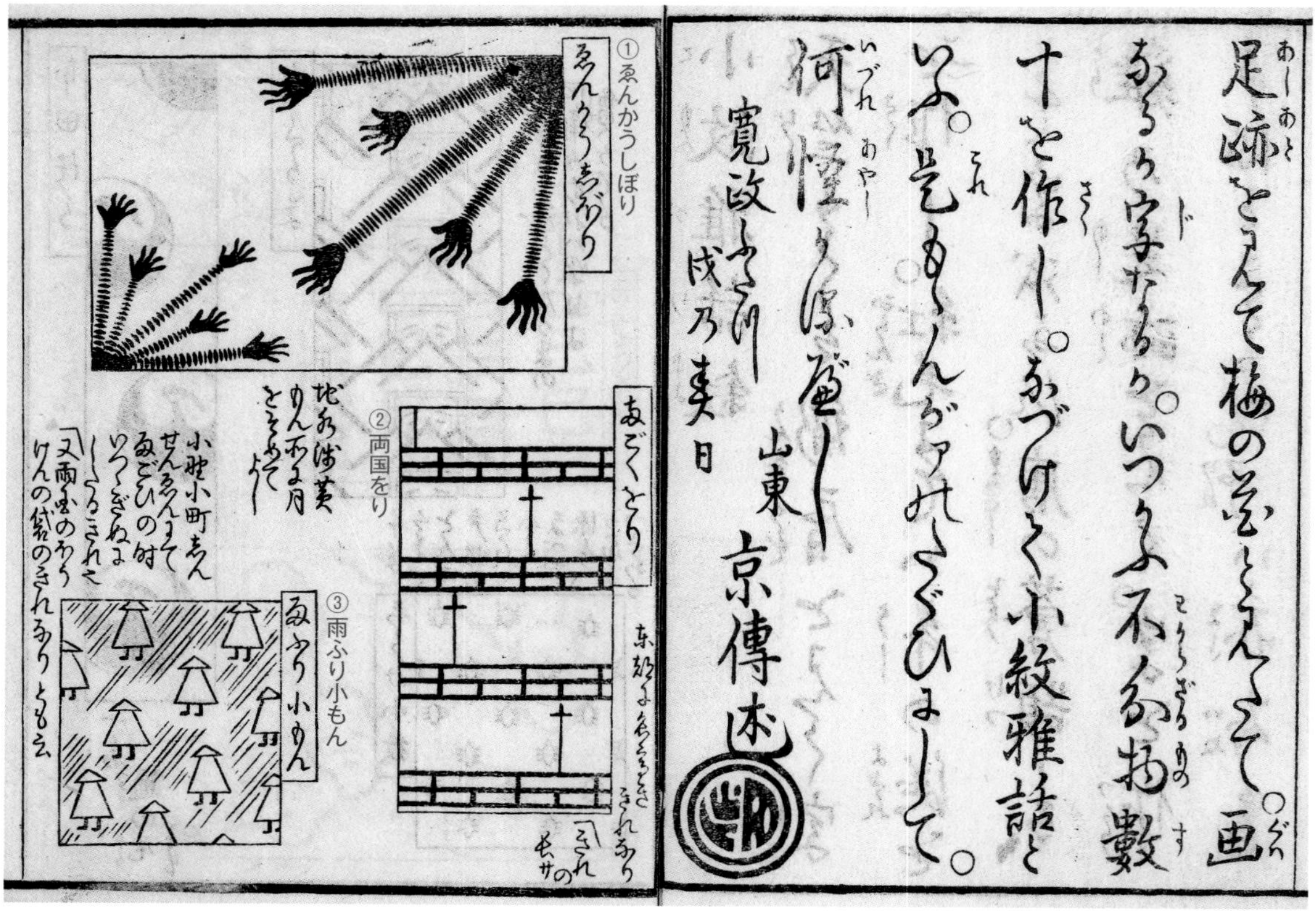

⑦は「お玉じゃくし（お玉杓子）」。勝手気ままに泳ぐ大小のオタマジャクシを図案化。「わっちらも大きくなると、歌をよみやす」と一言入れている。⑧は「山水てんぐ（天狗）」。「山」と「水」のくずし字2文字で天狗の顔をつくってみせた。

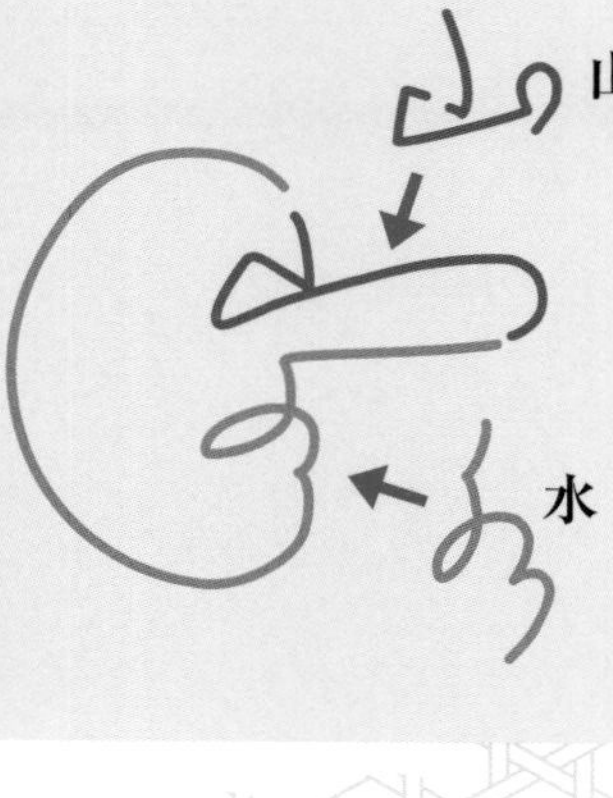

⑨は「判つくし（尽くし）」で、花押をモチーフにしている。花押は文書の末尾などに入れる署名の一種で、書判《かきはん》ともいう。平安時代の中期頃から墨書きではじまり、江戸時代は彫刻による印章も用いられた。京伝はデザイン性を重視し、花押らしきものを配置して小紋模様に仕上げた。大物が集結したような面白味がある。

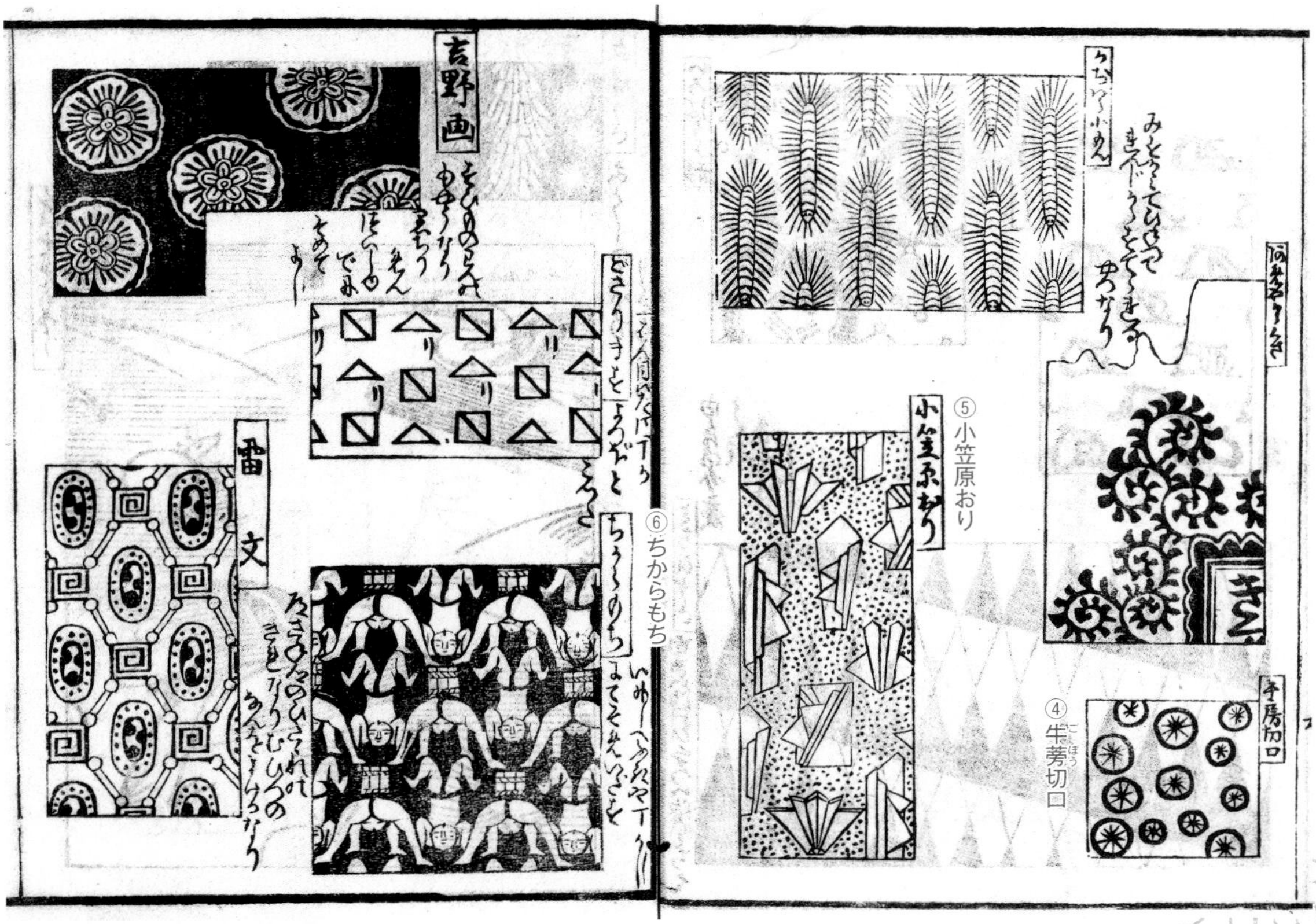

④牛蒡《ごぼう》切口
⑤小笠原おり
⑥ちからもち

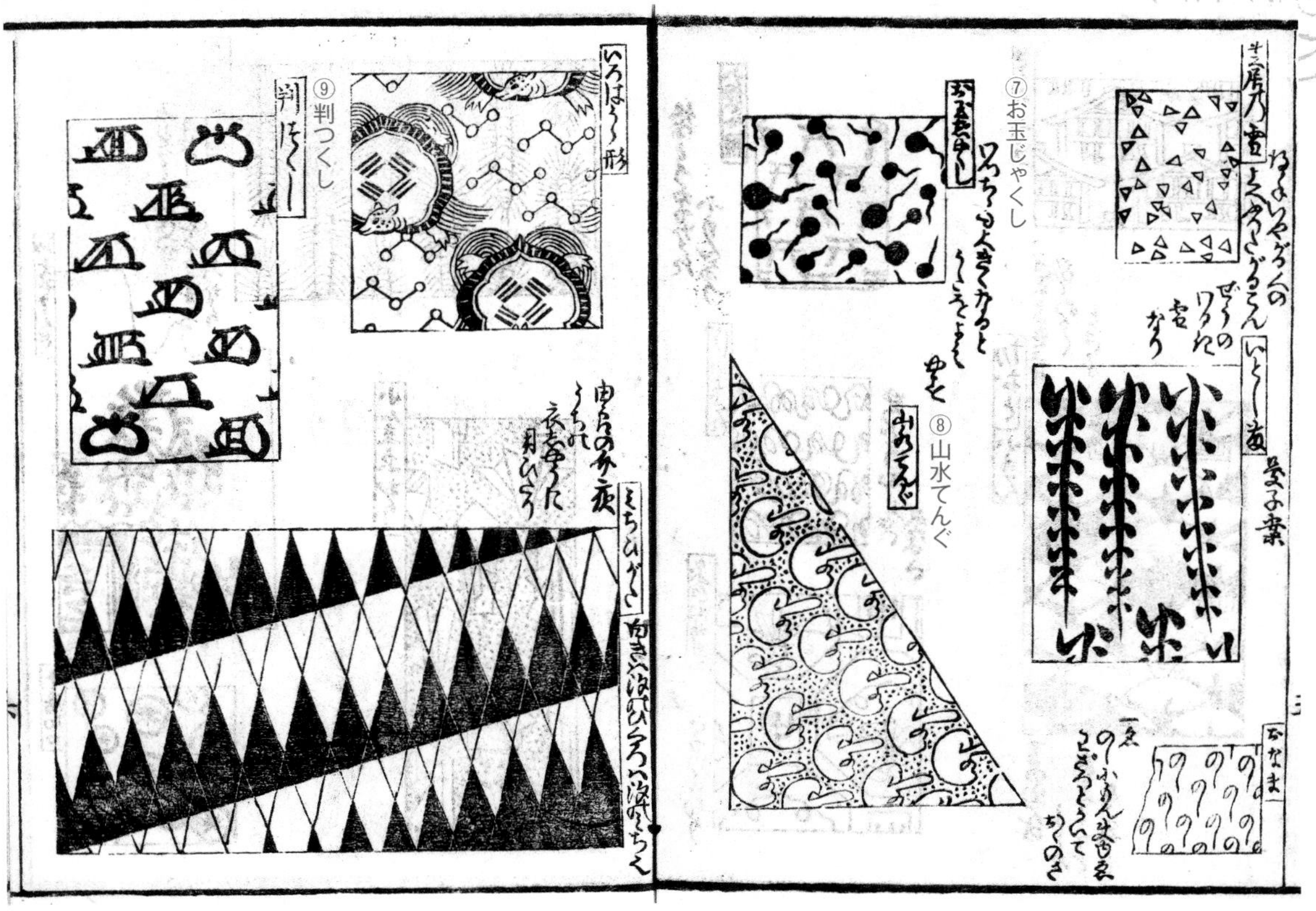

⑦お玉じゃくし
⑧山水てんぐ
⑨判つくし

『江戸《えど》買物《かいもの》独案内《ひとりあんない》』

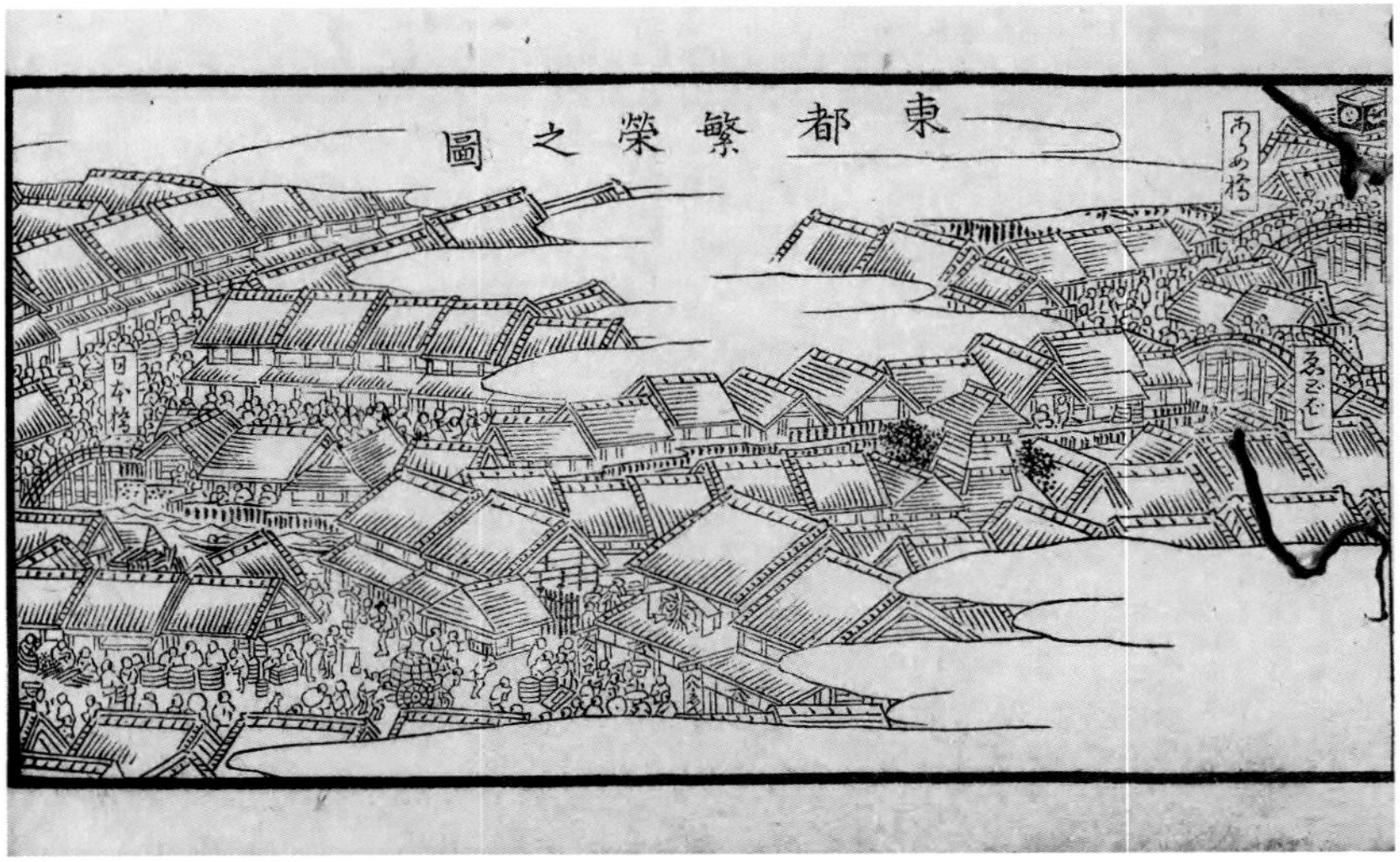

葛飾北斎が描いた口絵（見開きの右頁）で「東都繁榮之圖」とある。左の橋は、幕府が江戸の中央と定めた日本橋。各店の賑わいぶりが伝わってくる。

江戸は開発が進むと、膨れ上がる人口と比例するように各業種の店が増加。店主たちはライバル店に負けじと宣伝したかったに違いない。江戸に住む人々や地方から江戸に来た人々は、人気店、老舗店の情報を欲した。

そうした需要を満たす目的で、江戸の商店を2600店以上も掲載した『江戸買物独案内』が1824（文政7）年に刊行された。板元は江戸ではなく大坂で、中川五郎左衛門（中川芳山堂）がこの大作をプロデュースした。当時はインターネットもテレビもない時代。広告媒体は今より遙かに乏しかったが、木版印刷による板本のスタイルで店と客の要望に応えたかたちだ。

『江戸買物独案内』は横本で、上、下、飲食の部の3冊から成る。業種別に「いろは順」で掲載。店名、暖簾印、所在地、店主名の記載が基本だが、扱うスペースは一様ではなく、主力商品名や広告のコピーを加えた店や、店先の様子や看板の絵を載せた店もある。掲載されていない有名店もあることから、掲載スペースごとに段階を設けた掲載料を徴収したと考えられている。商才に長けた大坂の板元は、序文を文人の大田《おおた》南畝《なんぽ》に、口絵を葛飾北斎に依頼している。

丁寧に編纂されたこのガイドブックは、当時の商いを知る貴重書ではあるが研究にこだわる必要はない。本書ではタイムスリップ気分が味わえる「発見に満ちた楽しめる本」として紹介したい。

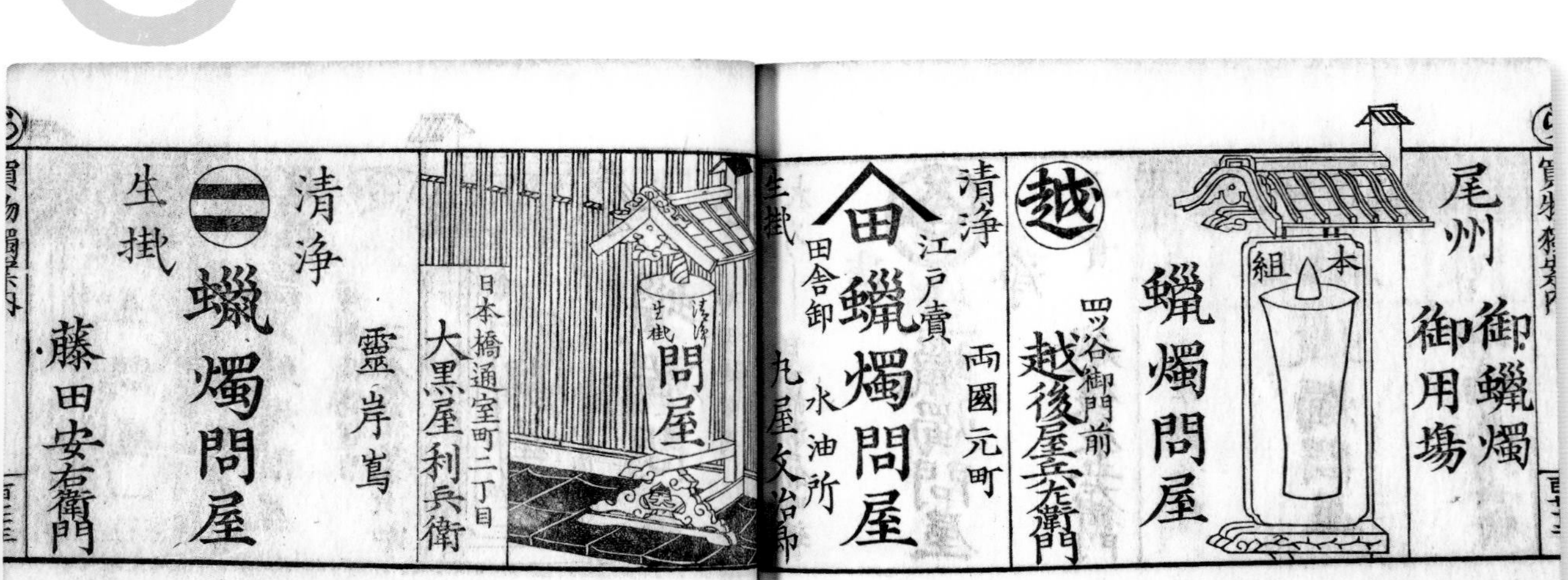

いろは順の「こ」の頁に「呉服店《ごふくだな》」が掲載されている。右頁は越後屋。日本橋（駿河町）の北側と南側の店を並べて、ともに暖簾印と「現金無掛値《かけねなし》」のキャッチコピーを入れている。左は、1802（享和2）年に刊行された江戸名所絵本『画本東都遊《えほんあずまあそび》』に掲載された越後屋で、葛飾北斎の絵。座売りしている内部まで描かれている。

江戸時代のあかりは、油に灯心を浸して火をともす灯火具が主流だったが、蝋燭《ろうそく》も大量生産されて普及が進んだ。これを証明するように蝋燭問屋の店が多く掲載されている。繁盛店は遠方からでも目立つ巨大蝋燭を彫り上げて屋根をつけた絵看板を出していた。ここでも絵入りで誇らしげに見せている。

鰹節で知られる「にんべん」は、1699（元禄12）年の創業である。1720（享保5）年には、日本橋瀬戸物町（現在の室町2丁目）に出店した。今も広く知られる暖簾印は、初代伊兵衛の考案である。「伊兵衛」のイ（にんべん）と、堅実をイメージした曲尺《かねじゃく》を組み合わせて作成したという。江戸時代からの愛称「にんべん」が、現在の社名となった。

7代目市川団十郎のブランド店

人気俳優は、現代のCMにもよく登場する。本ガイド本の刊行当時は、人気歌舞伎役者の7代目市川団十郎が、歯磨問屋や菓子屋の宣伝で一役買っていた。右の「瓢箪屋」では、ワイドスペースに団十郎の顔入り看板と三升紋を入れた暖簾の絵を入れている。さらに当時の人気落語家・三笑亭可楽の長口上を主人に代わり述べさせるという芸能人頼みの徹底ぶりである。

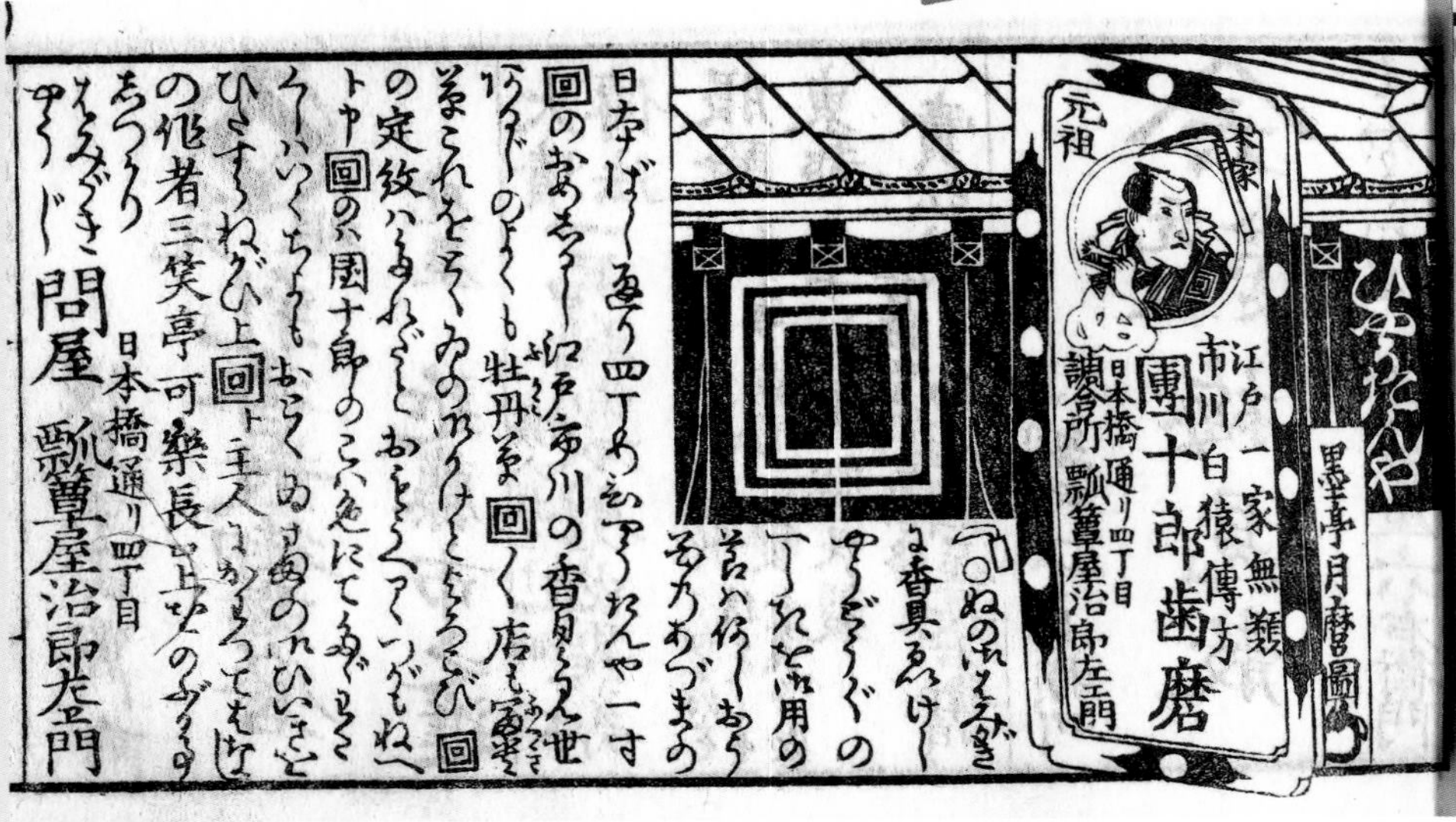

錦絵 房楊枝で歯磨きをする女性。歌川国貞が描いた三枚続の錦絵「流行美人合」より。

浅草の菓子店「成田屋」では、「団十郎煎餅」がよく売れたという。文中の「御口取」とは、茶席で茶の前に出される「口取り菓子」のこと。

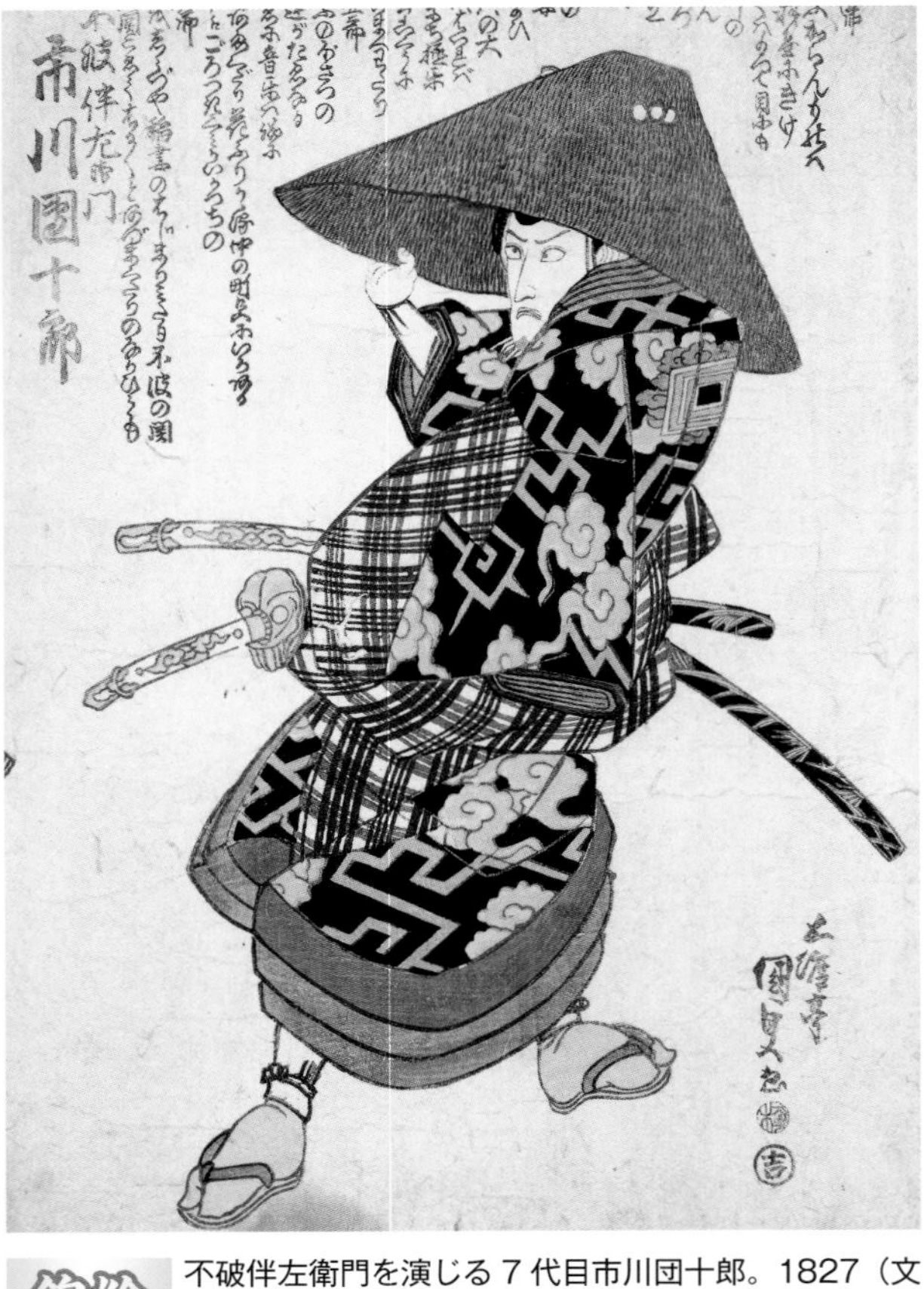

錦絵 不破伴左衛門を演じる7代目市川団十郎。1827（文政10）年頃に歌川国貞が描いた。団十郎は文化・文政期に大活躍。1832（天保3）年に「歌舞伎十八番」を制定したことでも知られる。その後、天保の改革により江戸を追放されたが、1849（嘉永2）年に赦免されるまで精力的に各地を巡業した。

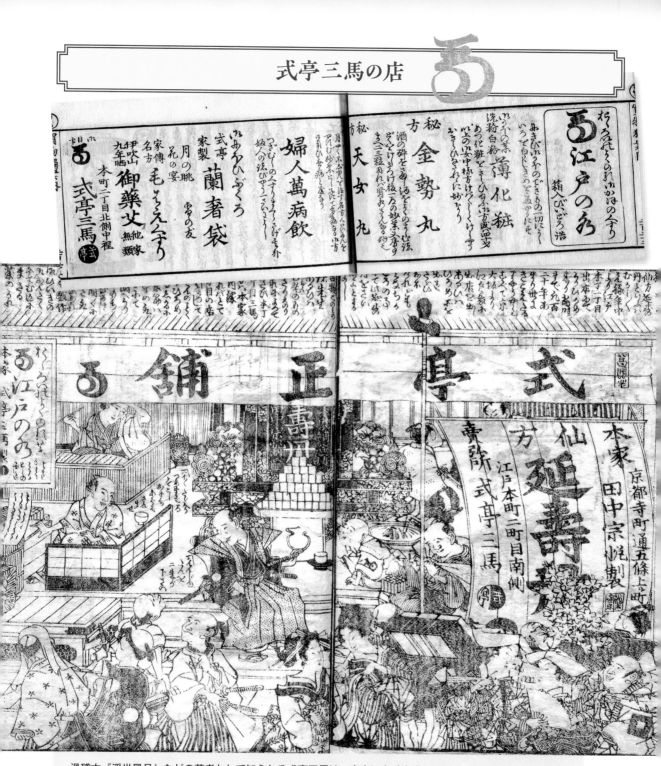

式亭三馬の店

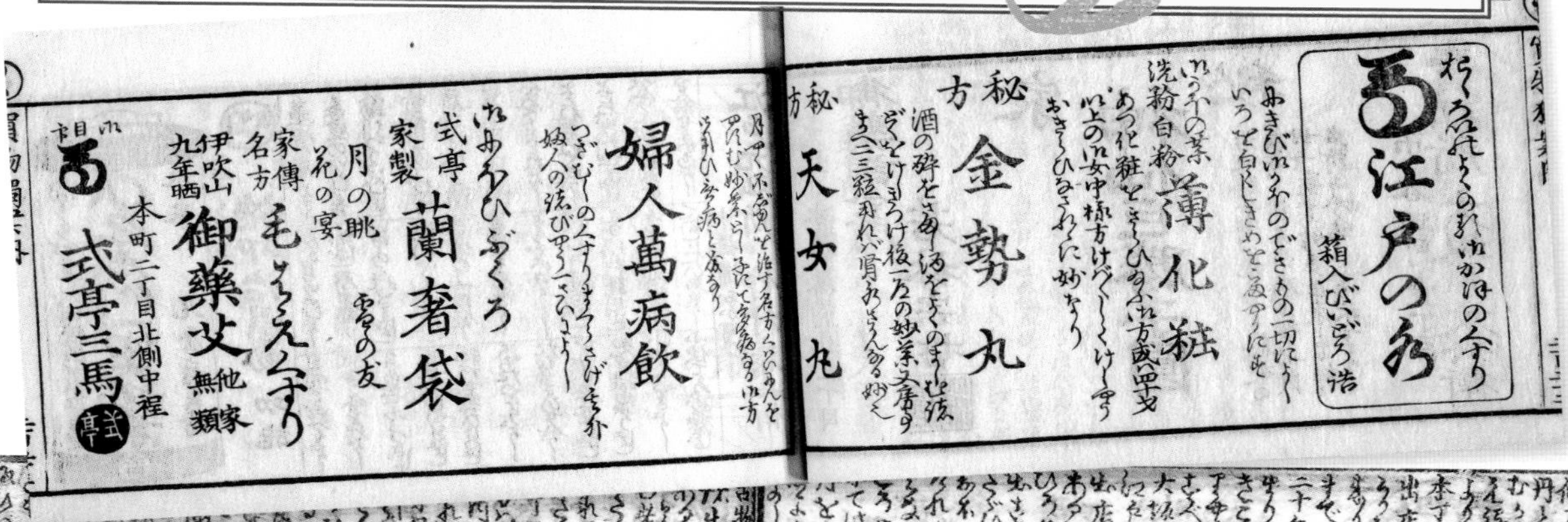

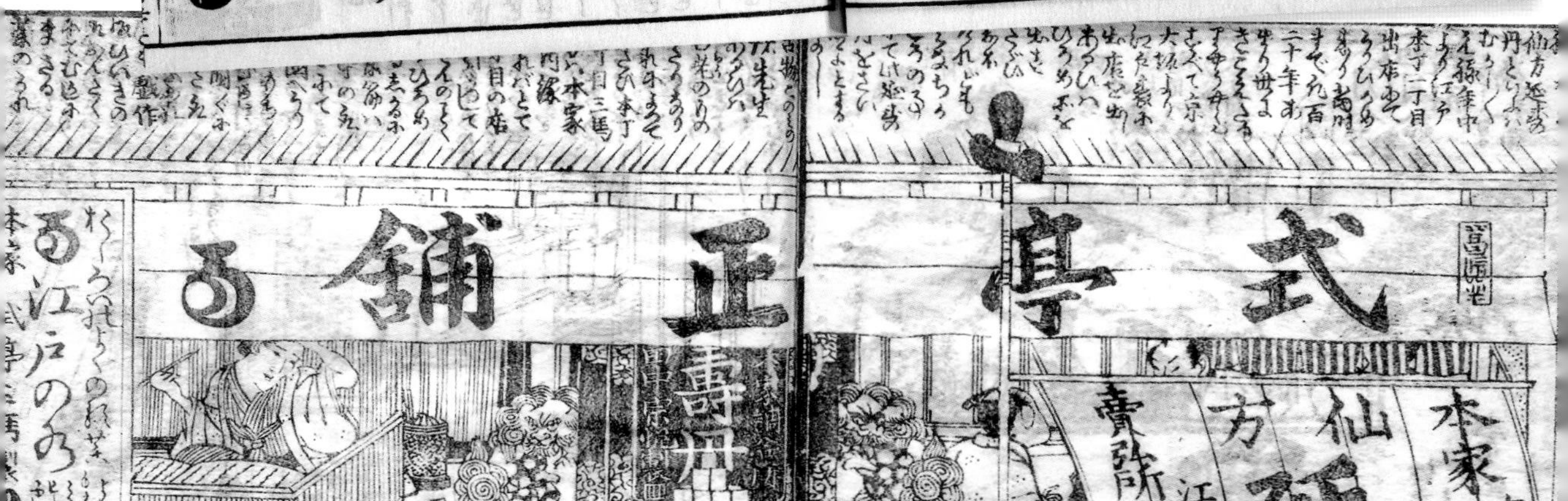

滑稽本『浮世風呂』などの著者として知られる式亭三馬は、商売にも手を出していた。1811（文化 8）年、本町二丁目（現在は日本橋本石町）に薬店を開店。『江戸買物独案内』には、見開き頁に主力商品をずらりと並べている。右はヒット商品となったガラス瓶入りの化粧水「江戸の水」。箱入 48 文というお手頃価格で女性客をつかんだ。「薄化粧」は、厚化粧をきらう 40 歳以上の女性に向けた白粉。「金勢丸」は酒の酔いを覚ます妙薬。「天女丸」は「月やく不じゅんを治す」。匂い袋や毛はえ薬まで扱っていた。下の絵は、開店の翌年に三馬が著した『江戸水福話《えどのみずさいわいばなし》』の挿絵。物語を展開しながら臆面もなく店の宣伝をしている。

高級料亭として名を馳せた八百善

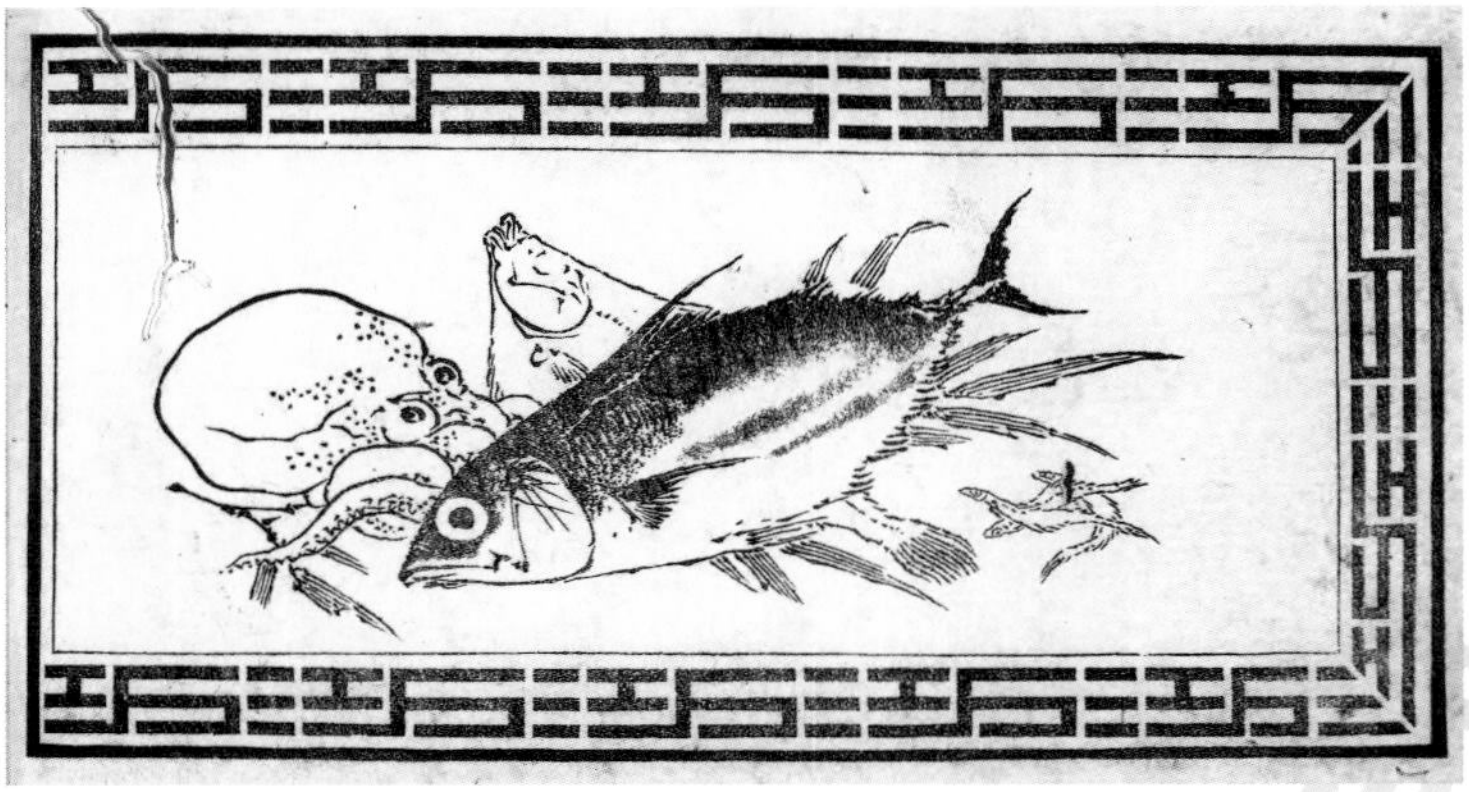

葛飾北斎が描いた「飲食之部」の口絵。「八百善」などの料理店からはじまり、茶漬、鰻蒲焼、蕎麦、寿司などの飲食店が続く。

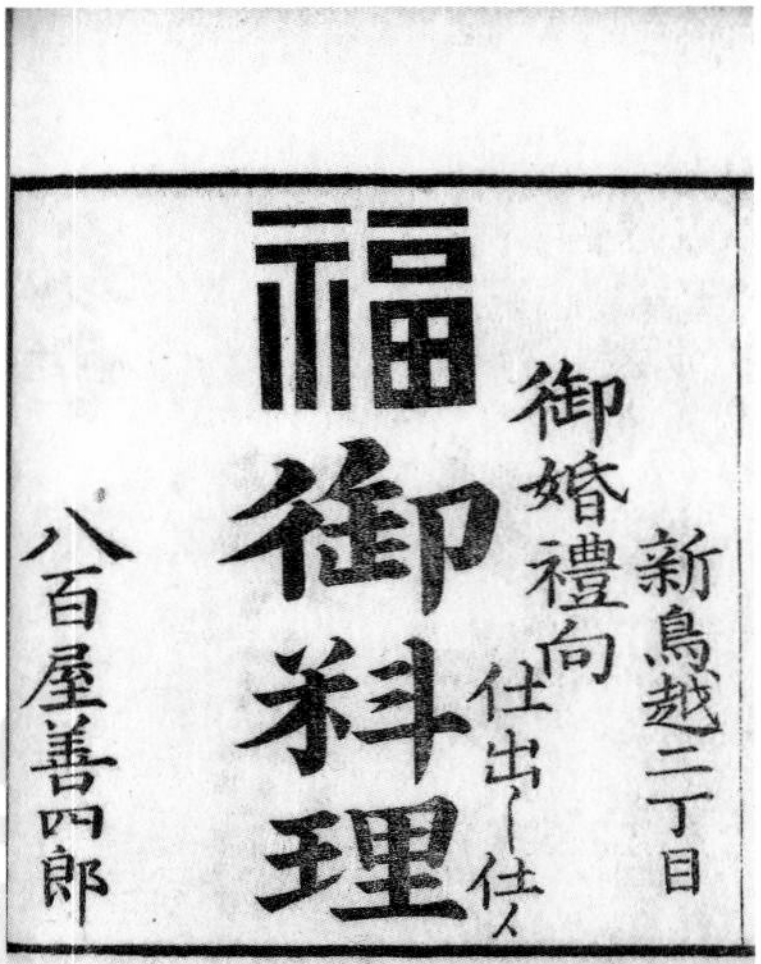

当時、吉原に近い浅草の高級料亭として知られた通称「八百善」だが、掲載スペースは意外に小さい。ここは将軍家も好んで訪れたほどの高級店で、文人の大田南畝《おおたなんぽ》、亀田鵬斎や絵師の酒井抱一、谷文晁などが集まる高級サロン的活用もされていた。また、婚礼用など、もてなしの料理を届ける仕出しも請け負っていた。当時は４代目八百屋善四郎の時代。善四郎は季節に合わせた料理、献立を探求して、名著『江戸流行料理通』を４冊著している。座敷の様子を描いた下の錦絵は、歌川広重画。

紙店・文房具店・板木彫刻所・書物問屋も「ご贔屓に」とアピール

1

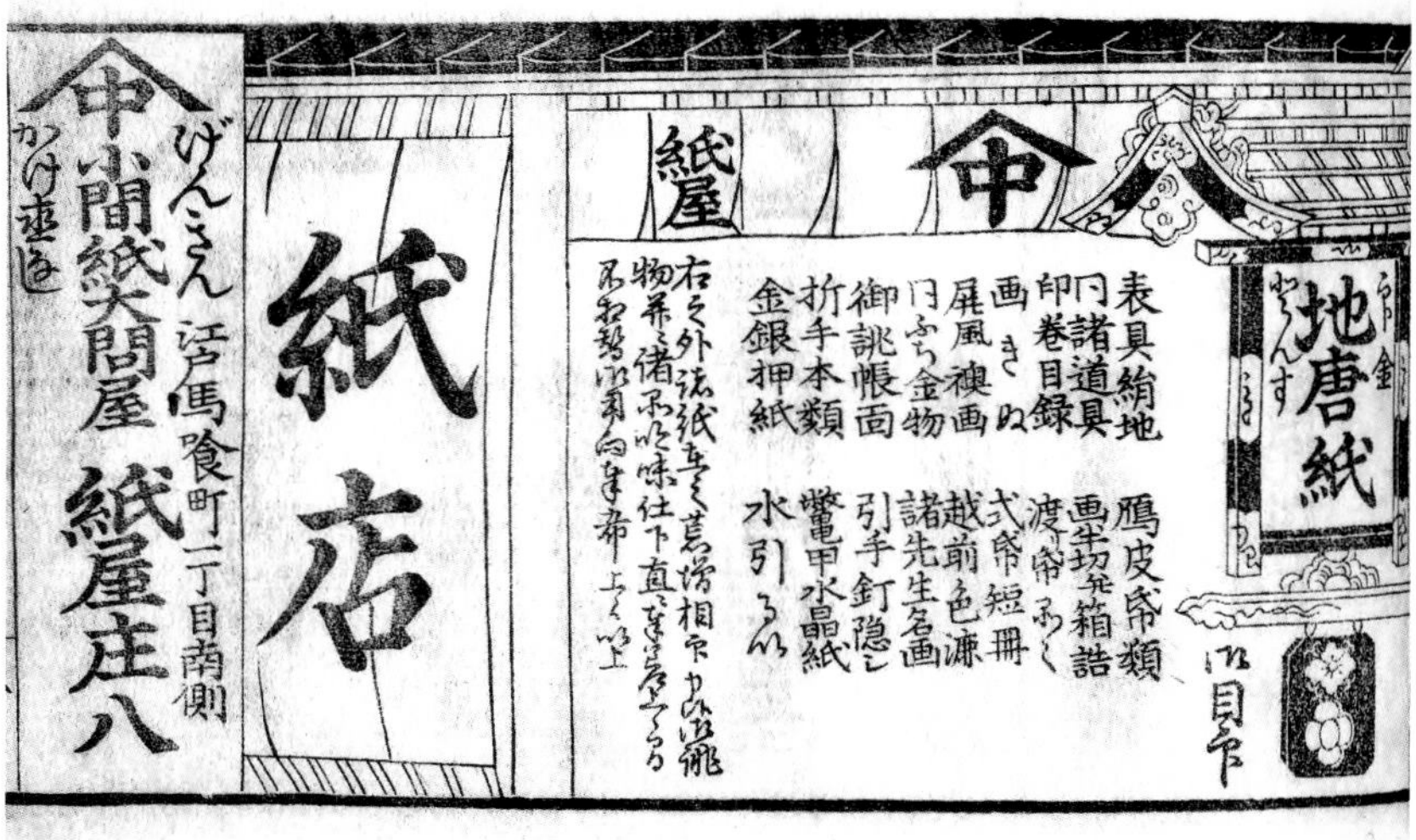

1は1783年（天明3年）創業の紙店「紙屋庄八」（現在の社名は「中庄」）。表具絹地から水引まで列記された商品リストを眺めると、多種多様な紙や関連商品が扱われていたことがわかる。2は文房具などを扱っていた店。看板のシンボルは当然のごとく「筆」である。3は板木や印判を彫る店。朝倉八右衛門は、谷文晁の画本《えほん》や酒井抱一の画譜などを請け負っていた。4は書物問屋。ここに載る蔦屋重三郎は2代目で、初代の店の番頭だった人。

3

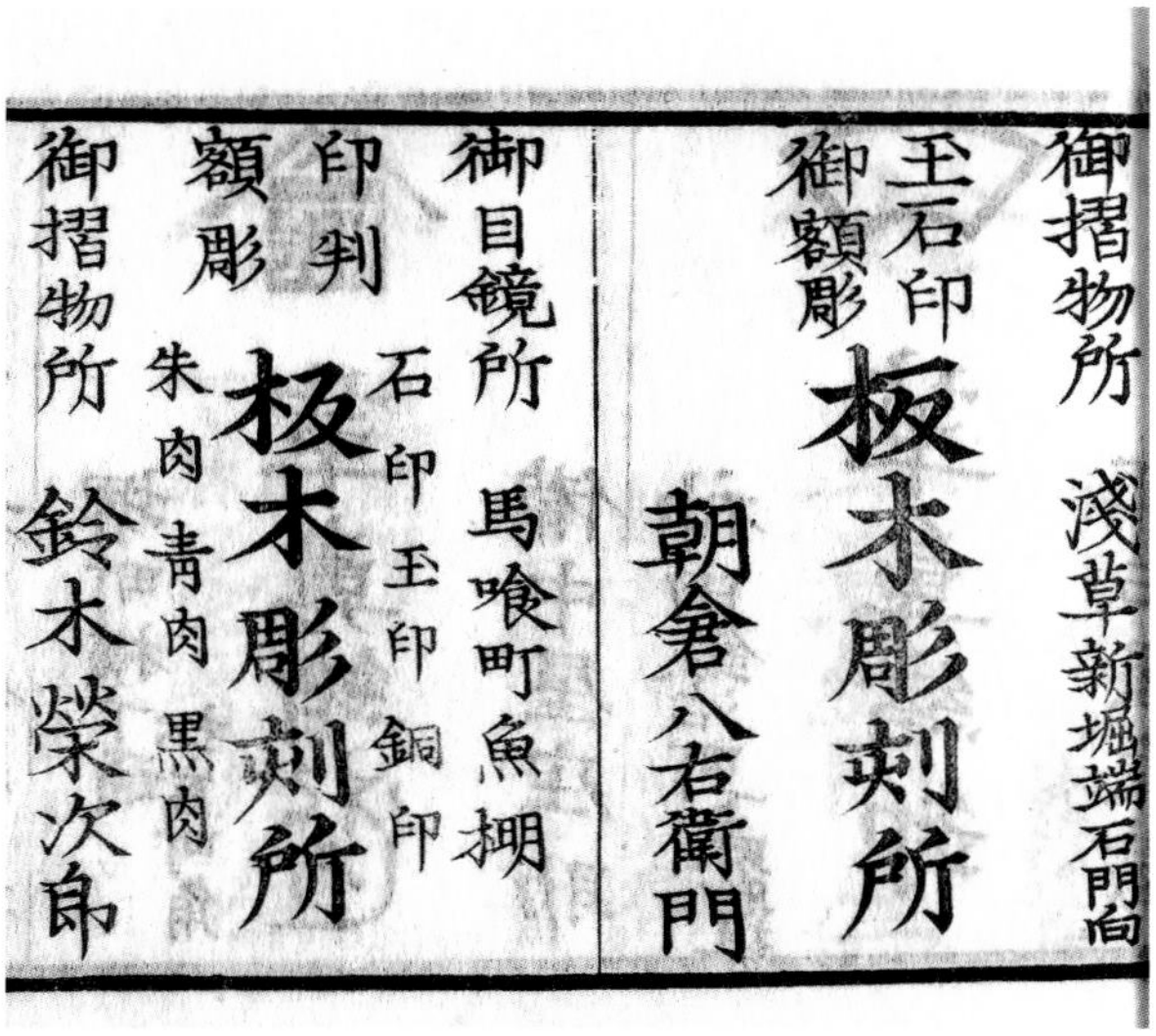

2

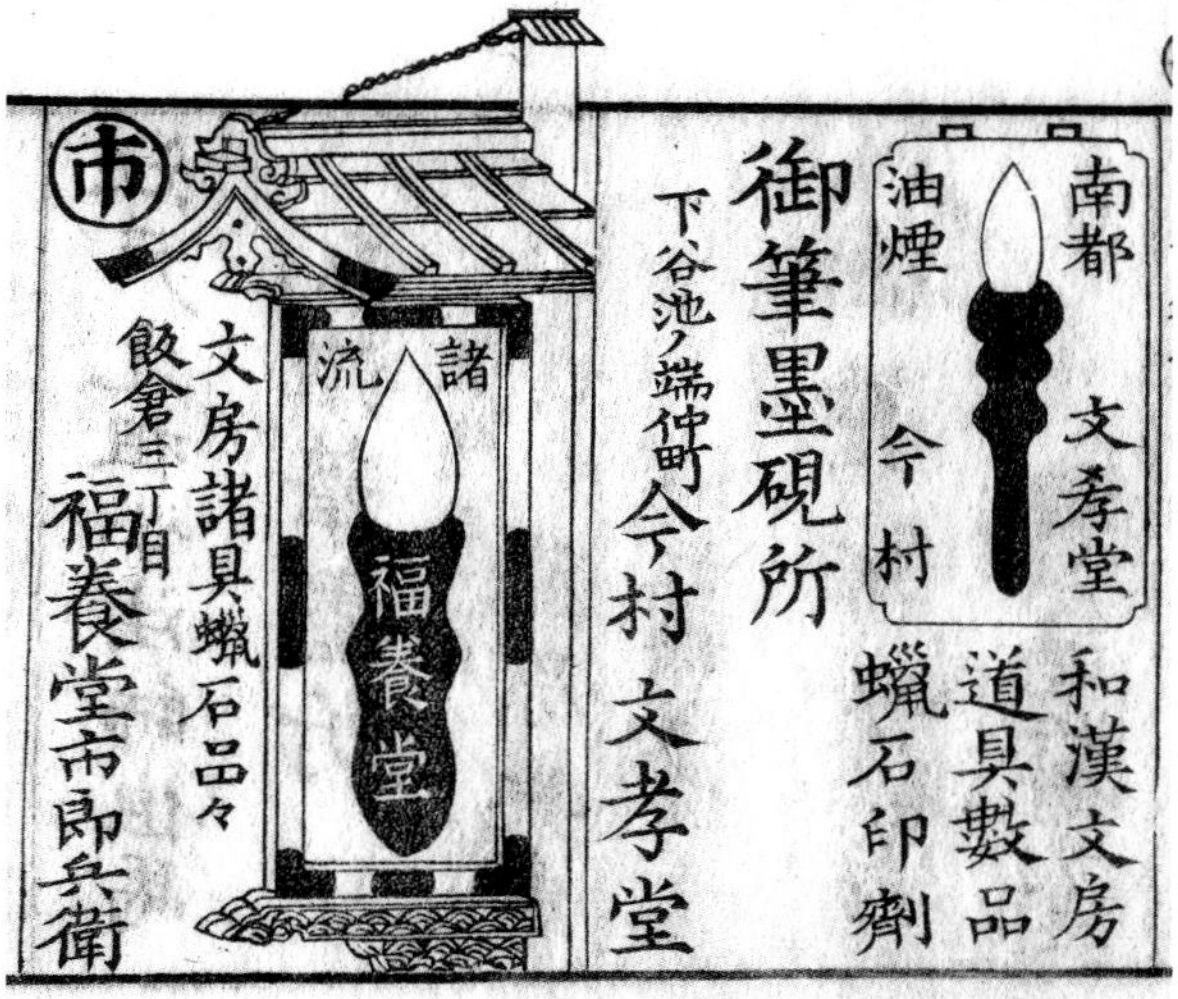

4

浴法まで解説した熱海温泉の名所案内記。著者は京伝の弟・山東京山

『熱海《あたみ》温《おん》泉《せん》図《ず》彙《い》』

1

湯治に関する実用的な情報を盛り込んだ熱海温泉の名所案内記。著者は山東京伝の弟で戯作者の山東京山（44・45頁参照）である。京山は長命で90歳まで生きたが、1830（文政13）年の62歳のとき腕と背中の痛みを癒やすため、次男の京水を連れて熱海温泉に出かけた。

本作の原稿は熱海滞在中に書かれた。序文の日付から遡ると、わずか10日ほどで脱稿したことがわかる。2年後に52頁の1冊本として出版された。

挿絵は全13点。京山は、その内の11点を京水に描かせた。本書では「十五歳京水筆」と大きく入る挿絵から5点紹介する。あとの2点は渓斎英泉と歌川国安に依頼したが、息子の成功を願う父京山の期待の大きさが窺える。

熱海温泉には、鎌倉時代から武士や高僧が訪れ、千利休や徳川家康も入湯している。江戸時代は、大名や公家をはじめ、庶民も各地から訪れて繁昌した。本作は熱海全景略図を入れ、熱海七湯の様子や温泉宿の紹介、費用、効能、入浴法などを伝えてくれる。

なかでも「7日を1廻《まわ》り」とする浴法の解説は詳しい。「1日目は朝夕2度熱くない湯に入り、2日目は食前3度、3～4日目は食前3度、夜1度、5～7日目は昼4度、夜2度入浴するとよい」な

2

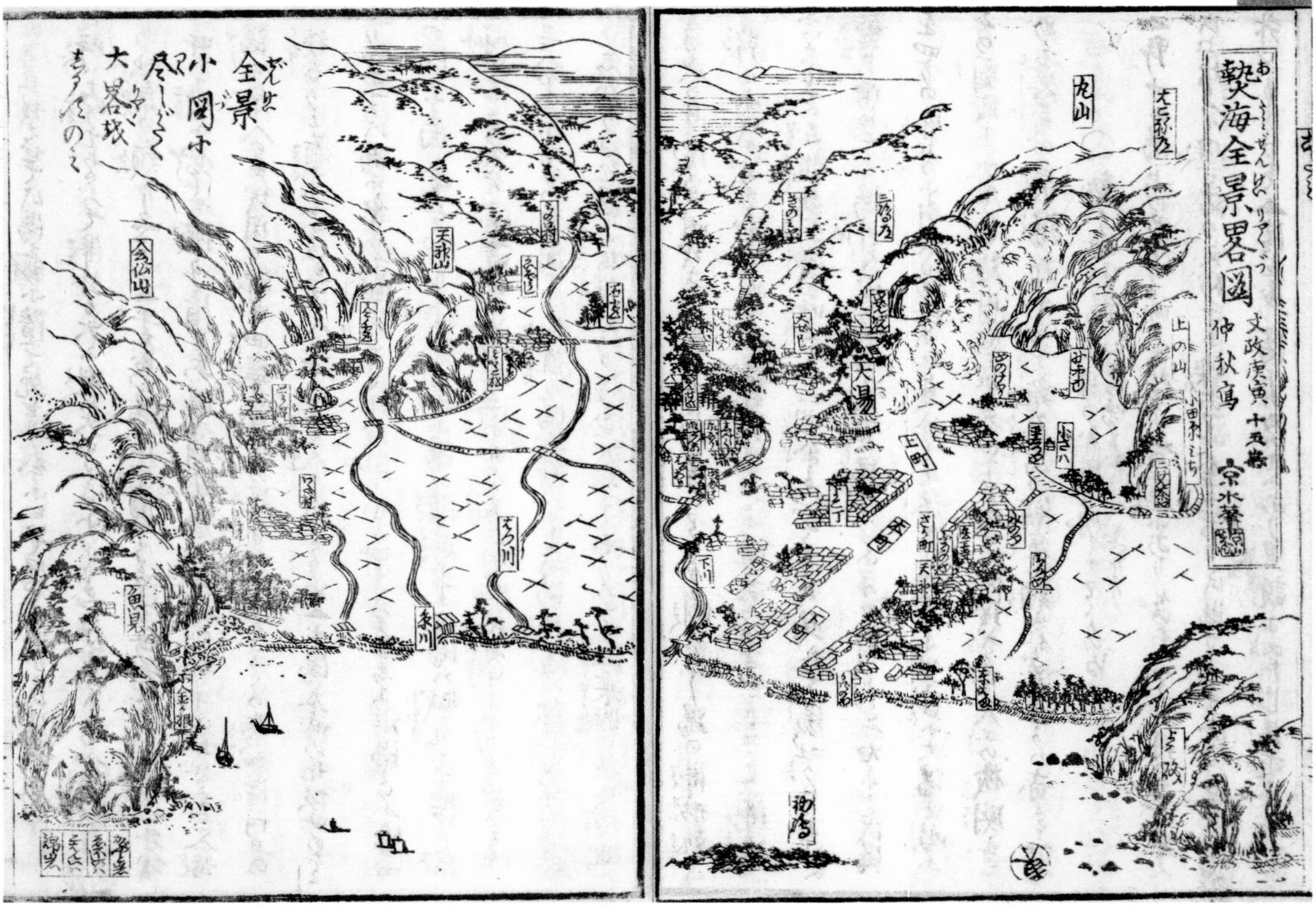

3

どと回数まで具体的に提言している。病は3廻りで完治とされていたが、2週間で江戸に戻った京山は、「1廻り目で病を治し、2廻り目で体を健やかにする」と記している。

4

5

1は「湯室図《ゆばのづ》」。男が大きな桶の穴から注がれる湯（あるいは水？）を気持ちよさそうに浴びている。左の湯槽は「熱湯《あつゆ》の所」。2は「熱海全景略図」で、右頁の「大湯《おおゆ》」（間歇泉《かんけつせん》）付近に温泉宿が集中している。左頁には、のどかな田園風景が広がっている。3は「大湯」のアップで、「熱海温泉湯源《ゆのもと》　沸湧之図《わきだし》」とある。「石龍《せきりやう》熱湯《ねつとう》を吐《はく》が如《ごと》く、湯気雲《ゆげくも》のごとく昇《たちのぼ》り」「本朝《ほんてう》才一の名湯《めいとう》なり」と規模の大きさを伝えている。熱海市は2019年、この絵に基づいた改修工事を完了した。4の「水の湯」（鹹気《しおけ》のない湯）と5の「川原の湯」（浜のほとりにある湯）は、熱海七湯に入る個性的な温泉である。

限られた食材を極力節約して腹持ちもよい家庭料理を具体的に紹介した救荒書

『日用助食《にちようじょしょく》 竈《かまど》の賑《にぎわ》ひ』

1833〜36（天保4〜7）年、長雨、洪水、冷害などにより全国的に不作が続き、天保の飢饉が起こった。長く続いたこの飢饉は、享保の飢饉、天明の飢饉と合わせて江戸時代三大飢饉のひとつといわれる。予期せぬ天候不順による大凶作で農村は疲弊、米価は高騰、都市部に住む人々も困窮したため、各地で大勢の餓死者や病人を出した。

本作は、天保4年頃に出版された救荒書である。大切な米や野菜などの限られた食材を極力節約しながらも、ある程度は腹持ちする家庭料理をたくさん紹介している。料理法は「かて飯」と「粥」の2種類に大きく分けられる。

薩摩芋飯の調理 ①「ヲヤヲヤかはむくのぢゃないそうだよ」②「イエイエくさりばかりとれと申しつけました」③「ヲヤヲヤかはむくのぢゃござりませんか」

かて飯は、米にほかの穀物や野菜などを混ぜることで増量し、米の消費を抑える飯のことで、卯の花（おから）を混ぜた「雪花菜《きらず》飯」やカボチャを混ぜた「唐茄子飯」のほか、「里芋飯」「大根葉飯」「芋の葉飯」「薩摩芋飯」などが庶民に向けて丁寧に紹介されている。

粥の方では、「唐茄子粥」「里芋粥」「薩摩芋茶粥」「大根粥」などが紹介されている。これらの味付けについては、かて飯と同じく「塩を程よく入れる」とある。基本と思える「白粥」「茶粥」は簡単にできそうなものだが、作り方のコツが事細かく記されている。美味とするために、米を洗う際には水に白みが残るくらいにして釜に入れるとよいなどとあり、具体的に書かれている。ほかにも麦飯や各種団子、団子汁の作り方も掲載。夏でも炊いた飯を2日くらい腐らせない方法など、役に立つ情報まで詳しく伝えてくれている。

挿絵は、ここに掲載した2見開きのみだが、当時の一般家庭で日々行われていた料理づくりの様子や子供たちの食事風景が、会話や独り言も交えリアルに描かれていて貴重である。

著者は、諸国を巡り農業技術を研究した大蔵永常（120頁でも解説）。江戸時代の三大農学者のひとりで、『農家益』『農具便利論』『広益国産考』など数多くの農書を著した。

○大根葉飯《だいこんばめし》

大根の葉を陰干《かげぼし》に致《いた》し置《おき》、枯葉《かれは》を除《のぞ》き茹《ゆで》て水につけ置《おき》、引きあげてしぼり、細《こま》かにきざみ飯《めし》の焚《たき》あがりてじやくくする時分《じぶん》、上《うへ》に置《おき》、塩《しほ》も程《ほど》よく入《いれ》て暫《しばら》く蒸置《むしおき》、杓子《しやくし》をもてかきまぜ食《しよく》してよし

○芋《いも》の葉《は》飯《めし》

芋《いも》の葉《は》を生《なま》にて刻《きざ》み、陰干《かげぼし》にしてよく干《ほし》あげたるを茹《ゆで》て水《みづ》に一夜《いちや》浸置《ひたしおき》、右大根葉飯《だいこんばめし》と同《おな》じやうに焚食《たきしよく》すべし

漬物問屋の主人が著した漬物64種の漬け方

『四季《しき》漬物《つけもの》塩嘉言《しおかげん》』

一般的な庶民の日常食は、主食の飯に味噌汁などの汁と1、2品のおかずをつけた一汁一菜、一汁二菜が基本だった。これに加えて、よく漬物（香の物）が添えられていた。忙しいときや食材がないときは漬物を一菜とカウントすることもあった。

塩気があり飯とよく合う漬物は、保存が利き、種類も豊富で江戸時代の食生活に欠かせないおかずになっていたのである。

1836（天保7）年に1冊本として刊行された本作は、漬物の専門書である。代表的な沢庵漬をはじめ、計64種の漬け方が掲載されている。著者は江戸の小田原屋という漬物問屋の主人。長年の経験に基づいて著しているので、漬け方の多くは現在でも通用する。しかも初心者でもわかるように具体的に記されているので、漬物本の名著として今日でもよく紹介される。

下の1は、漬物道具一式の図である。左の桶《おけ》は杉などの薄板で作られた「結桶《ゆいおけ》」で、竹箍《たけたが》で締められている。右上は上方で使われていた「押し石」。下にも手作りと思われる押し石が描かれている。そのあいだにある丸板は、蓋《ふた》と水を通す穴を開けた二重底用の丸敷板である。

2

1

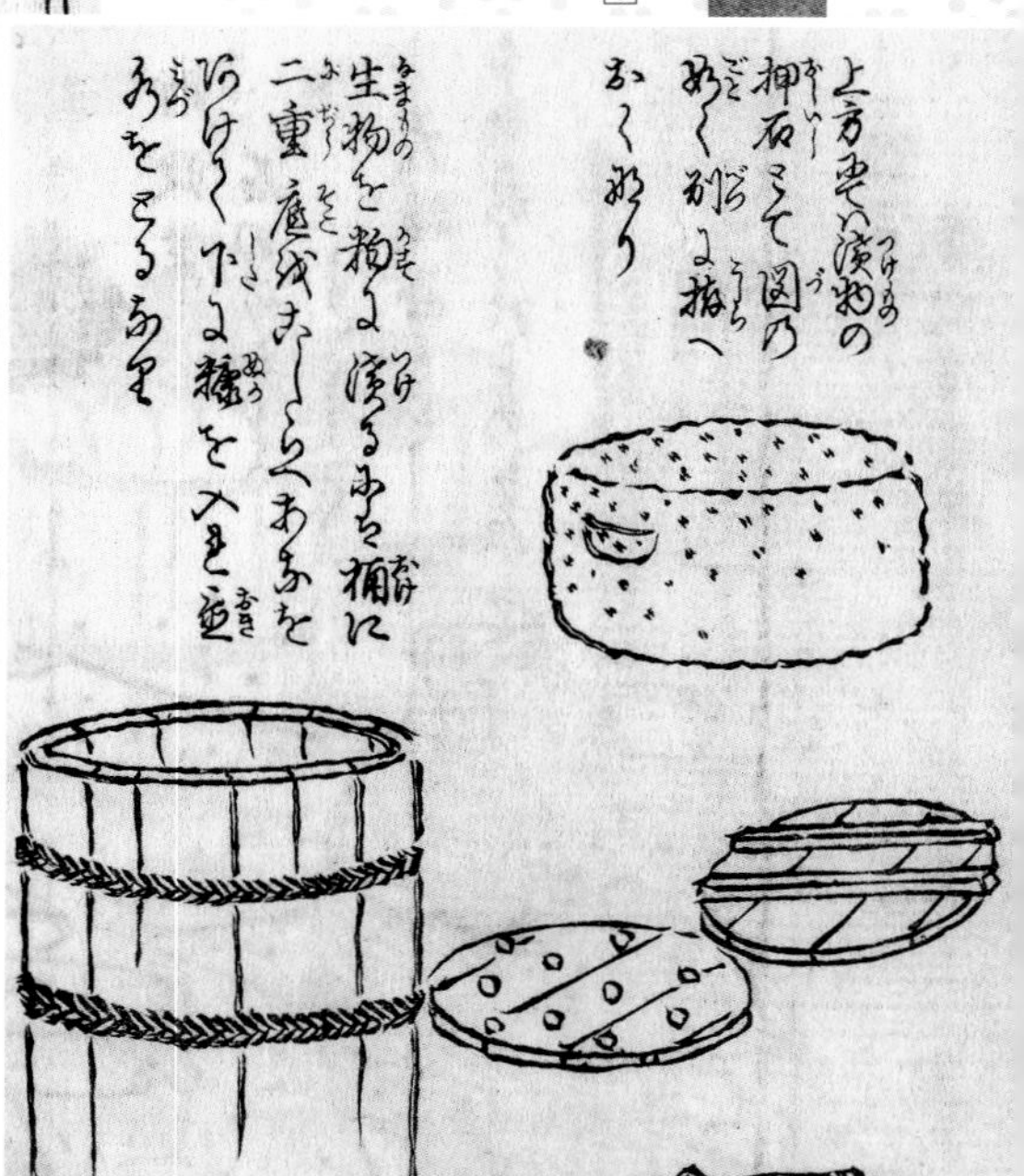

「上方にては漬物《つけもの》の押石《おしいし》とて、図《ず》の如《ごと》く別《べつ》に拵《こしら》へおくなり」
「生物《なまもの》を粕《かす》に漬《つけ》るには、桶《おけ》に二重底《にぢうそこ》をこしらへ、あなをあけて下《した》に糠《ぬか》を入れ置《おき》、水《みづ》をとるなり」

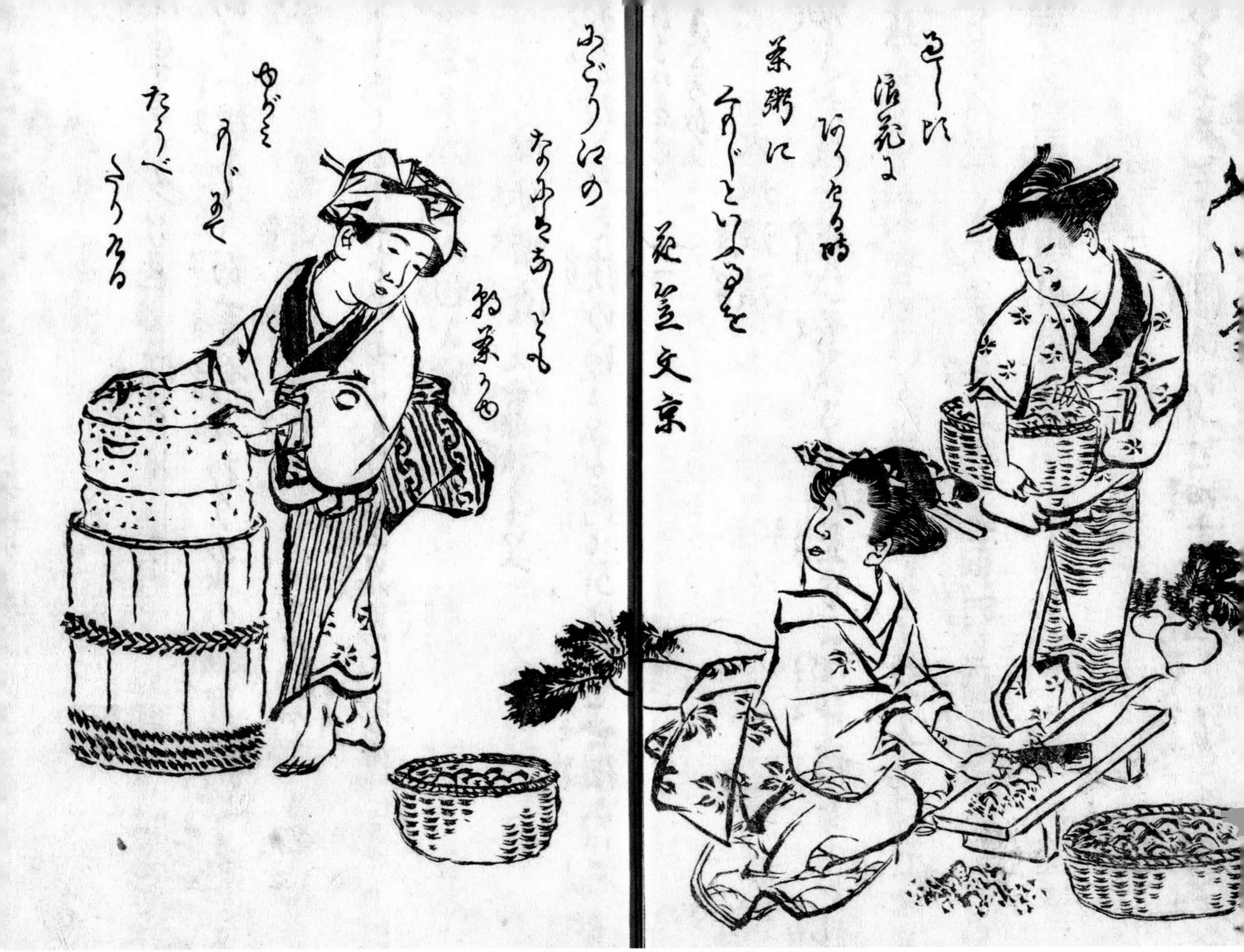

3

2は代表的な漬物といえる沢庵漬を漬ける前の段階。本文では大根選びからはじまる。挿絵には、太く長く育った上質の大根が集められている。右頁では、女性が大根を盥《たらい》の水につけて、たわしで土を洗い落としている。左頁では、男が洗い終わった大根を干しやすいように縄で縛っている。縛った大根は、日当たりのよい乾場で14～20日ほど干す。夜は霜がつかないように注意して、表面に小皺ができた頃に漬けるとよいと本文にある。3は漬けているところ（左頁）。本文には、糠《ぬか》、塩の量や漬け方が細かく記されている。右下の女性は、端の方や大根葉を刻んでいる。これも漬物にした。捨てるところはない。

日本初の本格的西洋医学の翻訳書

『解《かい》体《たい》新《しん》書《しょ》』

若狭国小浜藩医の杉田玄白は、藩で購入した西洋の解剖学書『ターヘル・アナトミア』（ドイツの医師・クルムスが著した本をオランダ語に訳した医学書）の頁をめくり、かつて見たことのない詳細な人体解剖図に着目した。玄白は、図が正しいかどうかを知りたくなった。

そのチャンスは1771（明和8）年3月に訪れた。玄白と同僚の藩医・中川淳庵、蘭学者の前野良沢らは、千住の小塚原《こづかっぱら》刑場で行われた刑死体の腑分け（解剖）を参観することが許されたのだ。持ち込んだ『ターヘル～』の解剖図と照らし合わせて見ていくと、玄白、淳庵、良沢は図の正確さに驚嘆。3人はその日のうちに翻訳を決意した。

翻訳作業は翌日から開始された。苦心惨憺しながら3年以上を費やし、1774（安永3）年8月にようやく刊行。日本初となる本格的西洋医学の翻訳書となった『解体新書』は、訳された本文4巻と序・解体図1巻の計5巻から成る。翻訳には、蘭方医の桂川甫周《かつらがわほしゅう》も協力している（58頁から紹介する「琉球談《りうきうばなし》」の著者・森島中良《もりしまちゅうりょう》は甫周の弟）。

翻訳時の労苦、関わった人物のエピソードは、玄白著の『蘭学事始』に詳しく記されている。

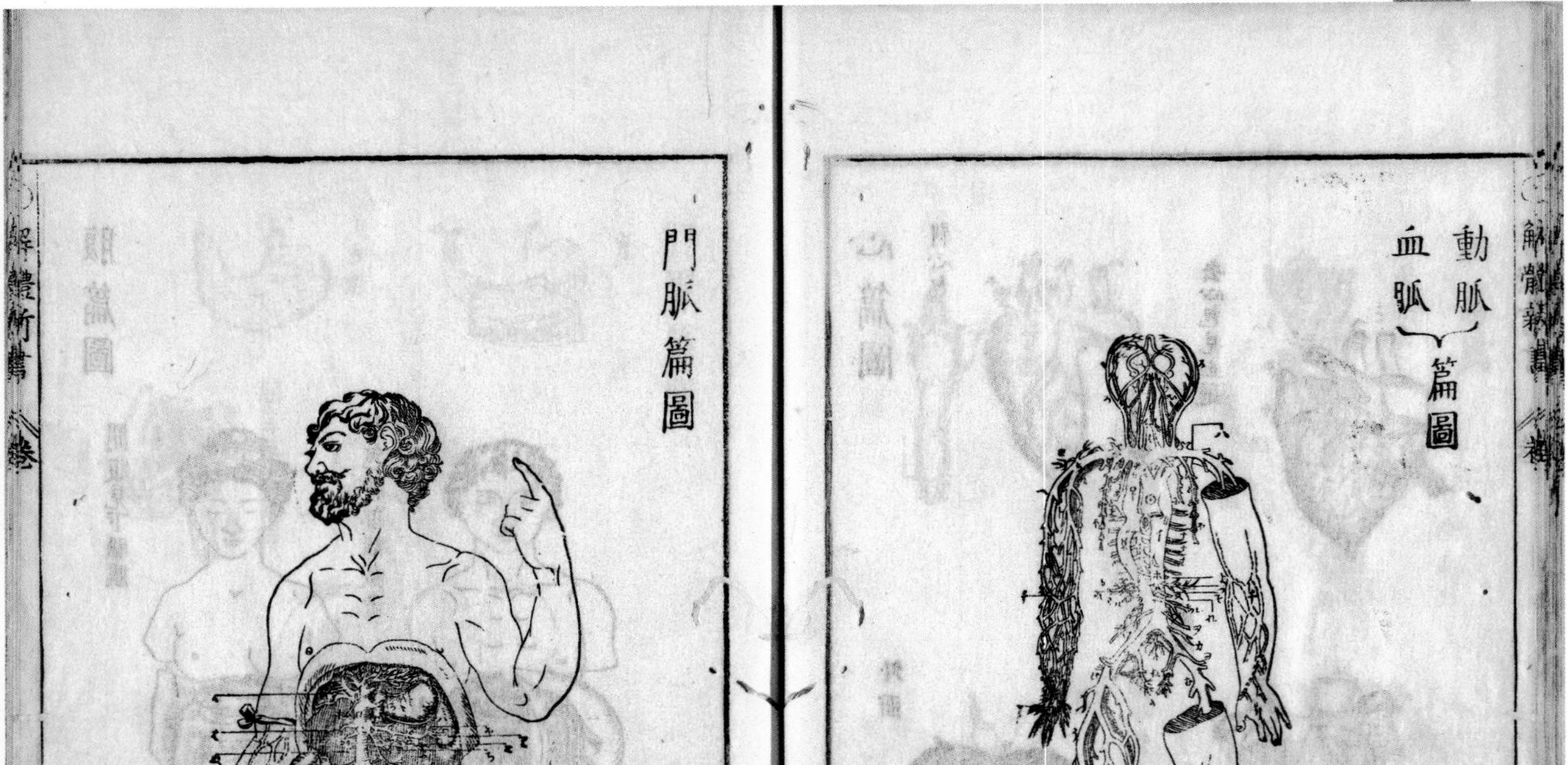

精緻な図は、秋田藩士で洋風画家として知られる小野田直武が原書から写して描いた。直武は、平賀源内に西洋画法を学び、洋風画の一派となる秋田蘭画の先駆者として活躍したが、31歳の若さで1780年に没した。図が重要な『解体新書』の成功は、直武の功績も大きい。

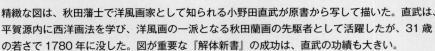

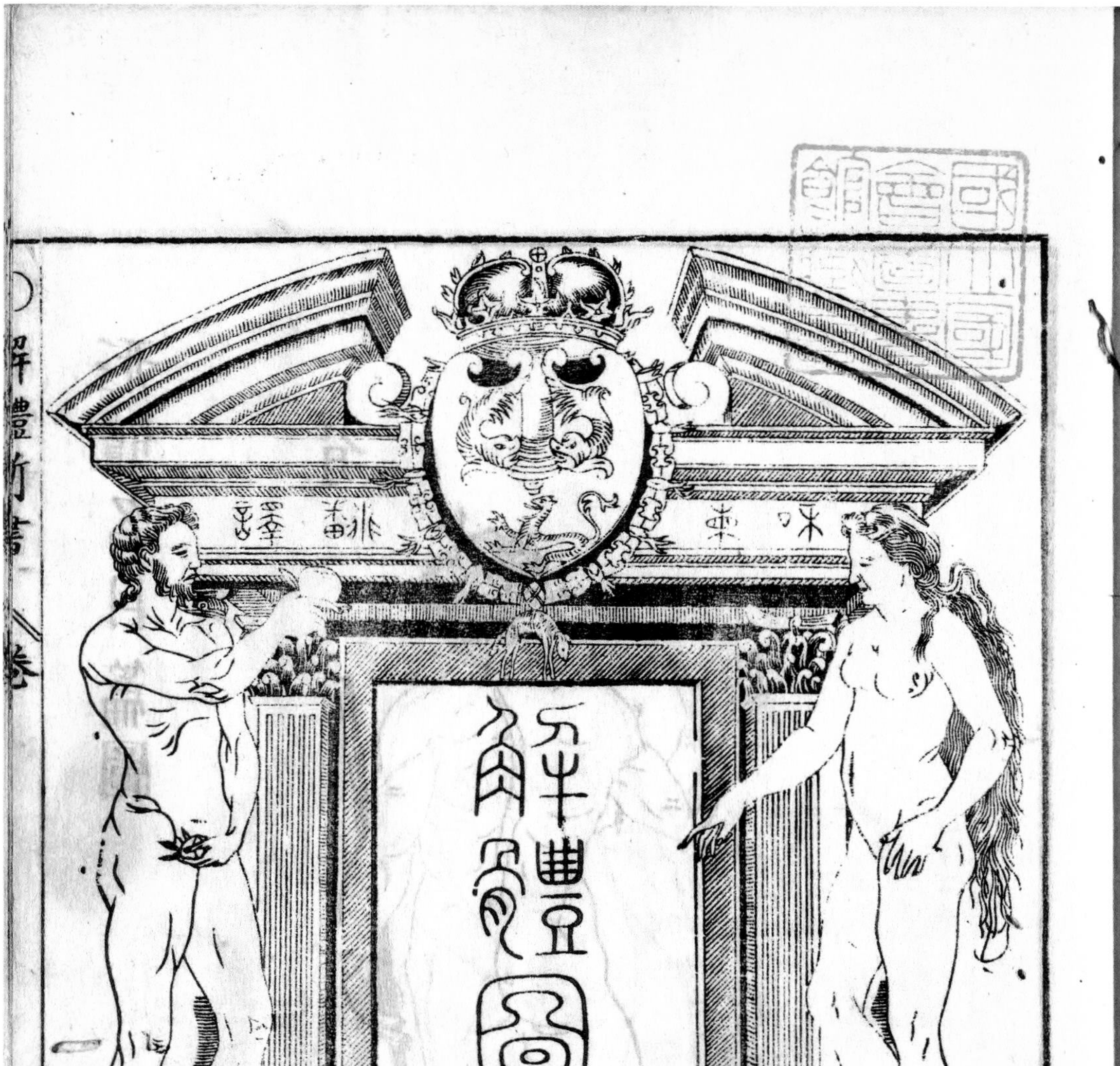
解體圖

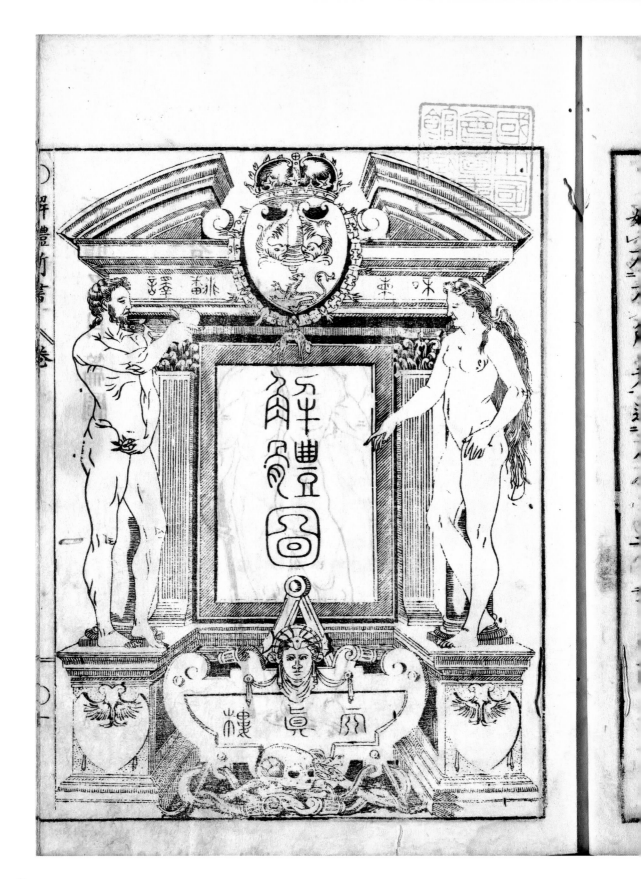

解体新書（第5丁）

漢方医学を用いて治療する漢方医は、体内の正確な知識を持っていなかった。患者の病状に応じ、漢方薬を処方して治していたのだ。江戸時代の中期からは、長崎から伝わるオランダ流の医学を用いた蘭方医が増えていく。しかし、研究に必要な死体の腑分けは、許可なく行えなかった。各臓器やリンパ管、骨に至るまで体内を解体して正確に表した『ターヘル・アナトミア』の入手は、蘭方医たちに新しい道筋をあたえた。原書の図を克明に模写して木版印刷された『解体新書』の刊行は画期的で、西洋医学の発展に大いに貢献したといえる。玄白らは、今では当たり前のように使われている「神経」などの造語も生み出した。

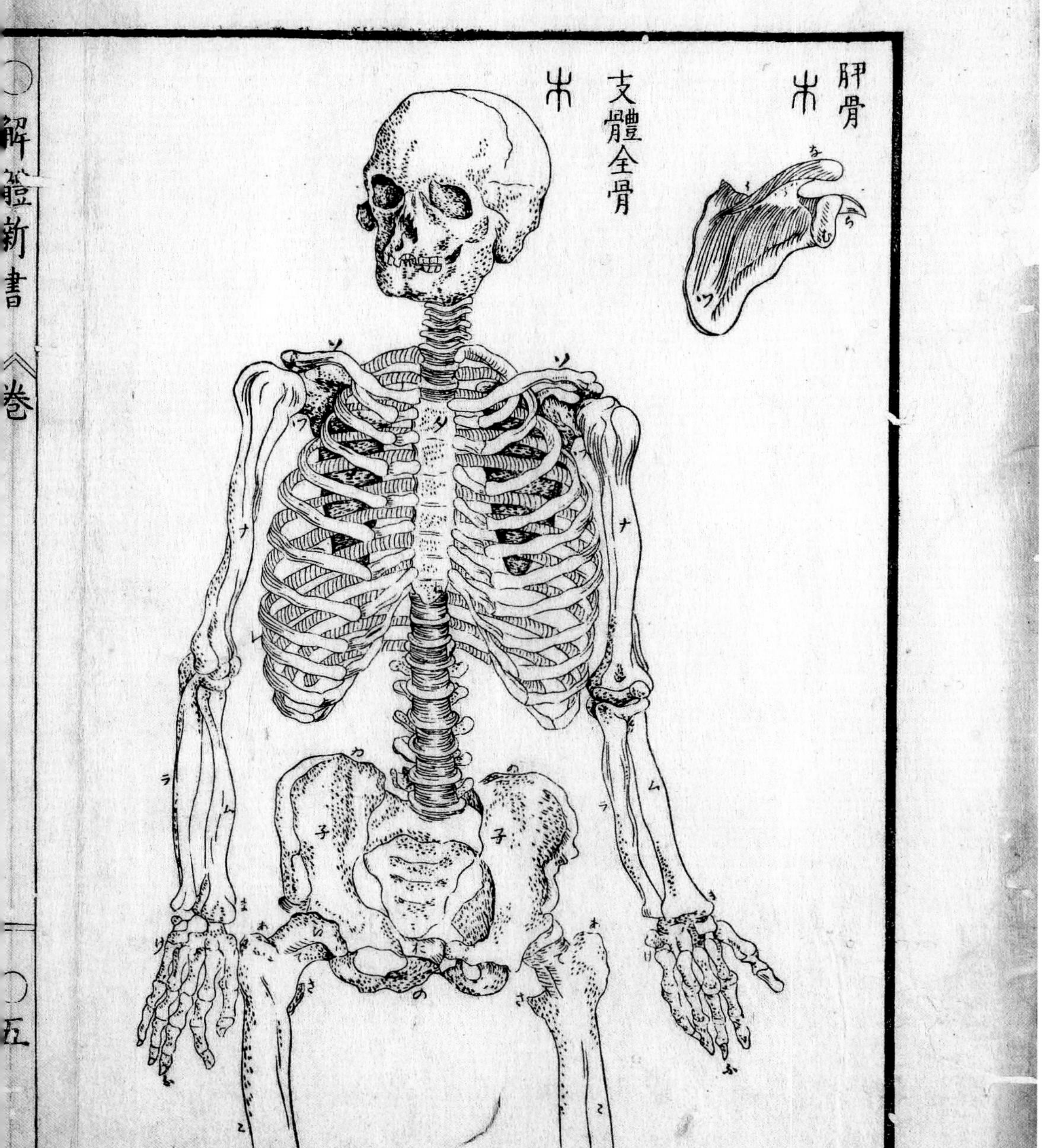

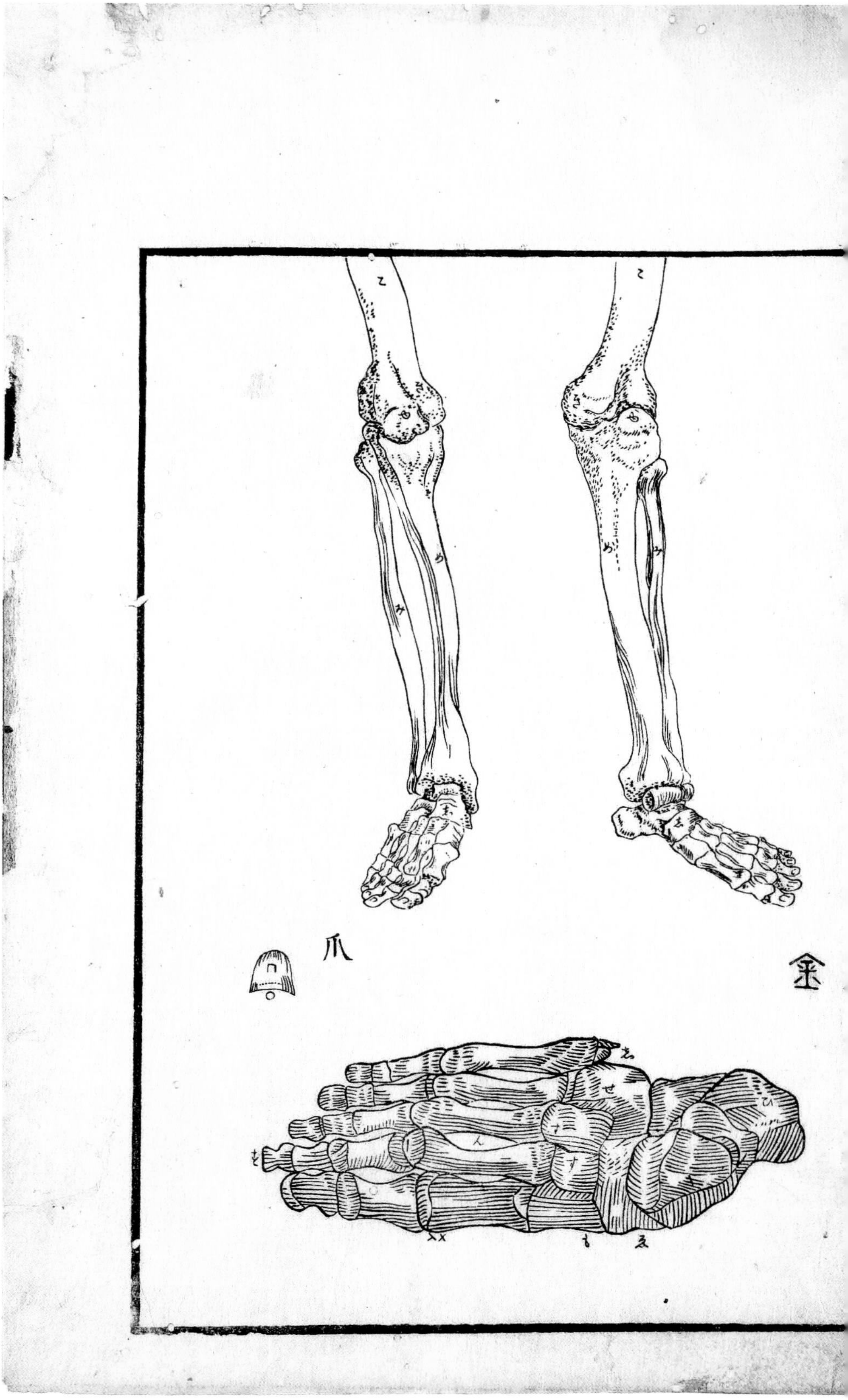

【ミニ知識】この図は見開き頁ではない。真ん中で二つ折りにされる「一丁」である。摺師が板木から摺るときは、一丁ごとに摺り、裏は摺らない。真ん中で折った数丁を頁順に重ねて、表紙をつけて綴じることで1冊の板本ができあがる。折る部分は「柱」と呼ばれ、丁合を間違えないように、題（柱題）、巻数、丁数が通常記される。尖ったところは「魚尾」という。先端が折るところを示している。

『北越雪譜《ほくえつせっぷ》』

雪国・越後国のあらゆる情報を盛り込んだ、地元商人・鈴木牧之《ぼくし》の入魂作

右頁は「掘除積雪之圖《つもりたるゆきをとりのくるづ》」。左頁右上は「屋上雪掘圖《やねのゆきほるづ》」、左上は「縋《すかり》を穿《はき》て雪行圖《ゆきにゆくづ》」、下は「雪中歩行用具《せっちゅうほかうのようぐ》」。鈴木牧之の下絵をもとに、山東京山の次男・京水が描いた。

雪国である越後国の、生活、生業、行事、自然、生き物、奇譚などを随筆風に詳しく紹介した本作は、大本《おおほん》で2編7冊から成る。初編3冊が1837（天保8）年頃に刊行されると、江戸で評判となり、1842（天保13）年頃に二編4冊が刊行された。

著者は越後国の塩沢に生まれ、縮仲《ちぢみ》買商で質屋も営んでいた鈴木牧之《ぼくし》である。牧之が20代の終わり頃に思い立った本作の出版構想時から、実際に江戸の文渓堂という板元から出版されるまで、およそ40年を要した。大願成就までの紆余曲折は、文人や絵師が入り乱れてドラマチックでさえある。

若くして書画や俳諧、漢詩に親しんだ牧之は、江戸に出る機会に恵まれ、家業の合間に、山東京伝、曲亭馬琴、十返舎一九、大田《おおた》南畝《なんぽ》らの名だたる文人たちと出会い、文通を行うほど親交を深めた。

牧之は最初、本作の出版協力を京伝に仰いでいる。京伝は当初乗り気だったが、進展しないまま頓挫。相談した馬琴も京伝を気にして二の足を踏んだ。続いて話を持ちかけた大坂の絵師・岡田玉山はまもなく死去、次に実現を検

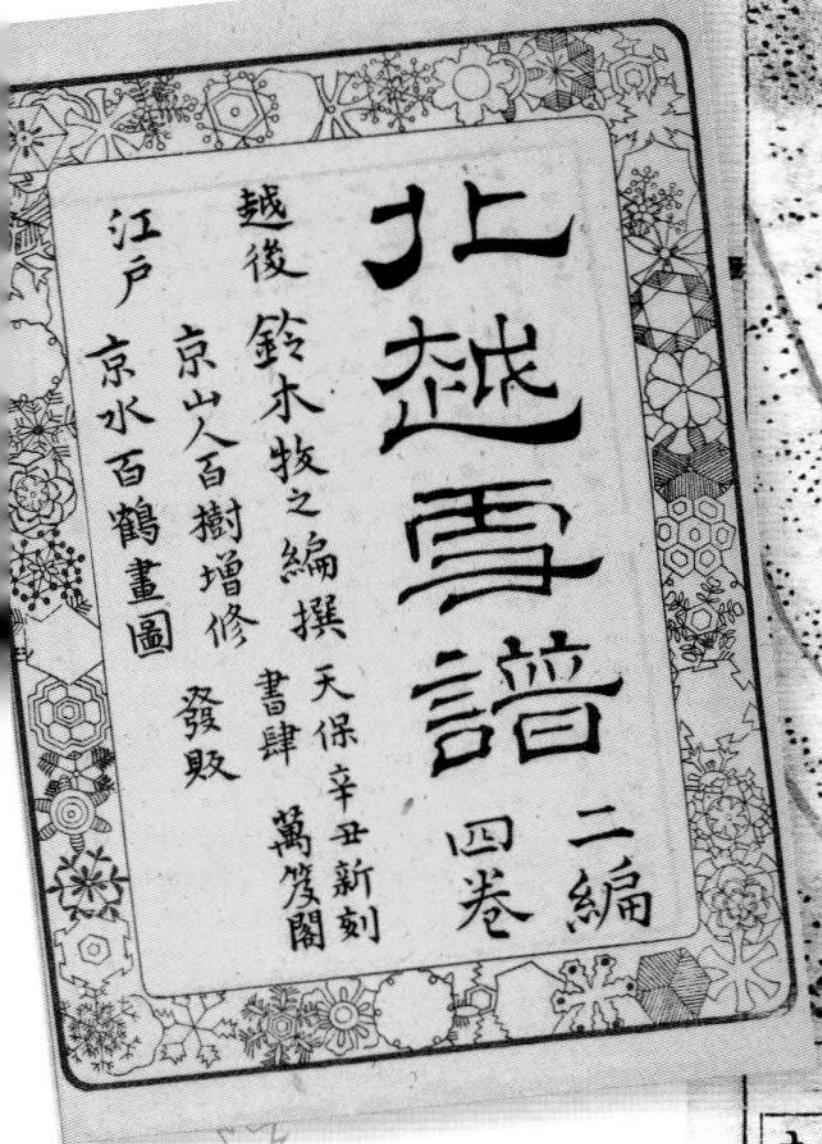

二編四巻の大扉。

討してくれた絵師・鈴木芙蓉も没してしまった。

京伝も没し、牧之が再度馬琴に相談すると、難色を示しつつも承諾してくれた。しかし馬琴は執筆に追われ、出版形態などの諸問題も噴出して進展しなかった。最終的に協力してくれたのは、京伝の弟・山東京山だった。京山は『偐《にせ》紫《むらさき》田舎《いなか》源氏』の著者で知られる柳亭種彦に次ぐ合巻《ごうかん》作家で、没する90歳までにおよそ160種の作品を残している。馬琴と京山は犬猿の仲となる。

本作の企画が動き出すと、売れ線を狙い雪国ならではの絵を多く掲載することになる。大役を担う絵師は、それまでに葛飾北斎や歌川国貞の名も上がっていたが、画料が高かったりスケジュールの調整がつかなかったりで断念。京山は1832（天保3）年に刊行した『熱海温泉図彙《ずい》』（34・35頁で紹介）の出来などから判断して、次男の京水に任せることにした。息子を画家として羽ばたかせたいという親ごころもあったのだろう。牧之は自ら筆をとり、京山親子に下絵となる挿画見本を多数提供した。文は、牧之の原稿に京山が手を入れて完成させたと思われる。京山・京水親子は続編（二編）も視野に入れ、1836（天保7）年5月に江戸を発ち、越後国で現地取材も行っている。

本作は、雪国・越後国のあらゆる情報を盛り込んだ労作である。現地で生まれ育った牧之の想いが詰まった文と豊富な絵で読者を魅了する、江戸時代後期の傑作板本といえるだろう。

塚山《つかやま》嶺《たふげ》雪吹《ふぶき》圖《のづ》

「雪吹《ふぶき》に焼飯を売る」と本文の見出しにあり、「小判をなめても腹はふくれない」という酷な教訓話を綴る。12月（旧暦）はじめ頃のある晴れた日、農夫は魚沼《うおぬま》郡《ごおり》藪上《やぶかみ》の庄の村から柏崎の駅へ向かっていた。途中で商人と出会い、のどかに雑談しながら塚《つか》山嶺《やまとうげ》にさしかかると天候が激変。暴風が吹き荒れ雪が渦巻く大吹雪に見舞われる。挿絵は、その時の凄まじい光景を描いている。空腹だが弁当を持ってこなかった商人は、農夫に 600 文（今の２万円程度）で弁当を売ってくれと言う。貧乏な農夫は大喜びで焼飯２個を商人に売った。商人は懐で温められていた焼飯を食して雪で喉を潤すと、ずんずん前に進んでいった。農夫は腹が減り疲れ果て、置き去りにされ命を落としてしまう。その後、商人は牧之の俳友となり、この話をしてくれたと記す。俳友は、「今日の命も銭 600 のうちなり」と言って笑ったという。

○風雪のうづまく

1

2

1越後国では正月15日からの小正月のはじめに、雪で「鳥追櫓《とりおいやぐら》」を築いた。高さは1丈余り（約３ｍ）で階段も雪で作成。上部は平らにならし、四隅に松竹を立てて注連縄を張りわたし内側に筵《むしろ》を敷いた、と本文にある。ここに子供たちが集まり、ご馳走を食べては遊び、鳥追歌をうたったという。2は「験微鏡《むしめがね》を以《もっ》て雪状《ゆきのかたち》を審《つまび》らかに視《み》たる圖《づ》」。雪を肉眼で見ると鵞毛《がもう》（ガチョウの羽毛）のようだが、験微鏡で雪を見ると、形状《かたち》は奇々妙々であるという。図は板本『雪花図説』から模写している。3の上部では、子供たちがそりに材木に見立てた巨大な氷柱《つらら》をのせ、木遣《きや》り歌をうたいながら引いて遊んでいる。4は「雪中晒縮圖《せっちゅうちぢみをさらすづ》」。縮（越後上布《じょうふ》）の雪さらしをしているところ。右下には「医師《いし》、雪舟《そり》にのりて病家《びょうか》へゆく」とある。

児童《こども》垂氷《つらゝ》を
轌《そり》にのせ大持《だいもち》の
つらゝ
轌全圖《そりのぜんづ》
形《かたち》大小定尺《ぢやうしやく》なし載物《のせるもの》ニ
随《したがつ》て造る木材《ざい》ハ堅木《かたぎ》
を用《もち》ふ
焼し梅待
春もやゝ
小越小千谷
岩居

学《まなび》たこして遊《あそ》ぶ圖《づ》
時ハ春あり

雪中晒縮圖《せつちゆうちゞみをさらすづ》 此所すべて皆雪の上なり
医師《いし》雪舟《そり》にのりて病家《びやうか》へゆく

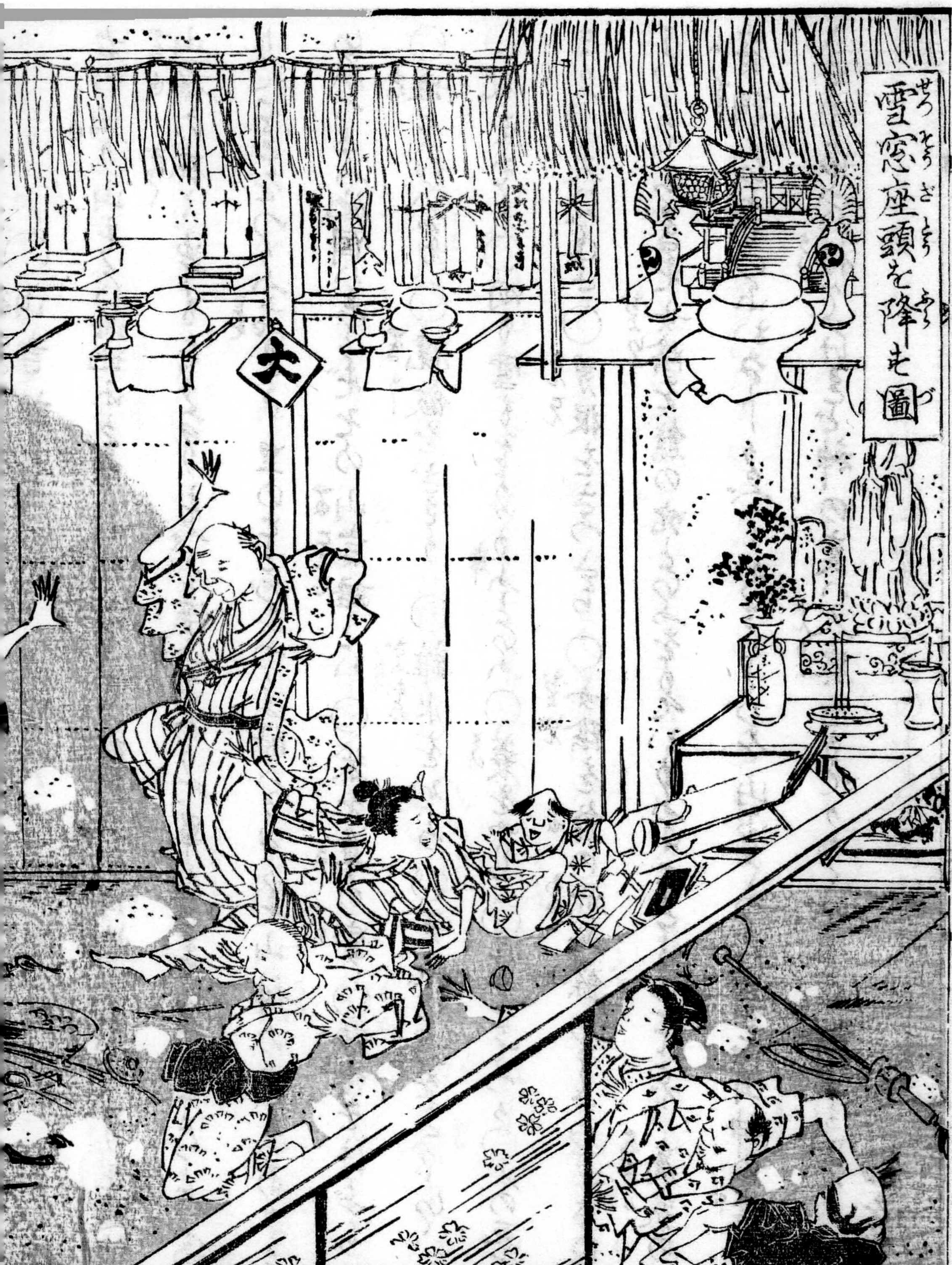

雪《せつ》窓《そう》座《ざ》頭《とう》を降《ふら》す圖《づ》

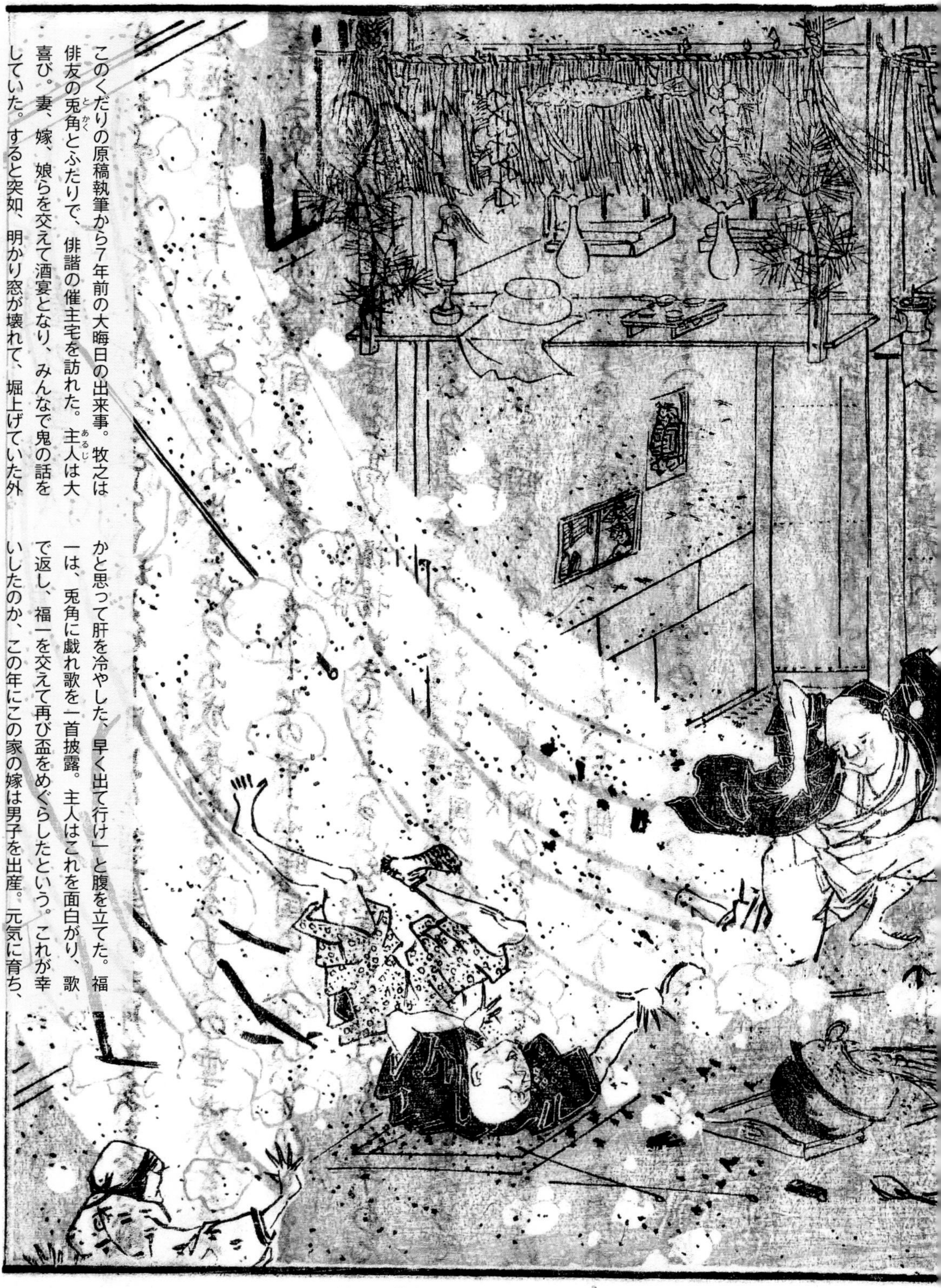

このくだりの原稿執筆から7年前の大晦日の出来事。牧之は俳友の兎角《とかく》とふたりで、俳諧の催主宅を訪れた。主人《あるじ》は大喜び。妻、嫁、娘らを交えて酒宴となり、みんなで鬼の話をしていた。すると突如、明かり窓が壊れて、堀上げていた外の雪が崩れ落ちてきた。そのとき、雪の上を歩いていた福一という按摩も窓から転げ落ちてきたという。主人の妻は、「鬼かと思って肝を冷やした、早く出て行け」と腹を立てた。福一は、兎角に戯れ歌を一首披露。主人はこれを面白がり、歌で返し、福一を交えて再び盃をめぐらしたという。これが幸いしたのか、この年にこの家の嫁は男子を出産。元気に育ち、今年で7歳になるという。怜悧な福一は、今江戸で要職についている、と牧之は本文に記している。

2

1

3

京山と京水は越後国で現地取材した際、牧之の家にも行っている。牧之はそのとき家僕（下男）に命じて、積もったやわらかい雪上での歩き方を再現させ、ふたりに見せた。京山はその姿をすかさずスケッチして、1の絵に仕上げた。この履き物は「かんじき（橇）」より大きい「すかり（縋）」である。家僕はいともたやすく歩いたが、試しに履かせてもらった京山たちは一歩も進まなかったという。2の挿絵は、牧之が聞いた雪崩《なだれ》の話より。ある家の主人《あるじ》は、朝出かけたまま戻ってこない。家族は心配する。雪崩にあったかもしれないという老人は、若者を連れて周囲の家の鶏を借り集め、雪崩の現場で放させた。すると、ある場所に鶏が集まって鳴くではないか。そこを掘ると主人の死体が見つかったという。本作は、吹雪と雪崩の恐ろしさを伝える記述が多い。3は正月風景。道路《みち》の脇に、雪がうずたかく積まれている。巨大な雪の山には、見たことがない読者のためにわざわざ「雪」と入れている。小正月には羽子《はご》擢《つき》をしていた。空木《うつぎ》の筒切りに山鳥の尾羽を3本挿した羽根を、雪堀り用の木鋤《こすき》でつく遊びで、大人が興じていた。羽根を落とした者は雪をかけられた。この遊びは、今も行われている。4は異獣と遭遇した人々の話より。牧之は40～50年前、「猿のようで猿でない異獣と遭遇した」という話をあちこちで聞いたという。異獣は人畜無害で良い行いもしたとあり、『和漢三才図会《ずえ》』（84頁より解説）の寓類の部にも載っている、と記している。

4

蝦夷地を紹介した紀行書。北海道の名付け親で知られる松浦武四郎が著した

『久摺日誌《くすりにっし》』『石狩日誌《いしかりにっし》』

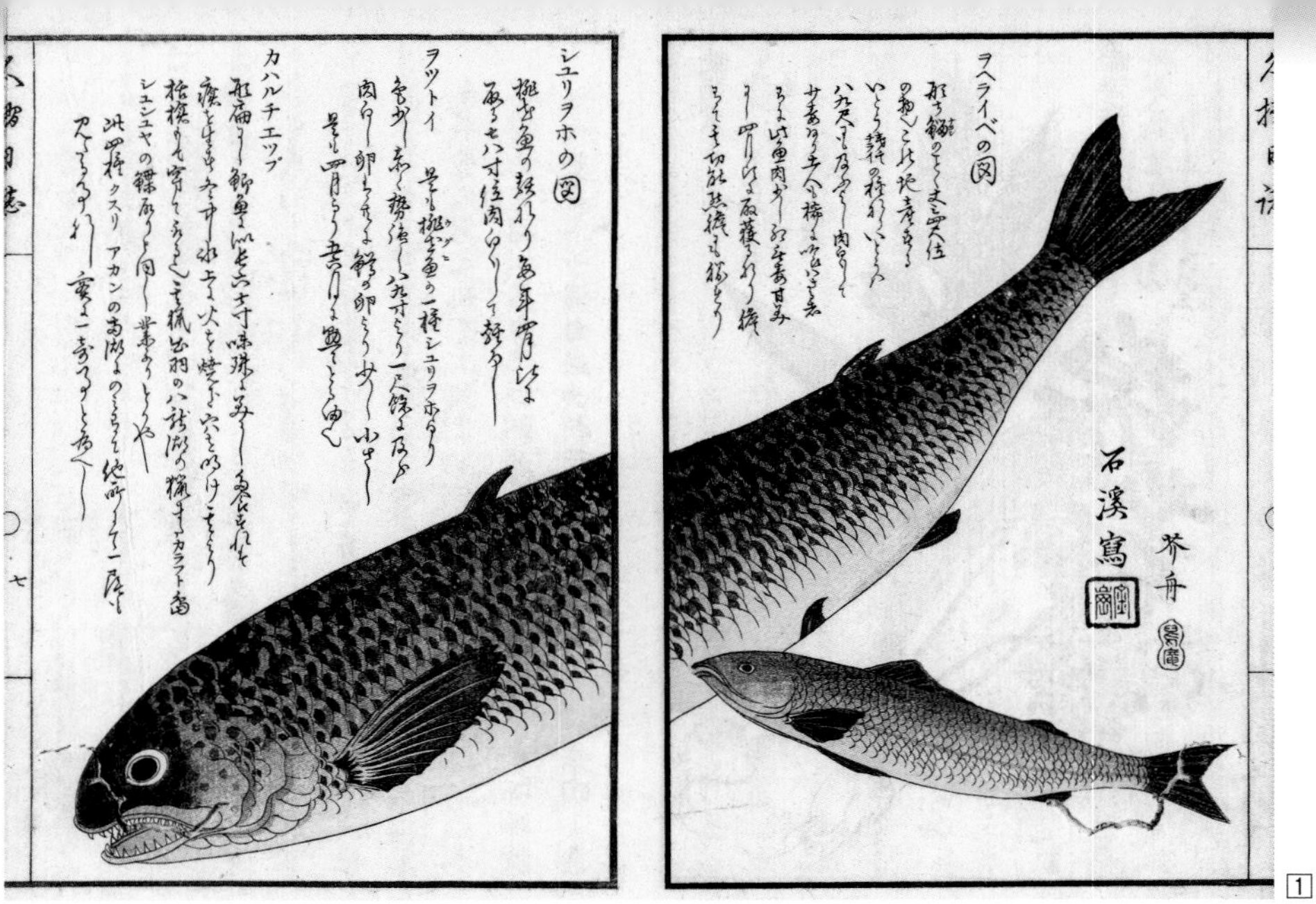

1

2

2冊とも蝦夷地を紹介した紀行書で、幕末の1861（文久元）年に刊行された。絵入りの一般書として制作されているので、絵師が腕を振るった美しい挿絵も楽しめる。著者は北方探検家の松浦武四郎。北海道の名付け親、古物コレクターとしてもその名が知られる。

武四郎は、伊能忠敬が没した1818（文化15）年に、伊勢国一志郡須川村（現在の三重県松阪市小野江町）で生まれた。恵まれた環境で育ち教養を身につけた武四郎は、16歳から単身旅に出て諸国を巡る。訪れた地域は、三都はもとより、北は仙台（陸奥国）から南は薩摩国まで驚くほど多い。四国遍路も行っていて、八十八か所すべてを歩き通している。

しかし旅先の長崎で病に倒れ、出家して寺の住職となる。この時期、五島列島や対馬に旅している。26歳のとき長崎に入る海外情報などから、ロシア南下による北方の危機を知る。

蝦夷地への関心が高まった武四郎は、現地行きを決意。2年後の1845（弘化2）年に商人の手代として蝦夷地入りを果たした。翌年にも松前藩医の下僕として蝦夷地を調査。その3年後にも現地調査を行った。アイヌの人々に案内をしてもらいながら、メモをとり、スケッチを描いた武四郎は、その翌年、得た情報を整理して『蝦夷日誌』（計34冊）をまとめあげた。

時代は激動の幕末に突入。武四郎はペリー来航の1853（嘉永6）年に吉田松陰と会い、翌年の正月も海防について熱く語り合っている。

蝦夷地の情報を得たい幕府は、武四郎に調査を依頼。武四郎は、お雇い役人として1856〜58（安政3〜5）年に毎年蝦夷地の調査を行った。計6回に及んだ調査記録は、151冊に達した。ここで紹介する2冊は、その膨大な記録をもとに一般向けに構成した地域別シリーズの紀行本である。これらは「多気志楼物《たけしろうもの》」と呼ばれて人気を博した。

1 2は『久摺日誌』より。久摺は現在の釧路。1の大きな魚は、日本最大の淡水魚ヲヘライベ（サケ科のイトウ）。2は、アイヌの人と談笑する武四郎。3 4は『石狩日誌』より。3は丸木舟に乗って調査をする武四郎。アイヌの人々に案内してもらっている。4は鳥の紹介。上は石狩方言で「ヲユ、ケ」、下はシリベツ石狩方言で「キサラウシチカプ」という鳥。

3

ゐるけを悦ひ一色ニ出精しけるや
キナウシナイ　チヤシナイなと云ところの
所々淵瀬《セ》の有所ニ伏て取穫く
ハツるとソラチブト（従ウラシナ十六里）より此
川ホ二ツ支流となり源をトカチ岳より
来れるを八十七丁トツクフト是より六乃
支流となるや土人艀を叩くと
黒唇《メノコ》一人茅萩の中より眺めるに
ゆりぬる其乃又内に筵《キナ》席をしき
はよん余を饗きり依て立寄て　十三

ハセイタハウシの家を上りセツカウシより
家へ着し一同乃者へ煙草針糸火鉢
与へ喜して振りし妻は余に各葱《キト》一輪《フクシ》
草《ヤル》と干鮭《チナナ》と文鉄の油まて持来れるに
家の傍に狸豆《ムニノカシ》眉豆《マレメ》粟《ハシヒ》稗《リチアチマ》秈《ヒヤハ》
等を作る是皆黒唇《メノコ》の業なりといへ
るや彼等未た鍬をも持ざる運
上屋ならもも彼方へ農業《トイメカリ》を教るを
禁せられこの處に決して渡さるると
〈や依て鍬へ横に柄を附用ゆ

4

石狩方言
ヲユヽケ　其地山深き川ニ
さる処ニ所々ある鳥也
喜任曰　是ハ　トウガラレ　ゴマ
とふまるヤマセミとも云山翡翠乃
一種く寄ふるもあるとしくるく
夫婦子て喙《ケチバシ》をポンくと
叩く声ニ異なる也り

シリベツ石狩方言
キサラウシチカプ　其状の
毛乃耳のやく大なるもりして長し
その飛时も灰白み大なるも手ニ取ル
大なるも羽毛ニ皆斑あること
クスリなどへうるすニ甚るうりしくも久根に
おきしとの也

喜任曰
花斑鳥

讀畫齋主人寫照

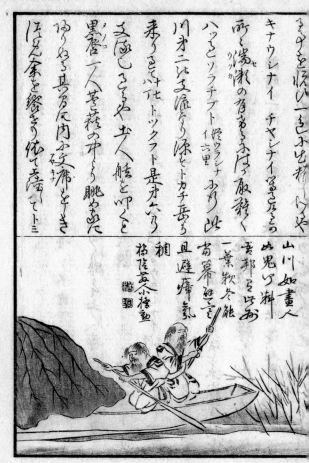

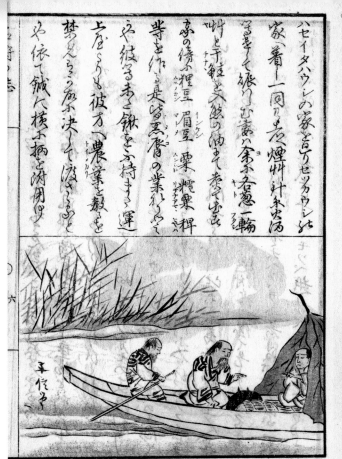

『久摺日誌』より

小屋で寝ていると、外でアイヌの人たちは古樽の底を打ちたたき、歌い踊っていた。目を覚ました武四郎が戸を細めに開けて見ると、手を取って座に引き入れてくれたという。翌日は舟で移動。「急流矢よりも疾し」「左右に鹿多し」「白き鳥多く啼て居たり」などと本文にある。

『久摺日誌』には、小舟に乗って曲がりくねった川を下る様子が記されている。雨は夕方に雪に変わり、舟に３寸（約９cm）も積もったと記している。流木で舟が通れないところは、一同陸を歩く。武四郎は案内してくれるアイヌの人々と語らい、心を通わせていく。シベツチヤに着いて武四郎が

琉球を多面的に図説。著者は海外事情に精通していた蘭学者の森島中良《もりしまちゅうりょう》

『琉球談《りゅうきゅうばなし》』

1790（寛政2）年に刊行された本作は、絵入り半紙本（1冊）で、琉球を多面的に紹介している。著者は森島中良。板元は『解体新書』（40頁より紹介）などを出版した須原屋市兵衛である。巻末の広告（森島中良先生著述書目）には本作も入れていて、「此書は、琉球の開闢《かいびやく》并《なら》びに始て日本へ往来の由来・彼国代々の伝記・年中行事・官職乃次第・人物・衣冠・宮室・機財・草木・鳥獣等の図をあらはし、琉球狂言、小歌の文句、彼国の言語にいたるまで、悉《ことごと》く載て漏する事なし」と主な内容を記している。

著者の中良（別号、万象亭《まんぞうてい》・森羅万象）は、当時の海外事情に精通していた蘭学者である。平賀源内の門人で、黄表紙、洒落本、読《よみ》本《ほん》を著し、狂歌師としても活躍していた。海外物の著書は、本作のほか『紅毛雑話《こうもうざつわ》』『万国新話《ばんこくしんわ》』などがある。『解体新書』の翻訳で尽力した蘭方医の桂川甫周は、中良の兄である。中良の名は、現在あまり知られていないが、海外の異文化まで視野を広げていた多才な文人として再評価されてよい人物である。

上は、「王帽《わうほう》（国王の帽《かぶりもの》）」、「官民帽《くわんみんぼう》（位が一～九品の者の帽）」、「片帽《へんほう》（医官、楽人、茶人、剃髪した人の帽）」、「笠《かさ》（菱藁や革でつくられた帽）」、「短簪《みぢかきかんさし》（元服した者用）」、「長《なかき》簪《かんさし》（婦人と元服前の男子用）」、「帯《おび》」を図説。下右は、「轎《かご》之圖」。下左は、飾馬《かざりうま》（飾り立てた馬）。

左が琉球国王。「烏紗帽《くろきしやのかぶりもの》に朱き纓《ひも》、龍頭《たつがしら》の簪《かんざし》、雲龍の紋ある袍《きぬ》を着し、犀角《さいかく》・白玉の帯を用ゆ。何れも明朝の制なり。今清朝の冊《さく》封《ほう》を受ながら、冠服は古へを改めず…」などと本文にある。里之子《さとのし》は国王につかえた若者。

王帽《わうばう》

黒紗にて作る
国王これを
戴く

官民帽《くわんみんばう》

一品より九品までの制皆同じ いる紙を骨として作る 前に七つ後に十二の記しあり 上下を分つ 上に記せるがごとし

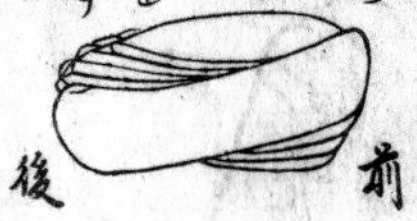

斤帽

黒き絹にて作る 六の角あり 医官楽人茶道のもの剃髪せるもの これを用ゆ

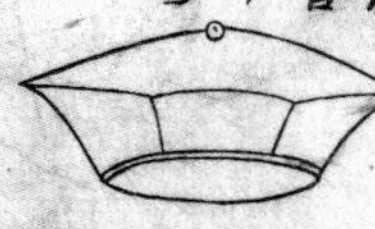

笠《かさ》

菱藁にて作る 又かは草にてもつくる 内外共に漆を塗る

短簪

長サ三四寸 元服せる者これを用ゆ 金銀銅にて作る 上下なし

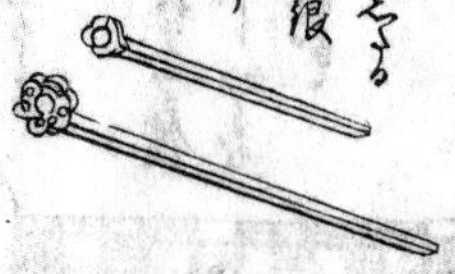

長簪

長サ尺余 婦人小年の男子元服前にて髪の太すぎるもの是を用ゆ 金銀にて是を作る 民家の女子ハ形帽にて制し是を用ゆ

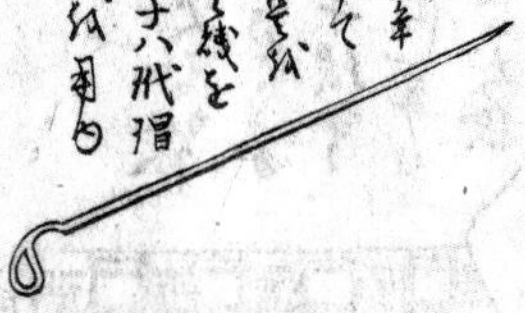

帯《おび》

長サ五丈四五尺 広サ六七寸 摂るをまとふ事 三重四重にまとふ 此帯地の地いろ地紋ともに別あるのみなり 裁縫めし 此帯の裁を薩摩がんとうとて好むの人 とかく琉球にて

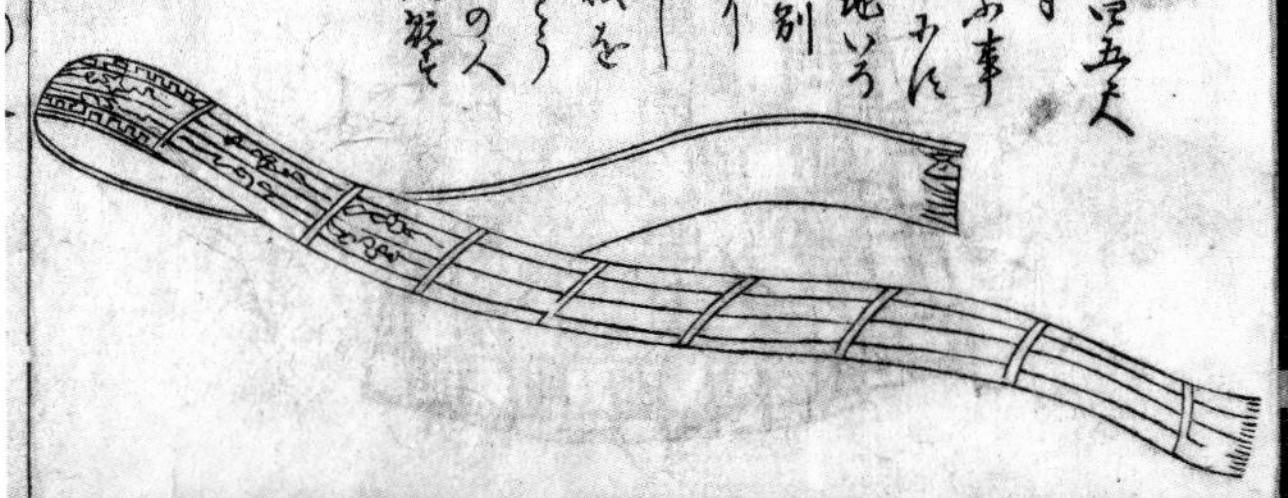

轎之圖

國王ハ肩輿《アゲゴシ》なり 其よりより下ハ皆轎《カゴ》を用ゆ 其錂《レキ》の周囲ことごとく雕鏤《ホリ》の金物をもて表ハ錦にて包み 裏ハ絵を書り 併ならぬものもあり

飾馬之圖

馬ハ日本と替る事なし 山坂ある所ハ石原ありて蹶《ツマヅカ》ず 山に登り水を渉《ワタ》れば 此地自然に其土地に馴れば也 又此地四季ともに暖気ありて 秣蔵の枯るゝ事なきにより 青艸を食ふにかゝらず 是を以て馬の食ハ是にて及ばず 此馬を用る時ハ野より牽て入用ある時ハ厩へ放ちおく 日本の馬具を用ゆるにあらず 鞍鐙も又かゝるものなし 鞍の下ハ紅の糸にて丸き房を付るなり

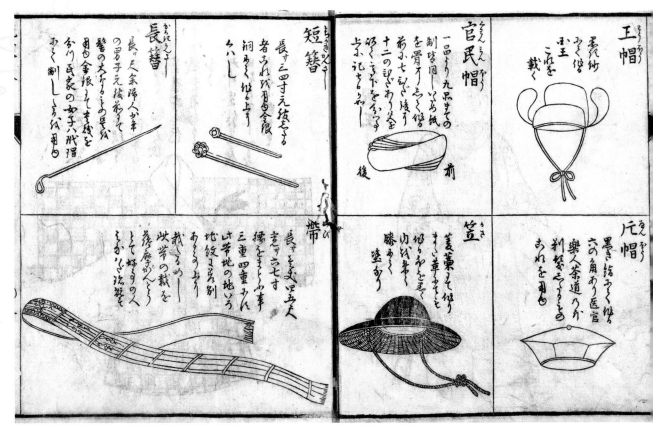

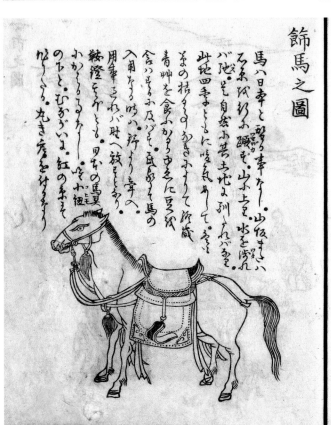

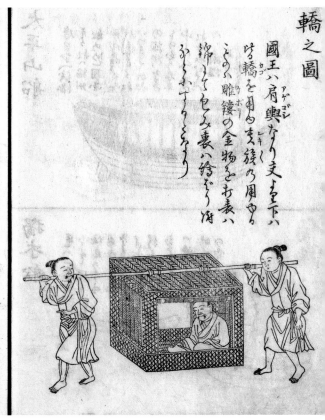

女市之圖

通貨は日本の銭を使用。昔は明朝の洪武通宝、永楽通宝も使っていたが、「今は、はなはだまれにして、只寛永通宝のみ多し」と記している。その後、辻山は那覇の広大な墓地となった。しかし戦後になると区画整理が行われ、墓は別の場所に移転。海岸の丘陵は削られ、歓楽街として整備された。その面影は現在も残っている。

那覇の北西沿岸部に「辻山《つじやま》」という台地があり、朝晩の１日２回、市が開かれて賑わった。商人はすべて女性だったことから「女市」と呼ばれたという。扱われた商品は、魚、サツマイモ、豆腐などの食料品や、木器《きぐ》、陶器《せともの》、草履《ぞうり》、草鞋《わらじ》、木櫛《きぐし》などの荒物が多かった。女商人たちは、商品を頭にのせ、落とすことなく坂を上り下りしていたと本文にある。

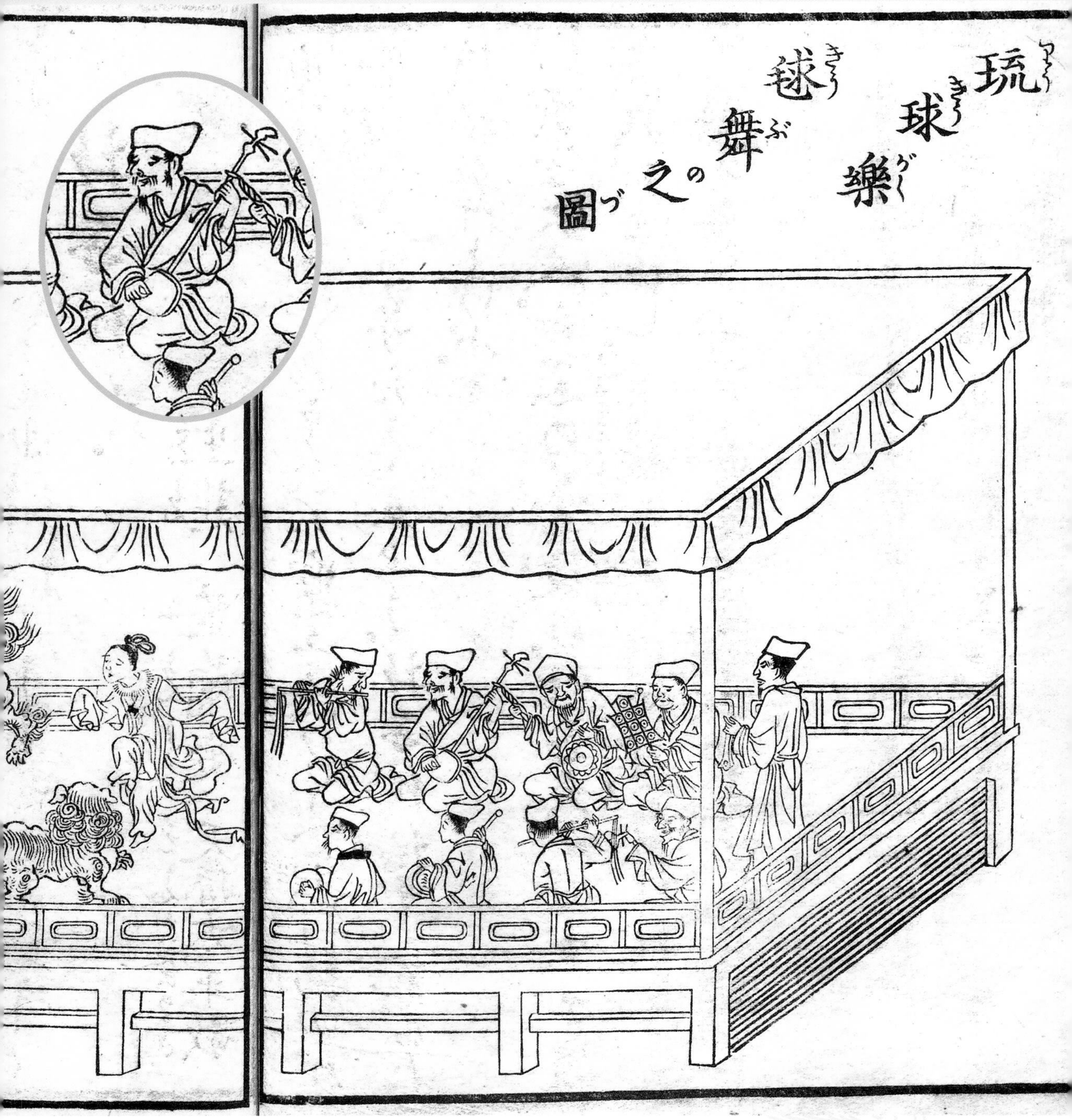

琉球楽《りうきうがく》　毬舞之圖《きうぶのづ》

王宮の舞台で行われた歌舞（舞楽）の様子。楽人は紅衣《くれないのきぬ》や緑衣《みどりのきぬ》を着て２列に並び、それぞれ蛇の皮を張った三弦や、提琴《ていきん》、笛、小鑼《こどら》、鼓《つづみ》などの楽器を受け持つ。演奏や歌がはじまると、曲ごとに舞人が出てくる。出し物は、数人の子どもによる「笠舞」､花を飾った籃《かご》や竿を用いた「籃舞《かごまい》」「竿舞」など。武士６人が登場して白い杖を打ち合わせて舞う「武舞」も披露された。上の挿絵は、五色の服を着た２人の子どもと２疋《ひき》の獅子が舞い踊る「毬舞《きゆうぶ》」の舞台。

歌舞のあとは、俳優《わざおぎ》による中国劇や日本の猿楽なども行われた。日本の曾我兄弟の仇討によく似た琉球狂言「鶴亀」も公演され、琉球国の古事としてストーリーのあらましを記している。曲亭馬琴の読本《よみほん》『椿説弓張月』（1807～11年刊）は、『琉球談』の巻頭に紹介されている鎮西八郎為《ちんぜいはちろうため》朝《とも》（源為朝）の息子舜天が国王になった伝説や、「鶴亀」のあらましなどを参考にしている。こうした書物を読みあさり、想像の翼を馬琴流に広げたのだろう。

板舞之圖

年中行事の紹介頁では、正月元旦から年末までの諸行事が月ごとに記されている。正月に民家の女子は鞠をついて遊び、続いて絵入りで「板舞といふ戯《たはむれ》を為す」とある。板舞とは、木の台の上に板を渡し、２人の女子が両端に向かい合って立ち、跳ね上がったり落下したりする遊びのことで、「転倒せざるを妙とす」と記している。

板舞圖《いたまひのづ》（『椿説弓張月《ちんせつゆみはりづき》』より）

馬琴の代表作として知られる読本『椿説弓張月』の残篇（1811年刊）に、『琉球談』の「板舞之圖」をもとに描いた「板舞圖」が掲載されている。大衆受けする「俗」と知的な「雅」のバランスを半々に保つことを読本執筆の理想としていた馬琴は、荒唐無稽な物語の合間に、リアリティを感じさせる現地風俗の情報も入れ込んでいたのである。

歌舞伎通の愛読書として毎年刊行された横小本《よここほん》の役者評判記

『役者紋二色《やくしゃあやにしき》』（役者評判記）

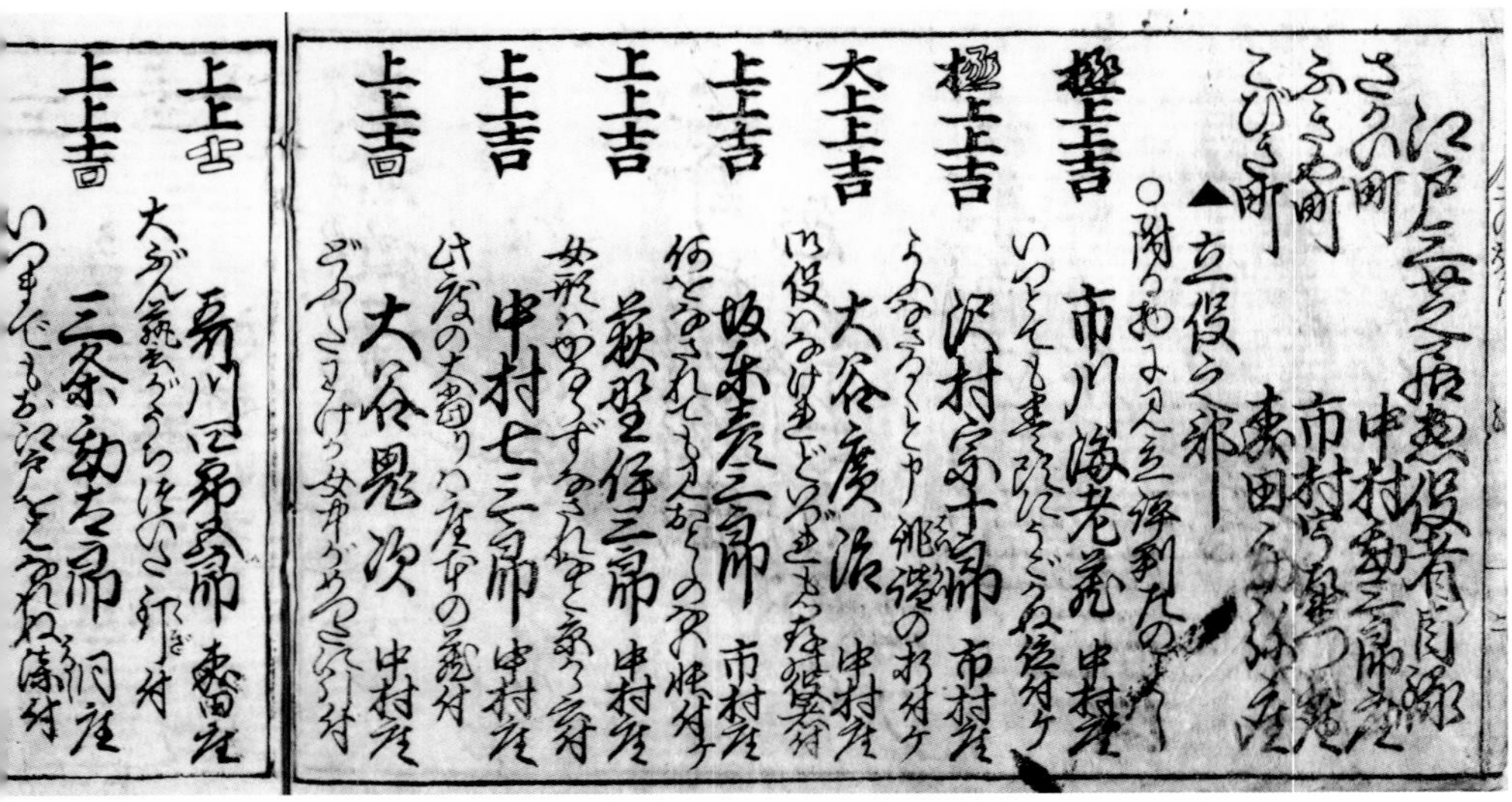

江戸

上は、役者の位付《くらいづけ》（ランク付け）頁。「江戸三芝居惣役者目録」とあり、江戸三座の「さかい町 中村勘三郎座」「ふきや町 市村宇左衛門座」「こびき町 森田勘弥座」がフルネームで記されている。このあと主役級の「▲立役之部」から、位付の高い役者順に並ぶ。役者名の左には、洒落た１行キャッチコピーを入れている。「極上上吉」の市川海老蔵は、「いつとても巻頭にうごかぬ位付ケ」と記され、この当時不動の最高位を保っていたことを窺わせる。下は、上演演目のハイライトシーンをちりばめた舞台絵。ここでは「羽衣寿曽我」（中村座・春狂言）の舞台が横小本の１見開きにまとめられている。海老蔵は、贋《にせ》工藤祐経《すけつね》役①、悪七兵衛景清役③⑤（２か所）で登場。中村七三郎②、大谷鬼次（初代）④の姿も見える。有名な写楽の「三世大谷鬼次の奴江戸兵衛」は３代目鬼次である。

市川海老蔵

歌舞伎のはじまりは、1603(慶長8)年に京都で上演された「かぶき踊り」(阿国歌舞伎)とされる。その後、遊女や女芸人が踊る「女歌舞伎」や美少年たちが踊る「若衆《わかしゅ》歌舞伎」が流行していった。しかし、ともに風紀を乱す興行として禁止の憂き目に遭う。

煽情的な容姿と踊りで観客を虜にする興行は終焉を迎えたが、1652(承応元)年から大人の男性だけで芝居をする「野郎歌舞伎」がはじまった。以後、歌舞伎は演劇性を強めていく。最初は単純だった物語は複雑化し、「野郎歌舞伎」は人気演目の数を増やしていった。役者は、立役《たちやく》(善人の男役で、主役を演じることもある)、女方《おんながた》、悪役、脇役などの役が振り分けられるようになり、個々の役者は技芸を重んじて精進していく。

上方と江戸に立役の大スターが生まれると、元禄年間(1688~1704)を中心に「元禄歌舞伎」と呼ばれる黄金期が訪れた。芝居小屋で早朝から日没まで楽しめる歌舞伎が人々の大きな娯楽として定着していくと、役者絵や関連本が次々出版されるようになった。

『役者紋二色』と題された本作は、毎年刊行されていた役者評判記の1745(延享2)年版で、著者は八文字自笑。役者評判記は、役者の技芸を「上上吉」「上上」などとランク分けして忌憚なく批評した資料性の高い劇書である。

本作には上演演目のハイライトシーンをちりばめた下のような舞台絵も掲載されている。複数の役を演じる立役は、あちこちに登場。芸評と照らし合わせながらお目当ての役者を見つけると、実際の舞台を観てみたくなる。目の肥えた歌舞伎通は、毎年わくわくしながら最新版の役者評判記を手に取り、頁をめくったことだろう。

「元禄歌舞伎」以前は、遊女評判記や野郎評判記も出版されていたが、容姿についての情報が主だった。役者評判記は、これらを参考にしつつも個々の役者の技芸をメインにまとめあげ、鑑賞の手引きにもなる最新情報を提供したのである。

『役者紋二色』は持ち歩きやすい横小本で、京、大坂、江戸の三都に分けて3冊制作された。これは1699(元禄12)年に京都の八文字屋から出版された役者評判記『役者口三味線《くちじゃみせん》』(著者・江島其碩《えじまきせき》)から定着した形式で、この独特の様式が保たれたまま明治時代初期まで長く刊行され続けた。

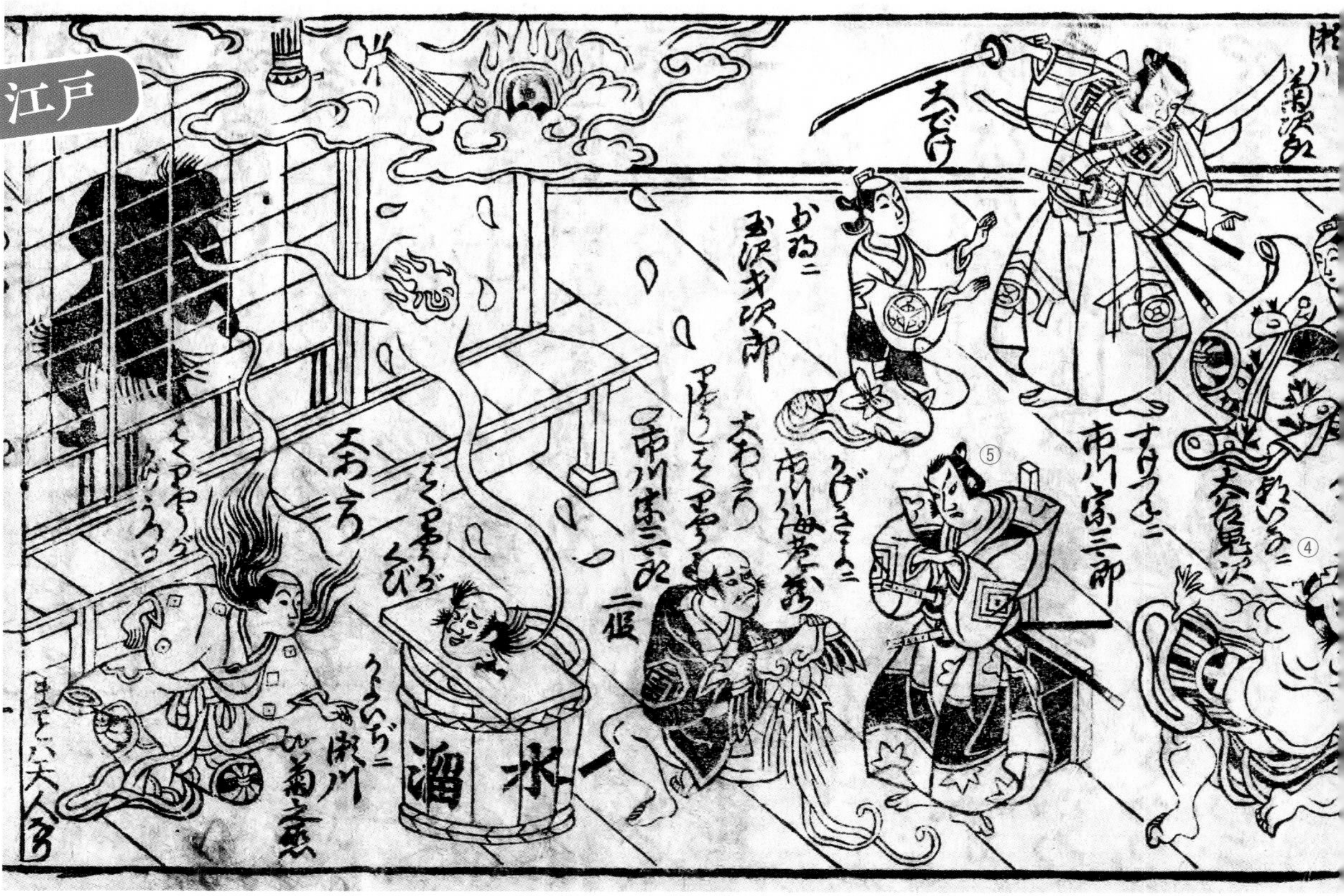

京

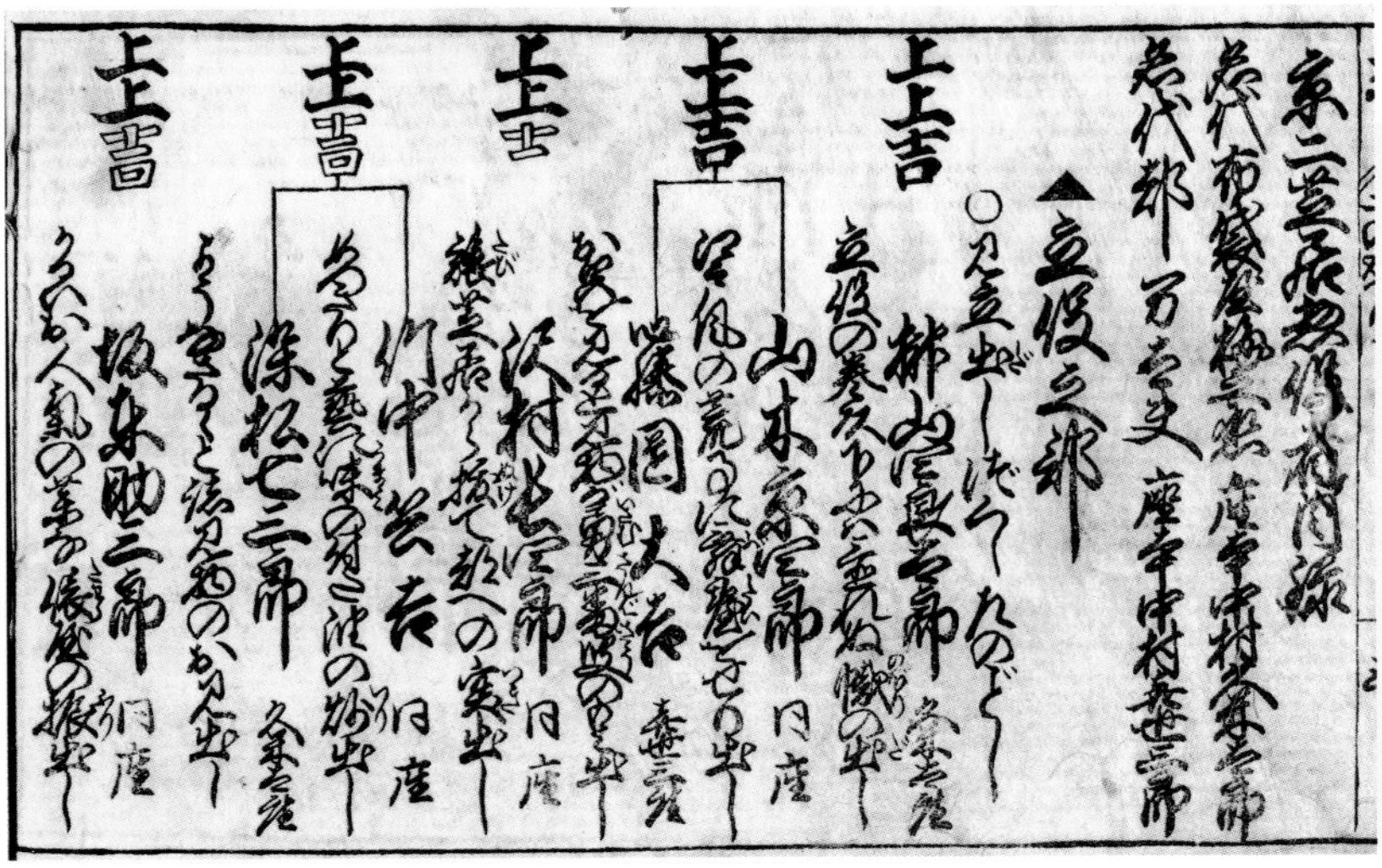
京二芝居惣役者目録

左は「京二芝居惣役者目録」とあり、京都２座のフルネームが記されている。続いて「▲立役之部」から、位付の高い役者順に並ぶ。沢村長四郎①②と竹中兵吉③は、下の上演作「けいせい吉岡染」（喜世三座・春狂言）で見つけることができる（長四郎は２か所に登場）。座元（座本）の中村喜世三郎④も左下に描かれている。

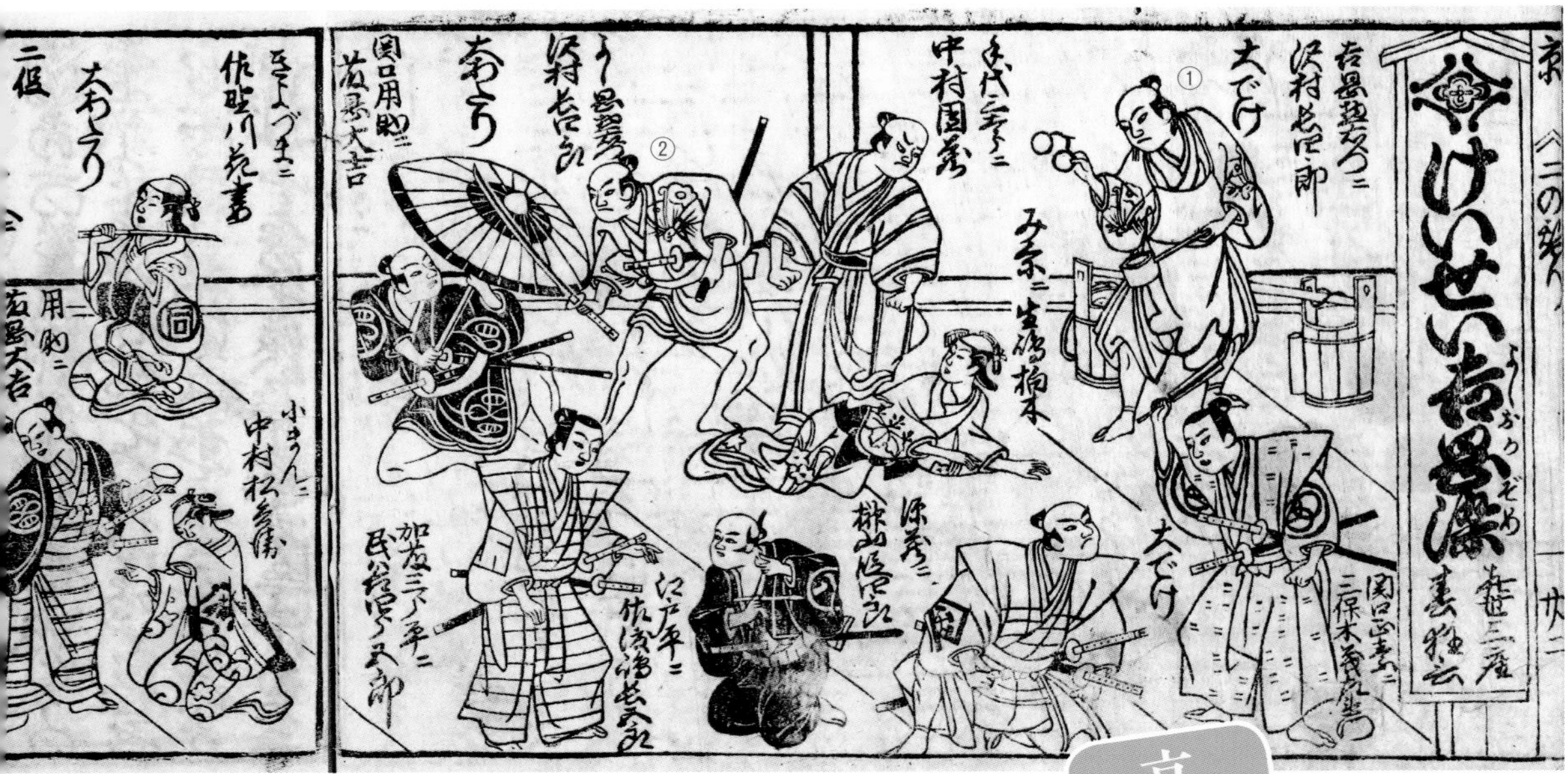

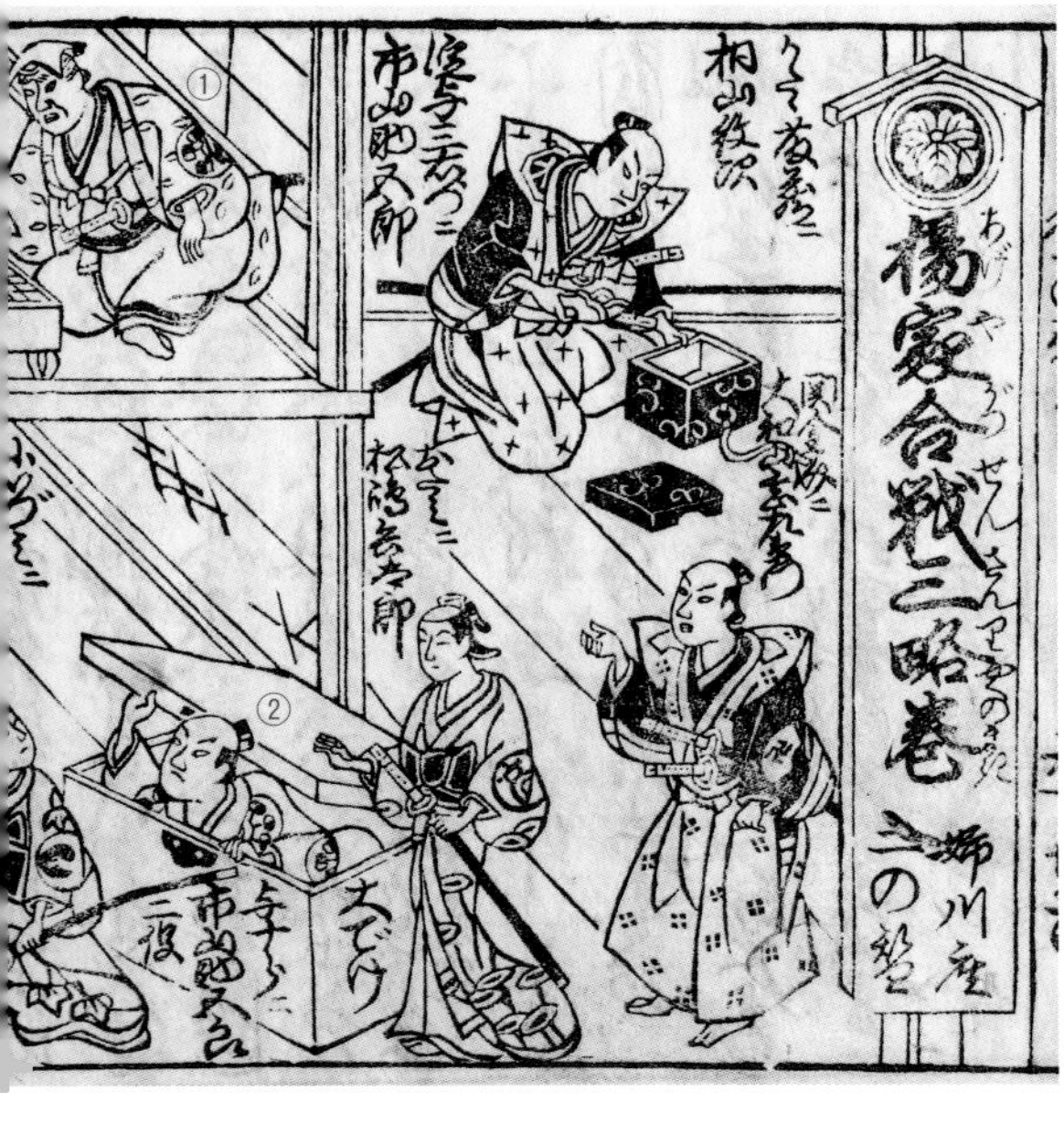

京

竹中兵吉

沢村長四郎

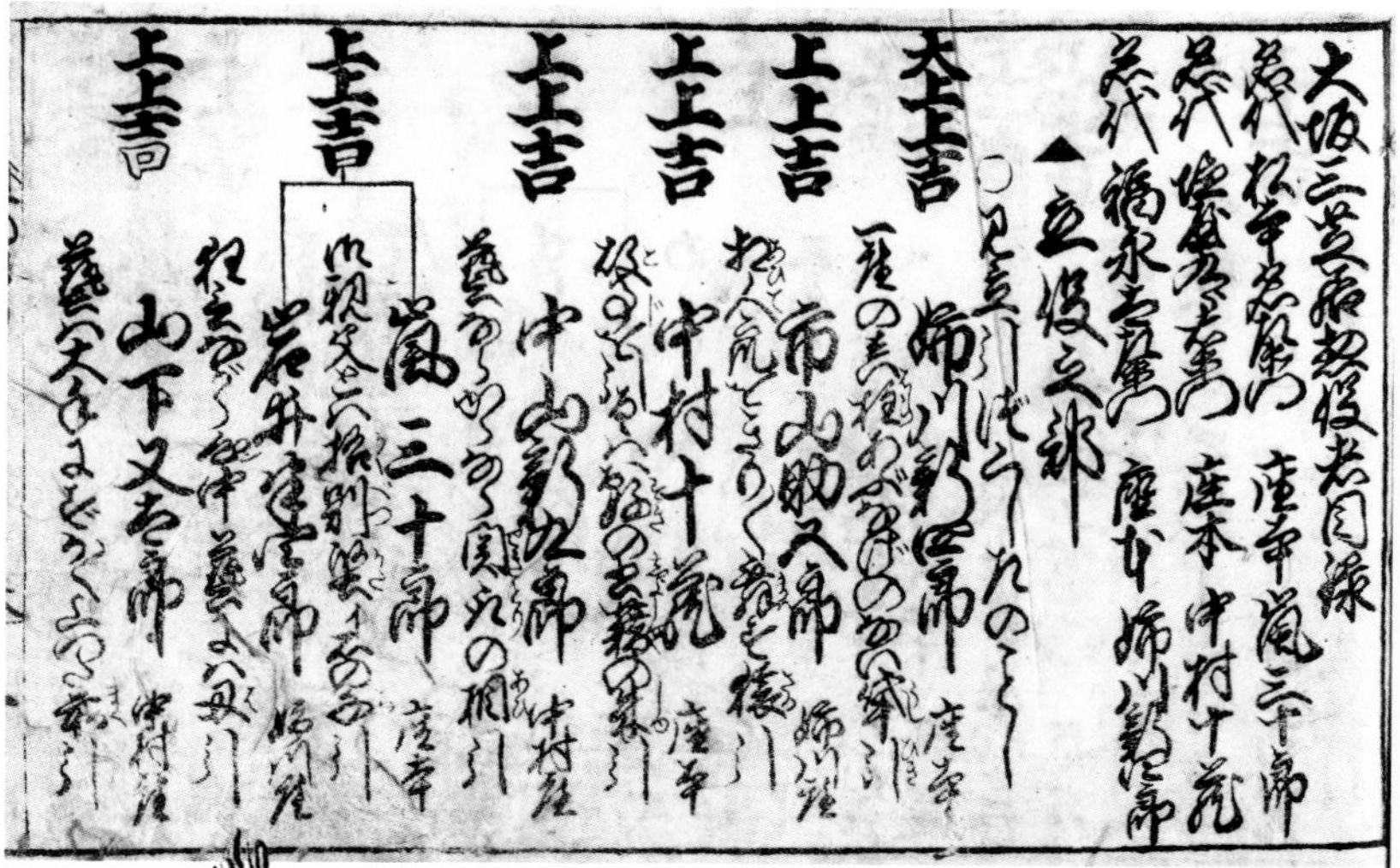

大坂三芝居惣役者目録

惣代 松本名左衛門 座本 嵐三十郎

惣代 塩屋九郎右衛門 座本 中村十蔵

惣代 福永吉左衛門 座本 姉川新四郎

▲立役之部

太上上吉 姉川新四郎

上上吉 市山助五郎

上上吉 中村十蔵

上上吉 中山新九郎

上上吉 嵐三十郎

上上吉 岩井半四郎

上上吉 山下又太郎

大坂

左は「大坂三芝居惣役者目録」とあり、大坂３座のフルネームが記されている。続いて「▲立役之部」から、位付の高い役者順に並ぶ。姉川新四郎と市山助五郎は、下の上演作「揚屋《あげや》合戦《がっせん》三《さん》略《りゃく》巻《のまき》」（姉川座・二の替）で見つけることができる。新四郎は姉川座の座元で４か所③④⑤⑥に、助五郎は３か所①②⑦に登場している。

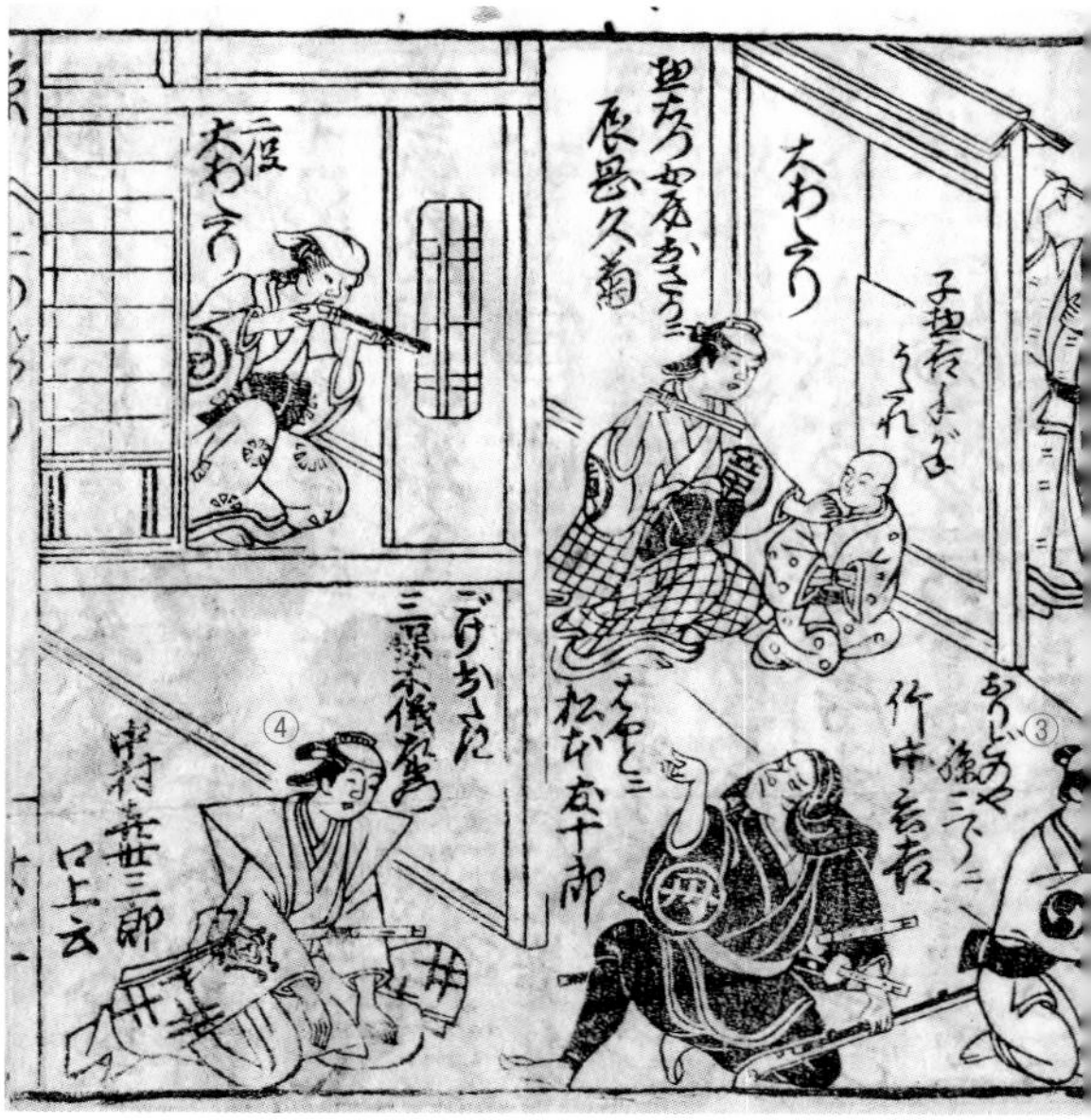

大坂

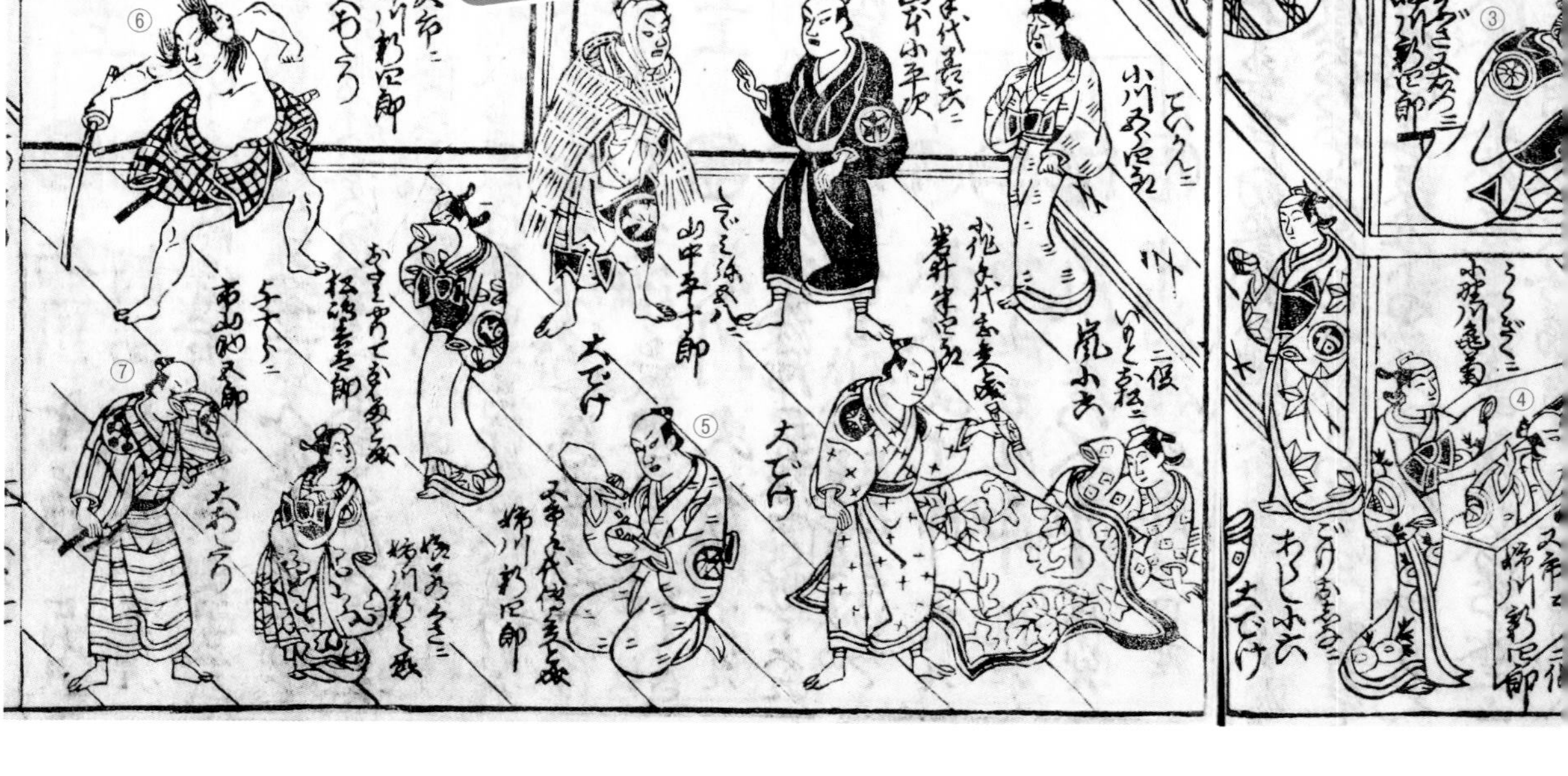

餌のやり方から増やし方まで詳細に解説した日本初とされる金魚の飼育書

『金魚養玩草《きんぎょそだてぐさ》』

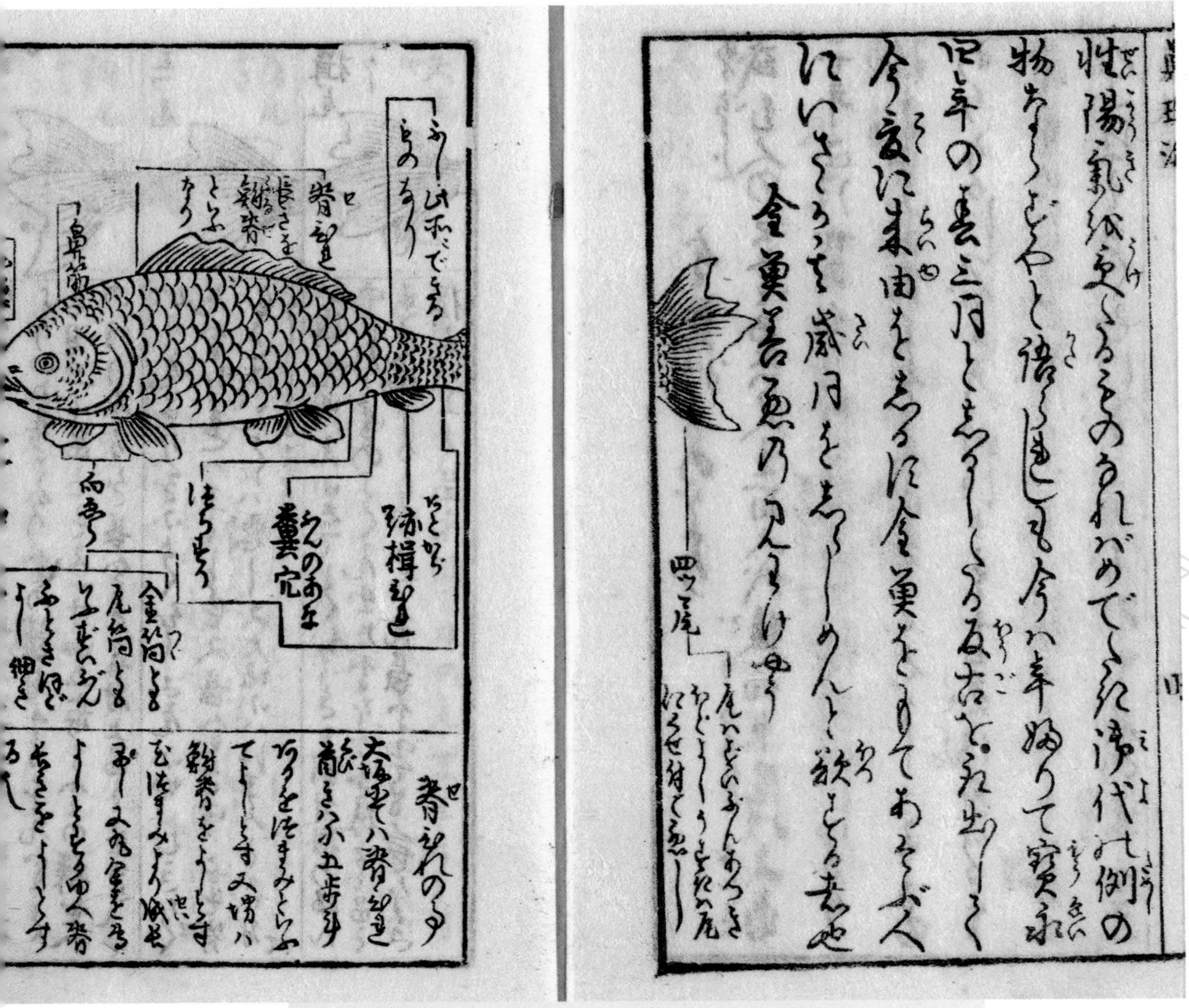

上の金魚の尾は「四ツ尾」で、「あつきほどよし。うすきは尾にくせ付て悪し」と記している。次の見開き頁では6種の尾を形状別に比較。上々品の見極め方を具体的に解説している。最後の鮒尾《ふなお》のみ「金付よくとも下魚なり」と明記し、上々品は認められないとしている。

中国から伝わった金魚は、江戸時代に鑑賞魚として親しまれ商売になった。声を出して売り歩く金魚売りの姿は夏の風物詩となり、カラフルな色調を売り物にする錦絵にも金魚がよく描かれた。

本作は、日本初とされる金魚の飼育書である。1748（寛延元）年に大坂の板元から初版が刊行されると、素人にもわかりやすい定番の書として広まり、増摺《ましずり》を重ねるロングセラーとなった。およそ100年後の1846（弘化3）年に摺られた本も現存している。著者は和泉国堺の安達喜《よし》之《ゆき》。今の文庫本を少し長くした程度の小さな本だが、内容は充実。喜之の豊富な経験を生かした金魚飼育のポイントがぎっしり詰まっている。

上の4頁は、「金魚善悪の見わけやう」。金魚の全体像を見せて、要所を引出線で解説。さらに尾の形状別に、上々品の見分け方を細かく解説している。この4頁だけでも、金魚の研究を極めた喜之のプロフェッショナルぶりが感じられる。

喜之はこのほか、餌のやり方、水の換え方、病気の治し方、産卵と増やし方などを小気味よく記し、最後にらんちう（蘭鋳《ランチユウ》）を「頭が大きく背ひれなく、面白きもの也」などと紹介している。

錦絵

歌川国貞が1855（安政2）年に描いた「あつまけんしみたて五節句 さつき」（三枚続の右2枚）で、五月の節句をテーマとしている。子どもが嬉しそうに金魚に餌をやっている。その傍では、大人の男女が目を細めている。当時は、金魚を鉢や平たい器に入れ、上から覗き込む鑑賞の仕方が主流だった。

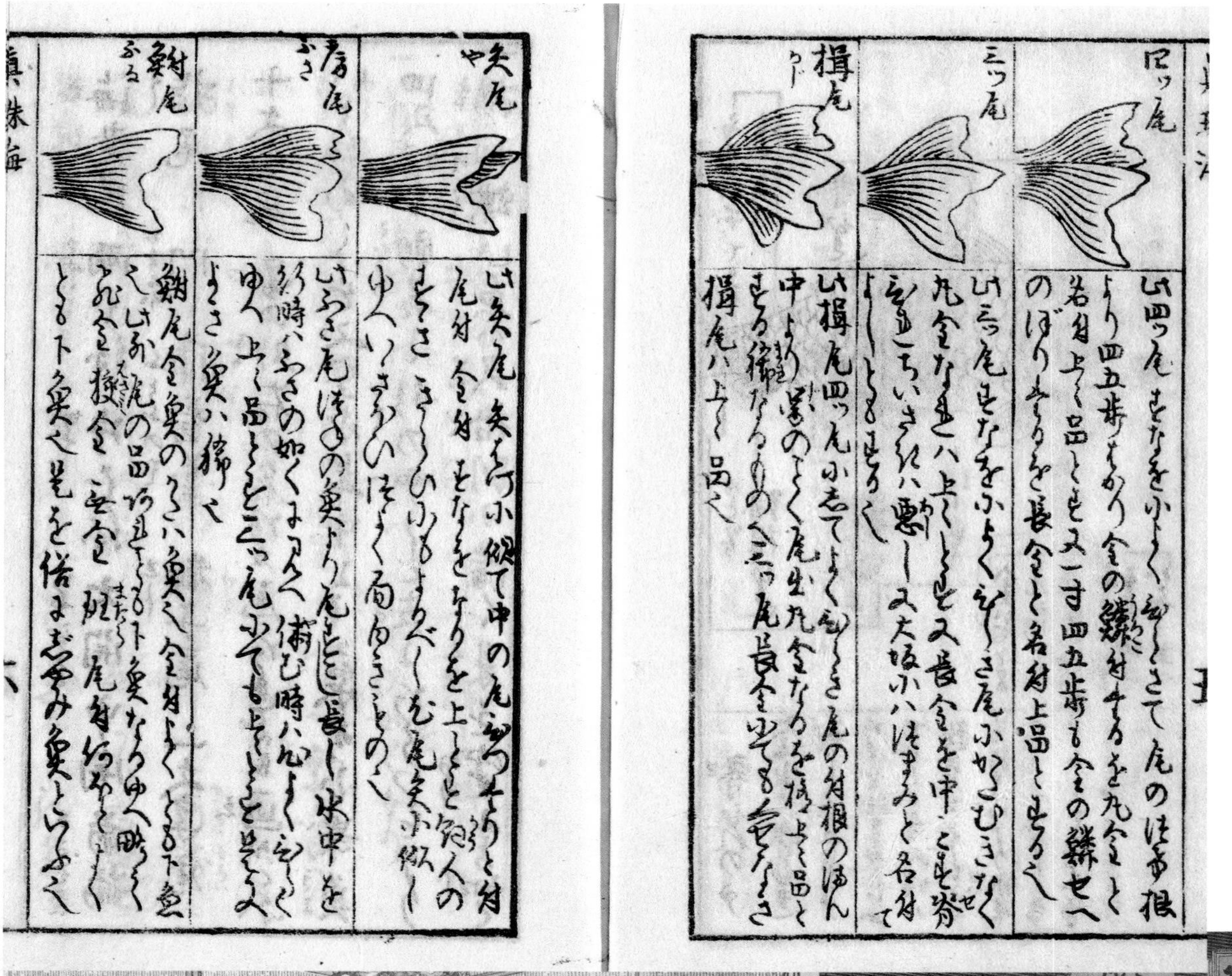

四ッ尾
三ッ尾
揖尾
矢尾
房尾
剣尾

一寿斎 国貞画
彫竹
国貞画
彫竹

『放《ほう》下《か》筌《せん》』

江戸時代には、化物《ばけもの》や奇譚を売りにする板本が数多く出版された。怪談噺も次々創作され、妖しい噺ほど民衆に受けた。江戸時代の人々は、摩訶不思議な非日常的世界が大好きだったのである。

観客の目の前であり得ないことをして見せる手《て》妻《づま》（和妻《わづま》とも称される日本式の手品）も、当時の人々が求めていた摩訶不思議なエンタメ芸だった。手妻のプロ（放下師）が座敷芸、大道芸、芝居小屋の出し物などで熟練の手業を披露すると、観客はあざやかな騙しのテクニックに感嘆した。

この手妻人気を受けて、江戸時代中期から伝授本（手妻のタネ明かし本）が数多く出版された。幕末までの総数は、200種を超えるという。この分野の代表的な板本のひとつが『放下筌』である。本作は、上、中、下の3巻から成り、1764（宝暦14）年に大坂で刊行された。

著者は赤松閣という板元の主人・平瀬輔世《ほせい》（徹《てつ》斎《さい》）である。輔世は放下師ではないが手妻の人気芸を集めて披露の様子を絵で示し、タネ明かしを図解してみせた。ただし放下師への気遣いなのか、タネの肝心なところは、ぼかしたり伏せたりしている。本作は、騙す騙される快感に酔いしれることこそが手妻の醍醐味と、割り切って楽しめばよい本なのかもしれない。企画構成力に秀でた輔世は、『日本山海名物図会』（108頁より紹介）も著した。

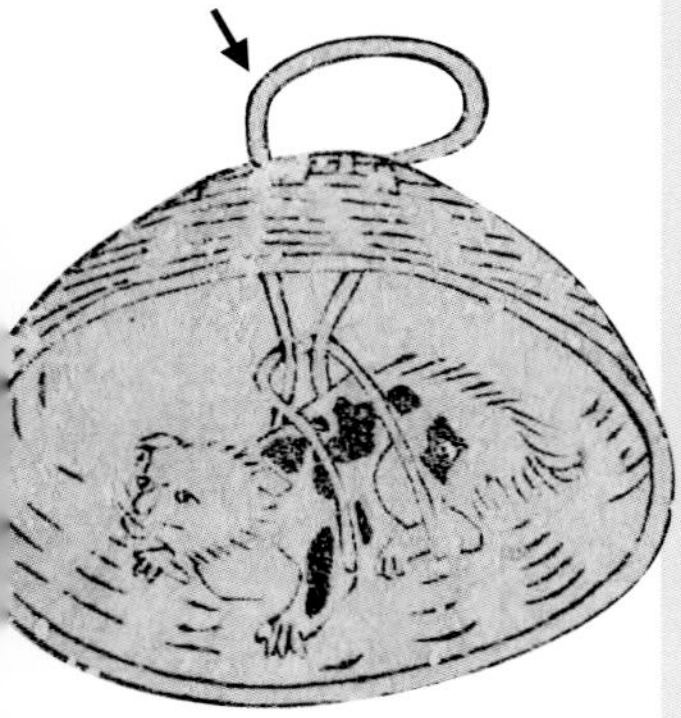
この糸を引き切って生き物を出す。

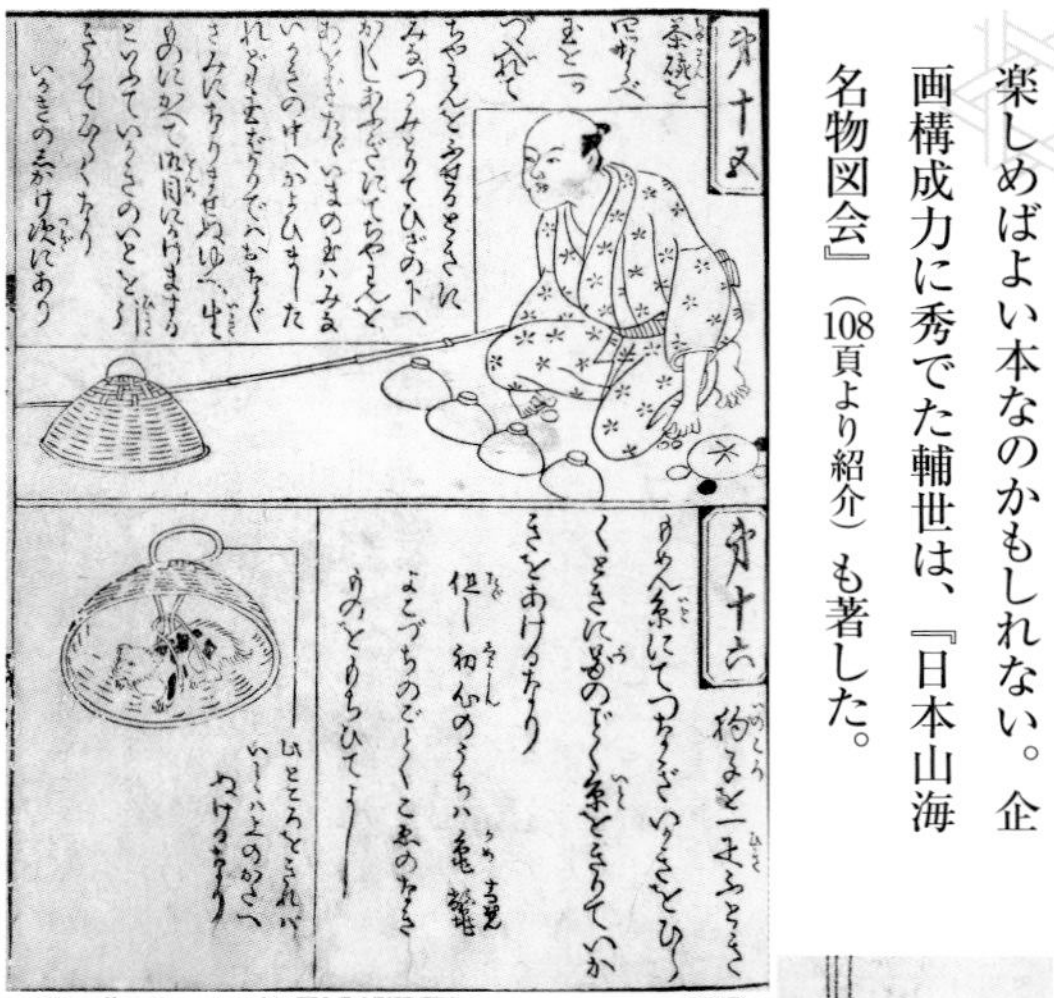

下は「しな玉の図」。右は、そのタネ明かしの頁。白玉を4つの茶碗にひとつずつ入れてふせるが、そのとき放下師は白玉を素早くつかみ取って膝の下に隠しておく。そのあと茶碗の底に仕込んでおいた赤玉を落として色変わりを見せたり、たくさんの玉を落として見せたりする。最後に笊籠《いかき》の糸を観客に見抜かれないように引き切って、犬や猫などの生き物を出してみせる。

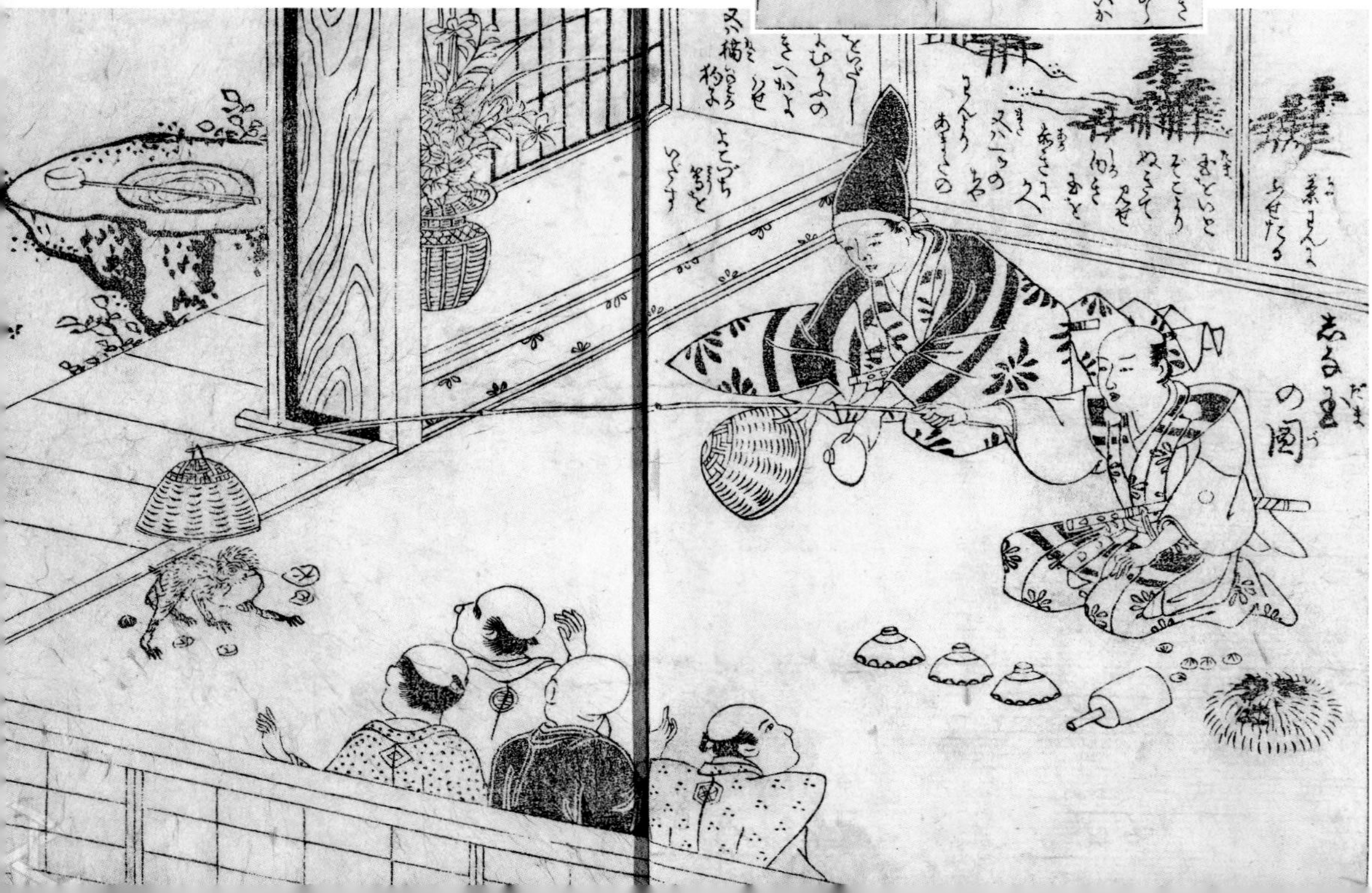

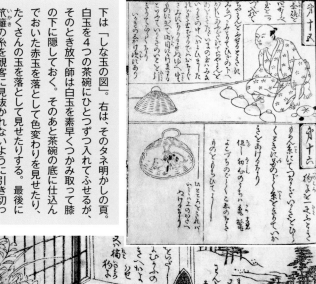

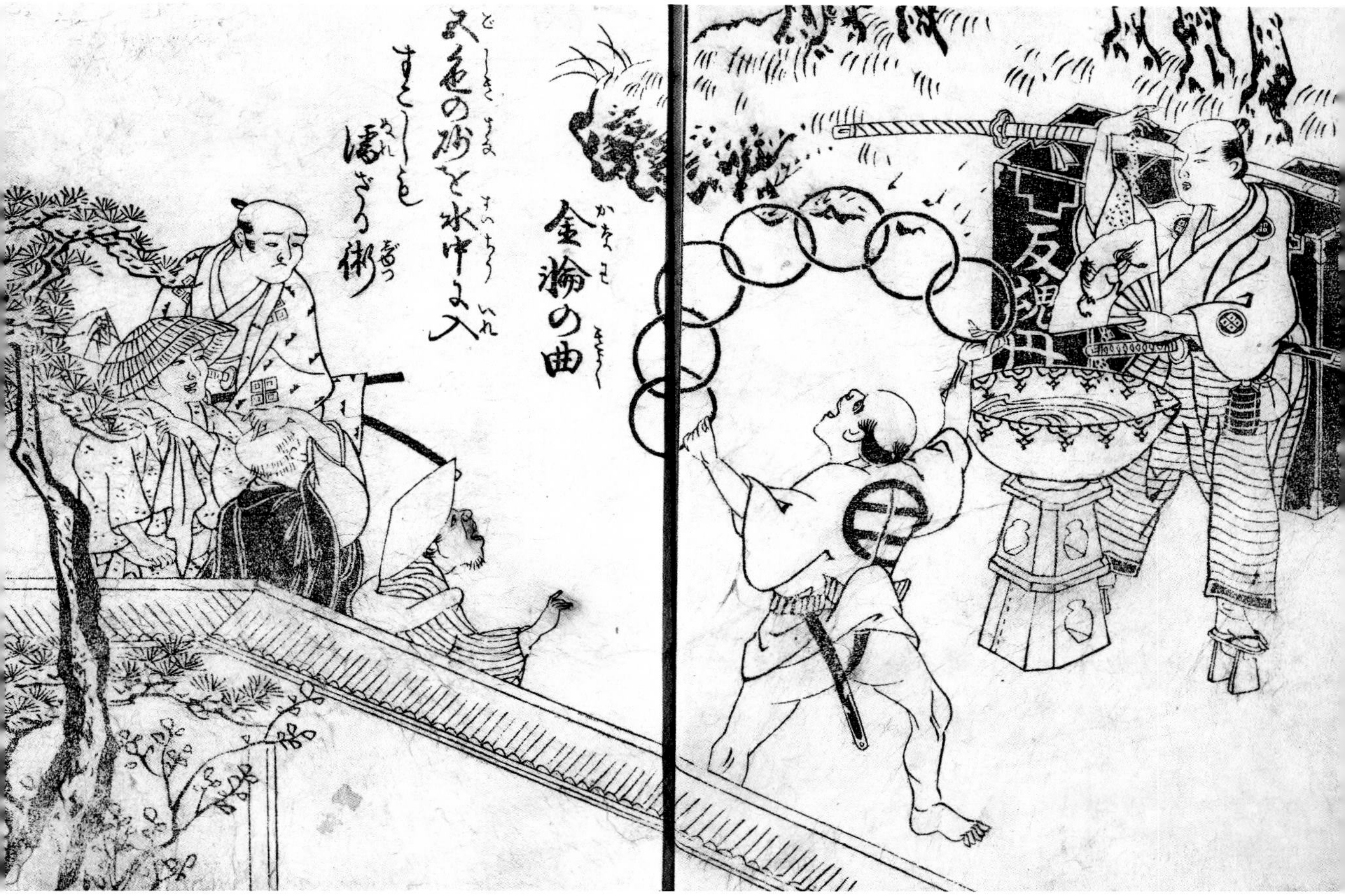

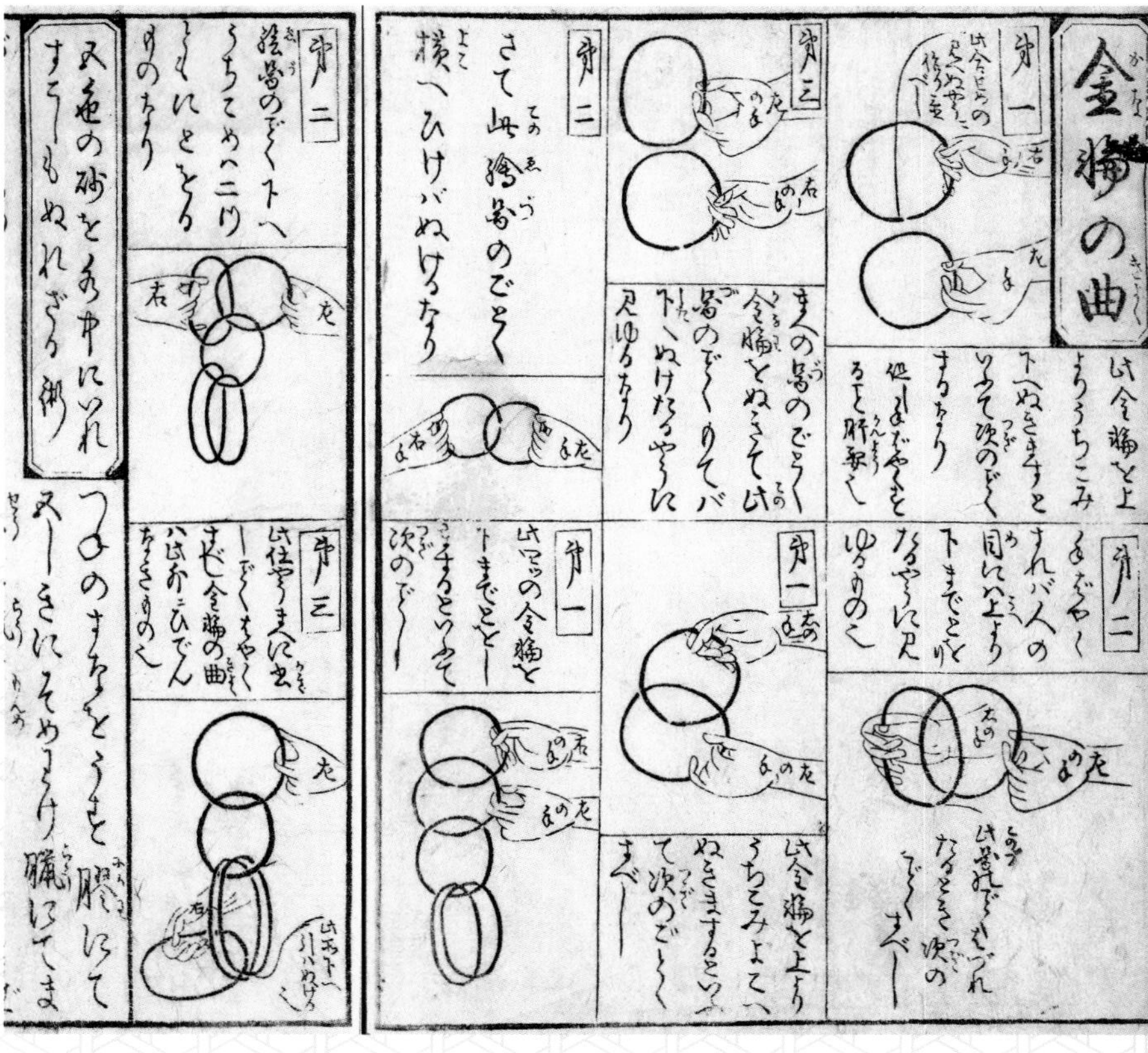

「金輪の曲」は、一瞬で切れ目のないリングを繋いでみせたり、外してみせたりする手妻。中国から伝わり、現在でも「リンキングリング」の名でよく演じられている。右のような図解頁でタネ明かしをしてはいるものの、リングの仕掛けにはふれていない。文中には、「手ばやくすること肝要《かんよう》也」とある。当時から相当練習して臨まないと観客に見抜かれてしまう難しいマジックだったようだ。上の絵の右の男は、「五色の砂を水中に入《いれ》、すこしも濡れざる術」を披露している。このふたりは手妻を通行人に見せては、腹痛などによく効く反《はん》魂丹《ごんたん》などの薬を売り歩いていたようだ。

白紙《しろかみ》を切《きり》て水《みづ》に入《いる》れば泥鰌《どじょう》となる術《じゅつ》

ワザを会得できるとは思えない。才ある者が相当練習を積まなければ、すぐ見破られそうだ。それともプロの奥義は別にあり、ここでは秘められているのか。右頁は、鉢に張った水に紙を切り落とし、生きたドジョウに変えてみせる術。紙に包んだドジョウを袂《たもと》に仕込んでおく、とタネ明かしの文にあるのだが、これも相当手際よく見せないと子どもにもばれそうだ。伝授本は、「一度でいいから手妻で人を騙してみたい」「放下師の騙し方を知りたい」という人々の心情を巧みにくすぐる特異なエンタメ本として楽しまれたようだ。

小刀《こがたな》をのむ術

小刀をのむ術

小刀の柄をみじかく切能ぬけるやう
にして かくのごとく紙に
つみたゞ今これを呑で御目にかけませふといふて口をおし
ゆるときに柄をのこして小刀ばかり膝のあいだへおとし紙
を口のうちへ次第にをしこみ終にハ柄も口中へいれ
てのみたるていに見せ柄を口のうちなる紙につゝみ
見へぬやうにしてとり出すなり

「小刀《こがたな》をのむ術」のタネ明かしの頁（左）には、「小刀の柄をみじかく切《きり》、能《よく》ぬけるやうにして（絵）かくのごとく紙《かみ》につつみ、ただ今《いま》これを呑《のん》で御目《おめ》にかけませふといふて、口《くち》をおしゆるときに、柄《え》をのこして小刀《こがたな》ばかり膝《ひざ》のあいだへおとし、紙《かみ》を口《くち》のうちへ次《し》才《だい》にをしこみ、終《つい》にハ柄《え》も口中《こうちう》へいれてのみたるていに見せ、柄《え》を口《くち》のうちなる紙《かみ》につつみ見へぬやうにしてとり出すなり」とある。これだけでは、とても素人が一朝一夕に

入谷の植木屋が著した変化朝顔の多色摺図譜。南画家の田崎早雲が筆を執った

『三《さん》都《と》一《いっ》朝《ちょう》』

江戸時代の園芸は、趣味と商業用に大別される。植物は育てて花や葉などを愛でる趣味の楽しみがあり、極めると実益に繋がる可能性もあった。園芸は身分に関わらず好まれ、植物の栽培熱は広範囲の層に浸透していた。元禄年間（1688～1704）を中心とする元禄時代と、文化・文政年間（1804～30）を中心とする文化・文政時代には、園芸ブームの大波が押し寄せている。

一方で植物は、資源価値としても期待されていた。本草学者たちは薬物学、博物学の見地から、動植物や鉱物を調査・研究。人々の生活に役立つ植物が重要視された。

出版界でも、園芸や本草の分野は大きなジャンルを形成。多種多様な園芸書や本草学の専門書が刊行され、本作のような多色摺や彩色が施された美しいカラー本も次々出版されていった。

『三都一朝』は1854（嘉永7）年に刊行された変化朝顔の多色摺図譜で、入谷の植木屋・成田屋留次郎が著した。絵は、明治期も活躍した南画家・田崎早雲の筆による。朝顔とは思えない花や葉ばかりだが、当時の朝顔愛好者には、変異を楽しむ珍品好きが多くいたのである。ほとんどの品種が今では栽培できないことから貴重書といえる。

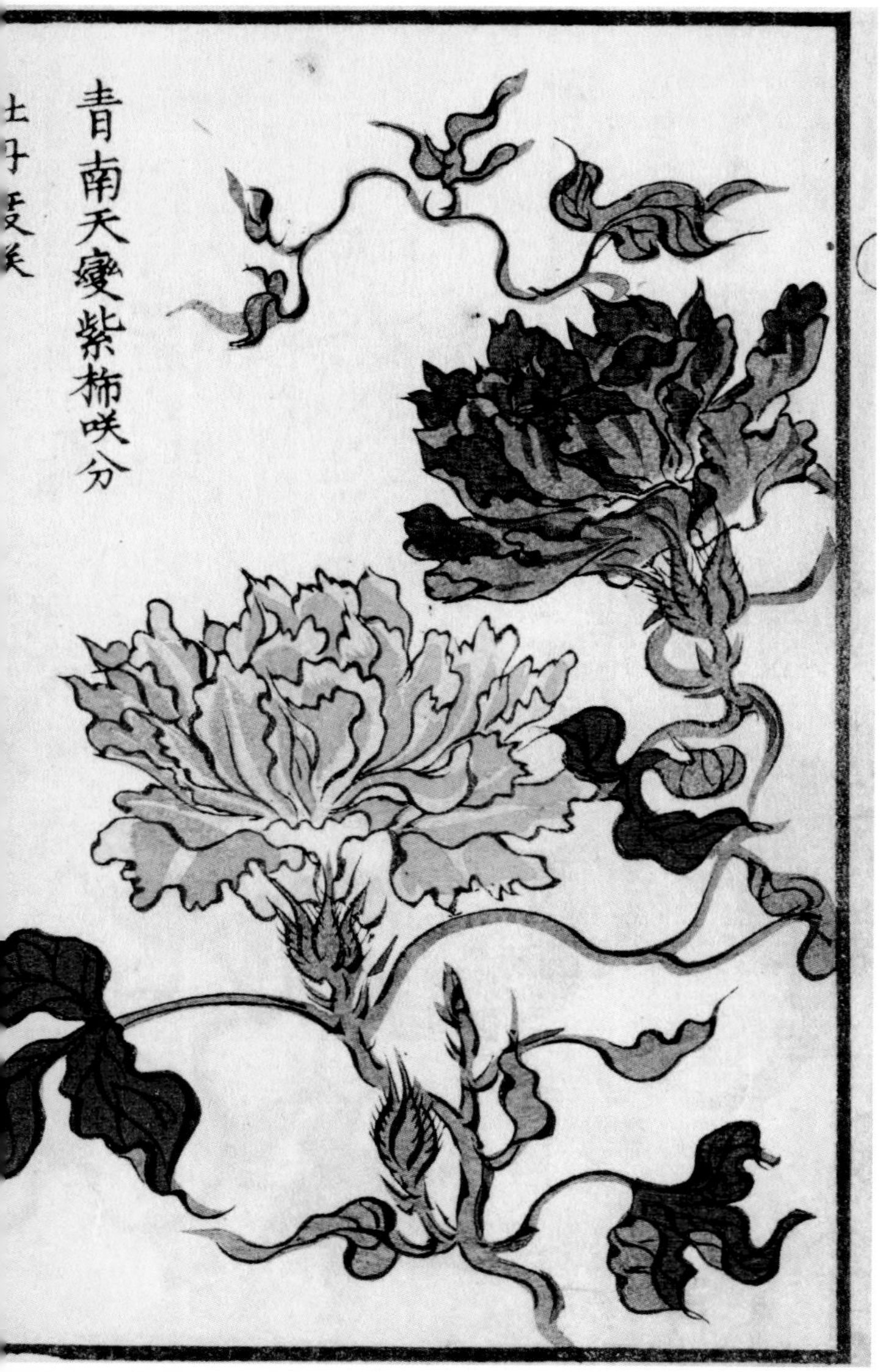

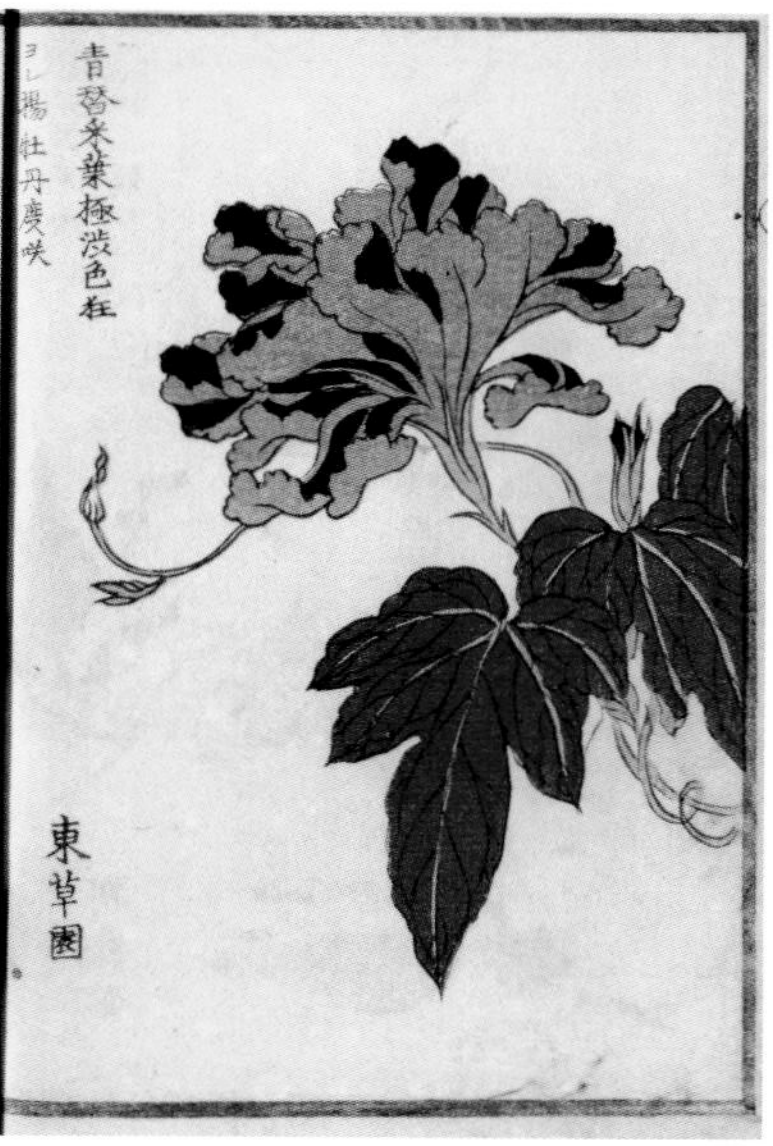

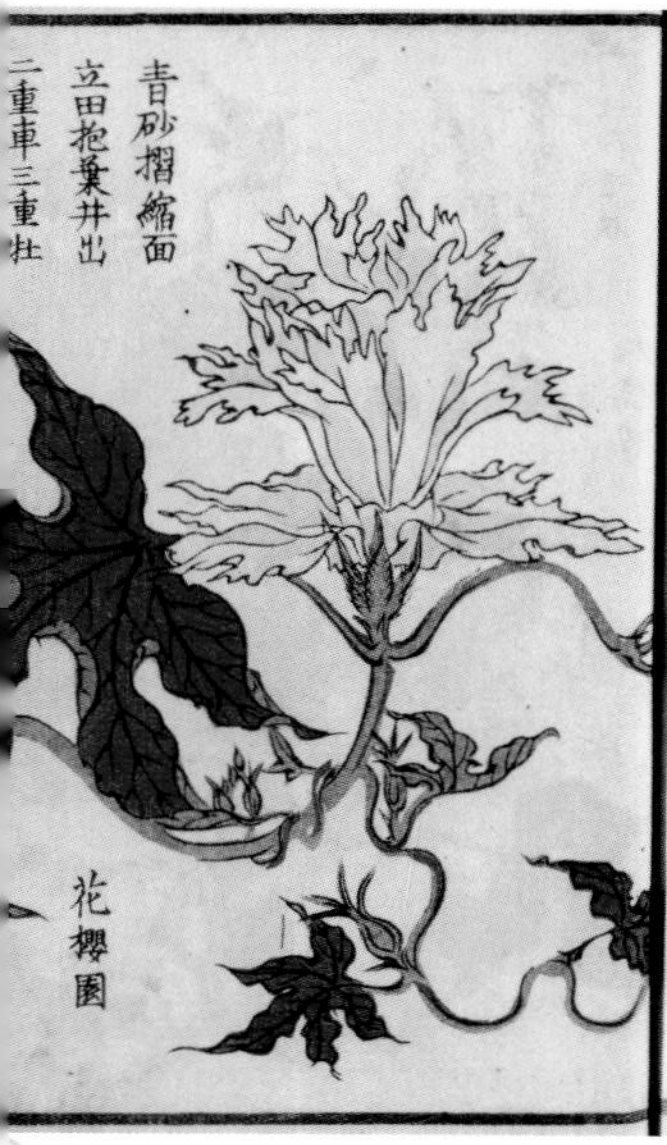

覆輪六ヨウ數切
牡丹度咲

青蛙足砂摺
極紅糸狂唐
花咲
草集亭

斑入竜田薄柿車
牡丹
洗心亭

『訓蒙図彙《きんもうずい》』

江戸前期の1666（寛文6）年に初版が刊行された本作は、絵を見ながら事物の基礎知識が得られる「日本初の絵入り百科事典」である。「訓蒙」とは「子どもや初心者に教えること」、「図彙」とは「図を集める」ことをいう。

サイズは本書（B5判）くらいの「大本《おおほん》」と呼ばれる、当時としては大型を採用。全20巻14冊の堂々たるボリュームで、世に出回ると親しみやすい事典として人々の注目を集めた。

掲載された事物の総項目数は、1482点にものぼる。初版の基本レイアウトは単純明快で、1頁を上下2項目に分け、見開きに4項目ずつ図説している。各項目覧には、右に名称と関連語や基本情報を入れ、左に絵を大きく載せている。

事物は17の部門に分類。1巻の天文《てんぶん》からはじまり、地理、居處《きよしよ》、人物、身體《しんたい》、衣服、寶貨《ほうか》、器用、畜獣《きゆうじゆう》、禽鳥《きんちよう》、龍魚、蟲介《ちゆうかい》、米穀、菜蔬《さいしよ》、果蓏《から》（木の実と草の実）、樹竹《じゆちく》と続き、花草《かそう》で終わる。

簡潔ながら丁寧に編纂された本作は、子どもや初心者のみならず知識人も参考にする事典として評価され、改定しながら増摺《ましずり》を重ねていった。

著者は儒学者の中村惕斎《てきさい》である。京都の商家に生まれた惕斎は、幼い頃から学問に励み朱子学を修得。さらに本草学など幅広い知識を得て多くの書物を著した。絵から学べる『訓蒙図彙』は、我が子の教育に有用とひらめき編纂に着手したという。この絵入り事典が広まると、『〇〇訓蒙図彙』と題した様々な類書が出版されていった。

下の「日」に示された太陽の絵の中には、三本足の八咫烏《やたがらす》が描かれている。八咫烏は、中国から伝わった伝説の大鳥で、日本の神話にも登場する。「月」には、子供の興味を引くためか、餅をつく兎を登場させている。「星《せい》」「斗《とう》」は、星と星を繋ぐ線を入れている。左上は、士農工商ではなく兵農工商である。左下の絵は、4点とも確証が持てないまま描いているようで、なんとも心許ない。『解体新書』（40頁より紹介）の刊行は、100年以上も先のことである。

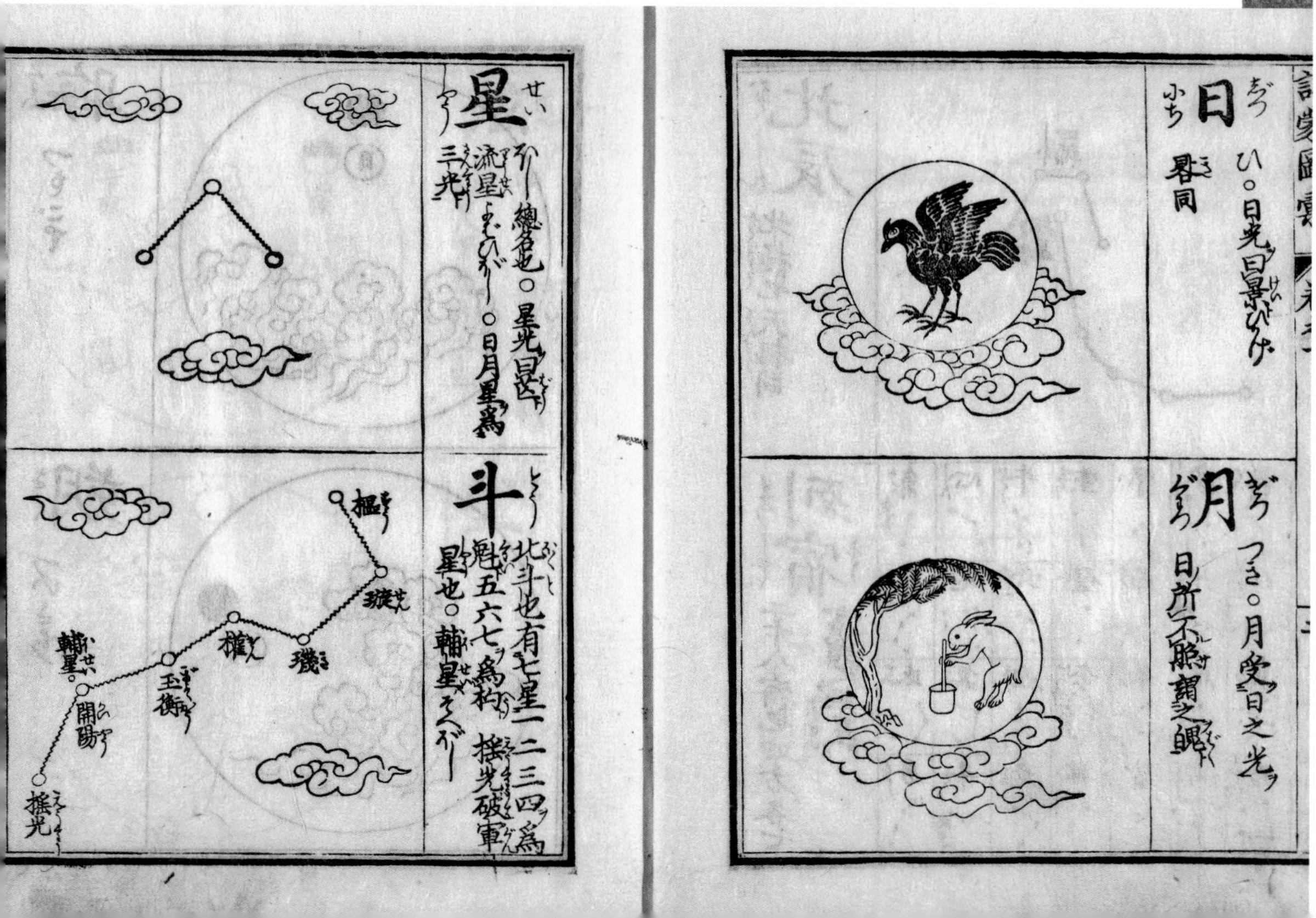

兵《へい》《ひやう》

つはもの 甲士《かうし》

兵卒《へいそつ》也

農《のう》

俗云をれつくり 農人《のうにん》

農夫《のうふ》田夫《でんぶ》耕夫《かうふ》並同

工《こう》《く》

たくみ 匠《しやう》俗云大工《だいく》木工《もく》

也 匠人《しやうじん》木匠並同 工匠亦

通用ス 諸工ノ總名也

商《しやう》

あきびと 行販《テウル》曰商 坐《ザシテ》

賣《ウル》曰賈《コ》 商賈亦通用ス

販夫《はんぷ》ひさきびと 亦同

心《しん》

むね こゝろ

火藏也

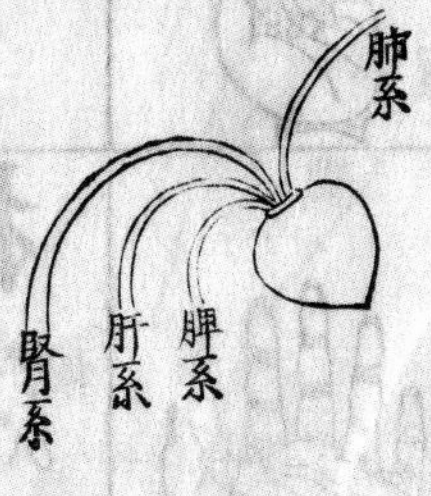

肺《はい》

ふくふくし

金藏也

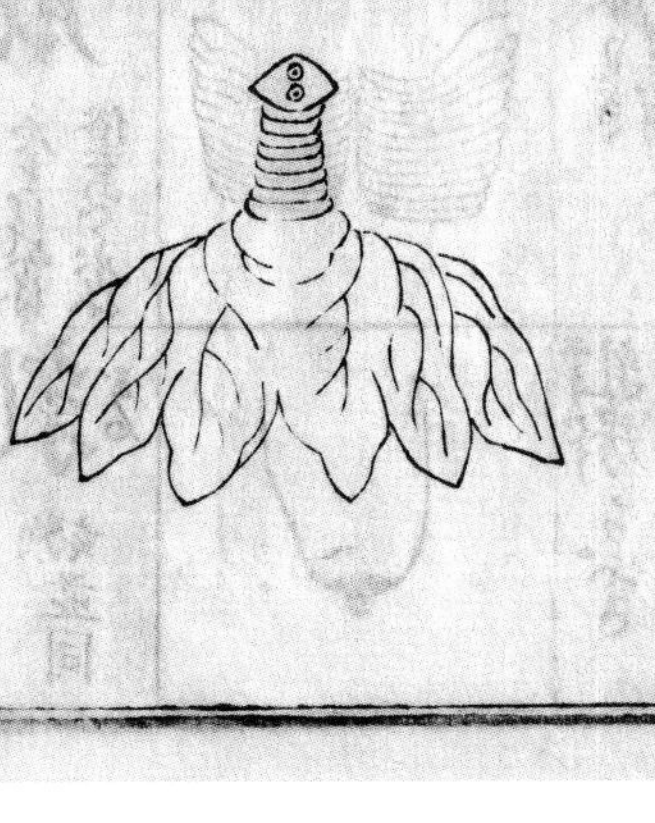

脾《ひ》

よこし

土藏也

腎《じん》

むらと

水藏也

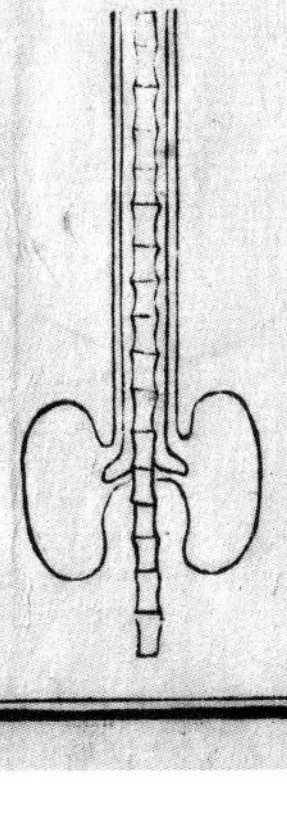

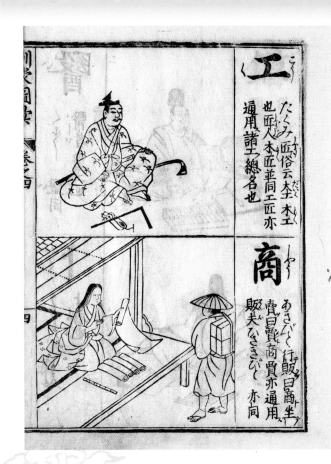

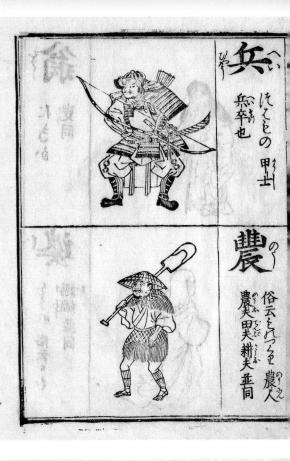

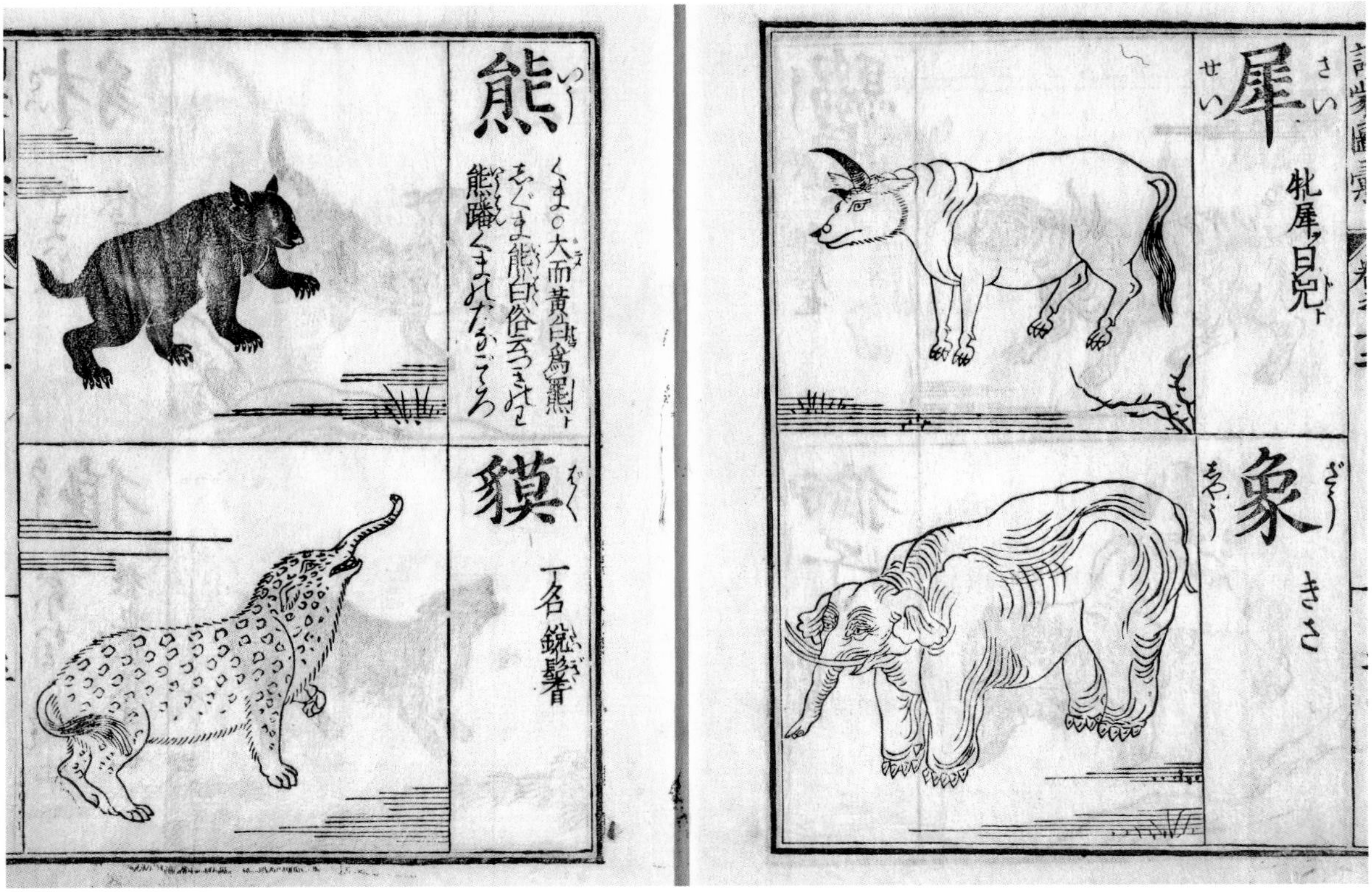

畜獣《きゅうじゅう》の項目には「麒麟」などの想像上の動物も加えている。左下の「貘《ばく》」も、中国から伝わった伝説の生き物である。

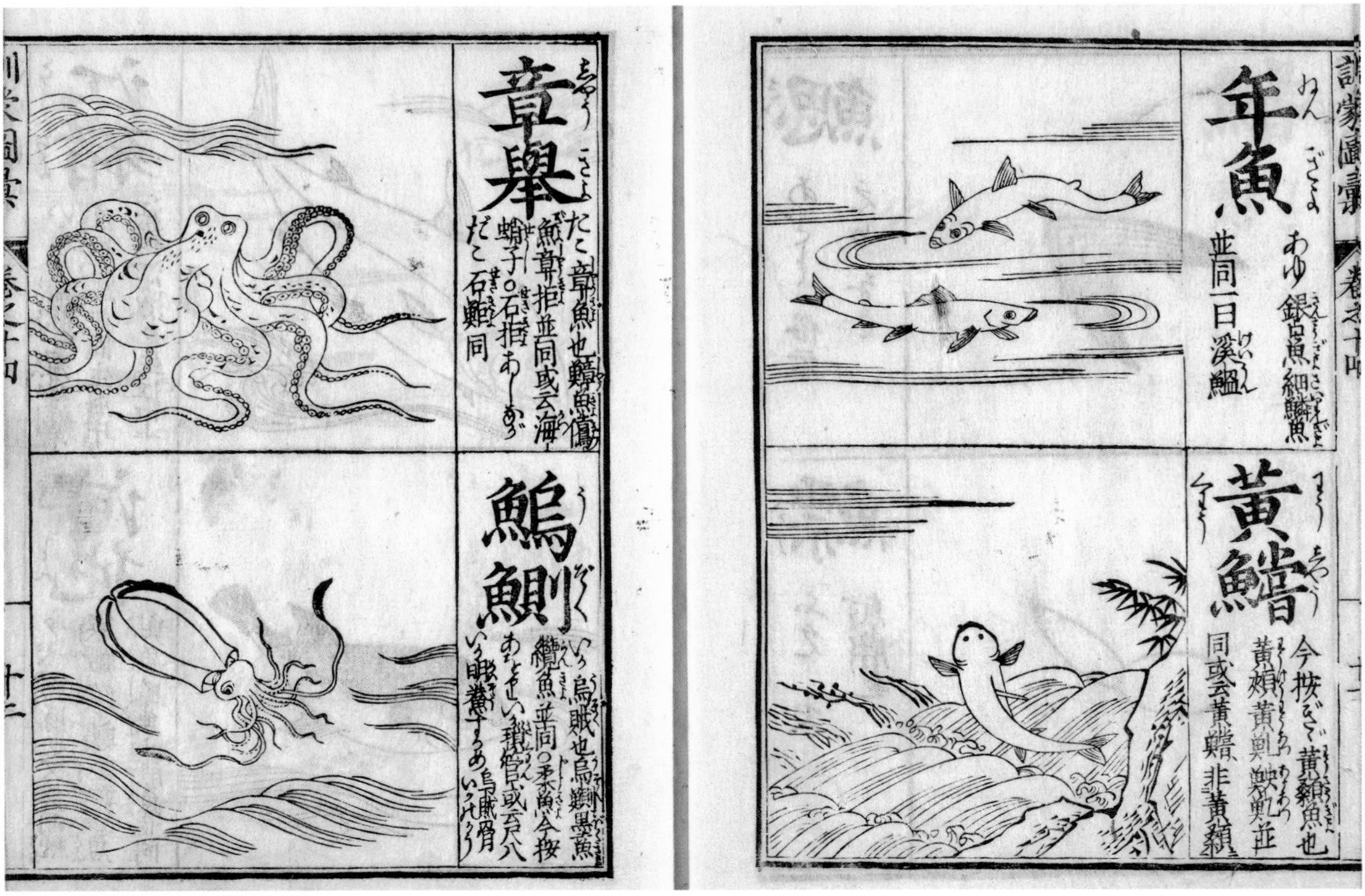

タコやイカを示す漢字の名称は、現在使われていない。当時の子どもは難読漢字名を絵とセットにして覚えた。

『頭書増補訓蒙図彙《かしらがきぞうほきんもうずい》』

『訓蒙図彙』の初版刊行から29年後の、1695（元禄8）年に刊行された増補改訂版。関連する項目を集めて、より見やすいレイアウトを工夫し、解説の字数を増やして平易な文章にまとめている。新項目を加え情報量を充実させた反面、堅苦しい学術色は抑え、大衆を意識した改訂を行っている。

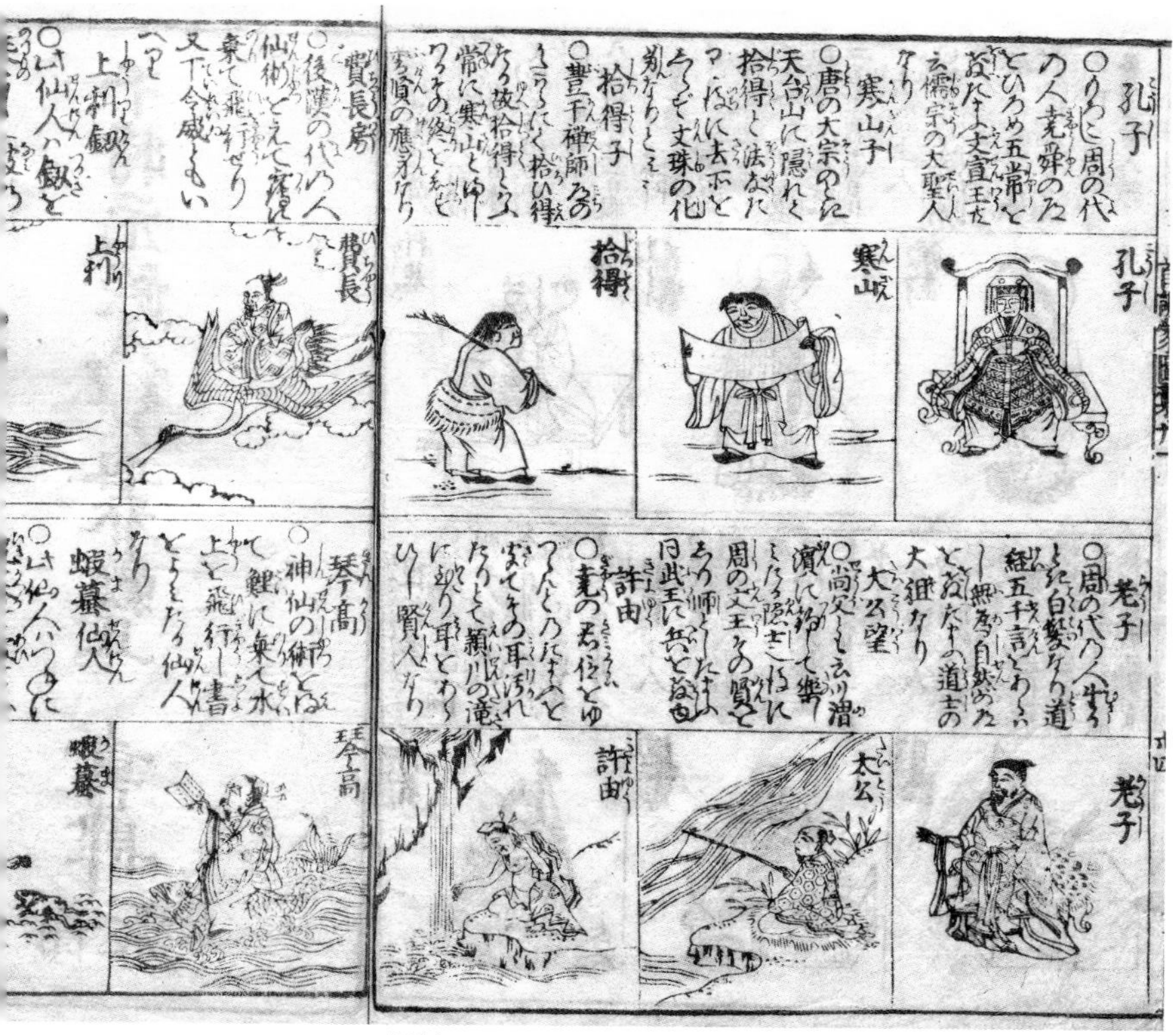

中国の孔子、寒山、拾得《じっとく》たちを並べて、人物絵とともに解説した頁。

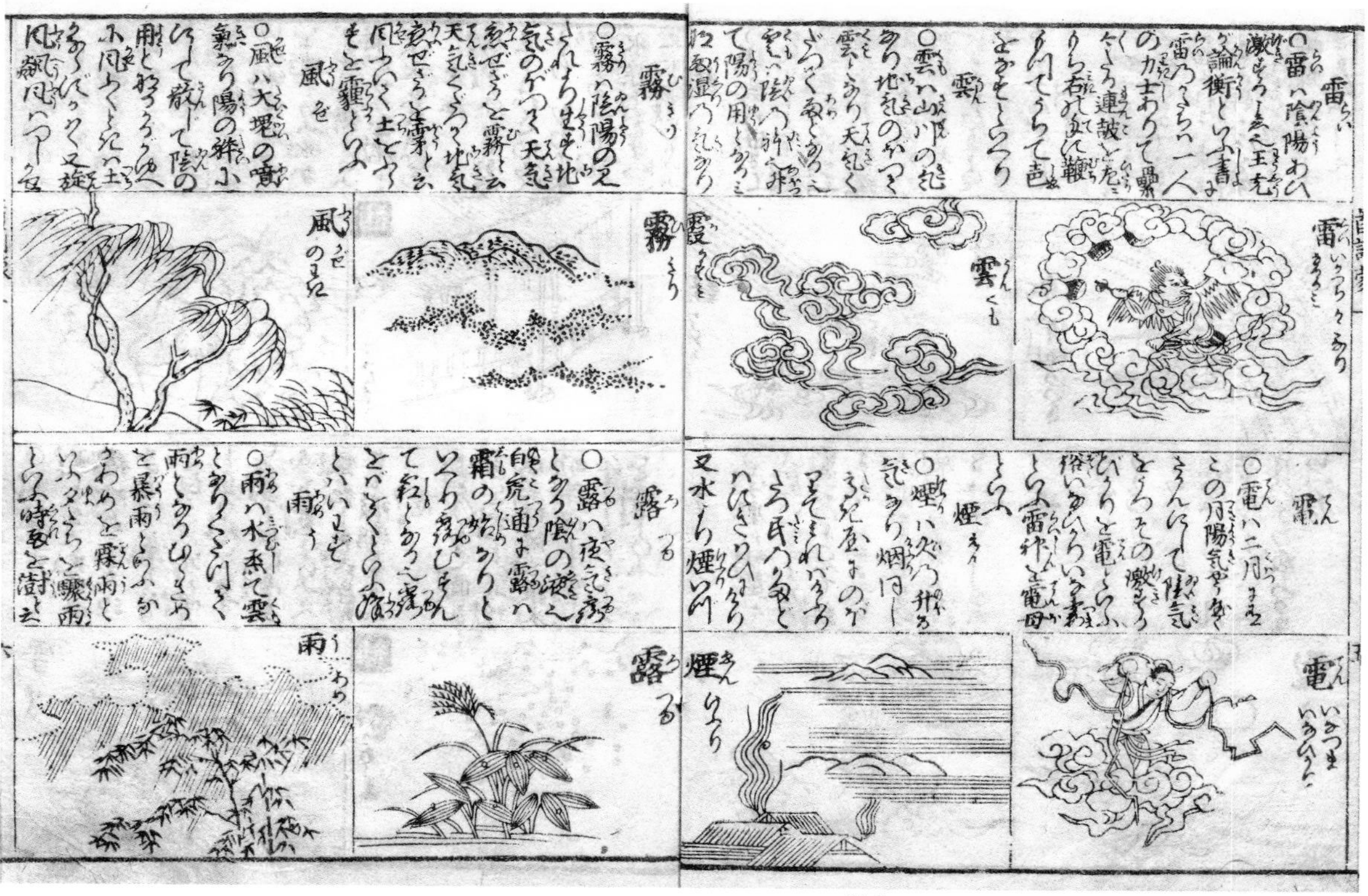

気象現象に関する項目を集めて絵入り解説した頁。「雨」では「ながあめを霖雨《りんう》という」などとある。「煙」も含めている。

『頭書増補訓蒙図彙大成《とうしょぞうほきんもうずいたいせい》』

『訓蒙図彙』の初版刊行から123年後の、1789（寛政元）年に刊行された増補改訂版。『頭書増補訓蒙図彙』の刊行からも94年経っている。3作を並べてみると、初版の信頼性が高く、定番となり長く増摺《ましずり》を重ね、その後時代に合った増補改訂がなされていったことがよくわかる。この寛政版は、絵の中に複数の項目を入れ込むダイナミックな見せ方にチャレンジしている。

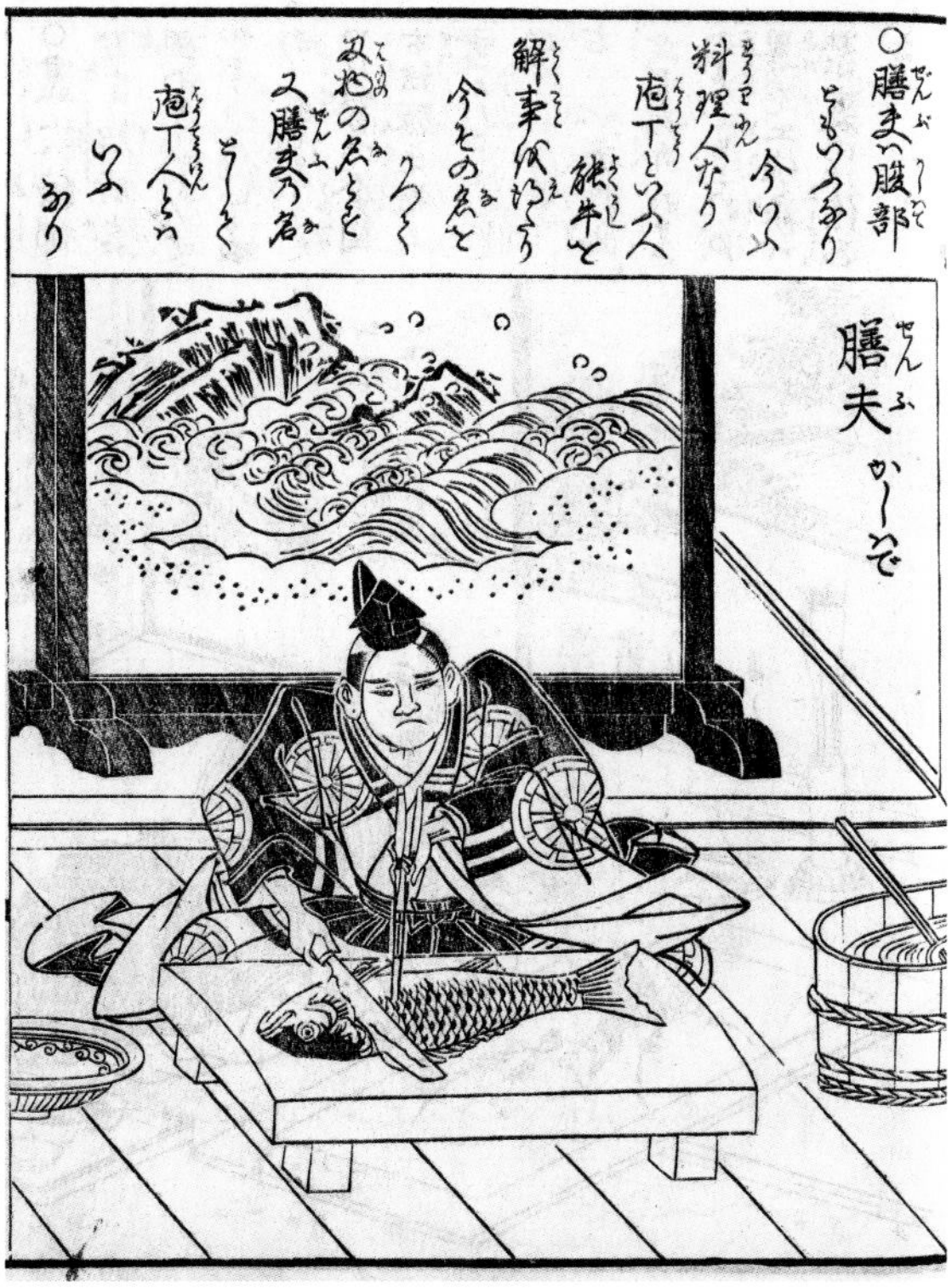

右は、宮中などで包丁を使って調理する料理人の「膳夫《ぜんぶ》」で、「かしわで」ともいった。下は「能」の頁。各人の役割を示す絵が広がり、囃子方《はやしかた》による演奏の音が聞こえてくるような臨場感がある。上部では、能の歴史や囃子方について解説している。「笛《ふえ》、小鼓《こつつみ》、大鼓《おおつつみ》、太鼓《たいこ》、是を四拍《しひゃうし》子といふなり」などとある。

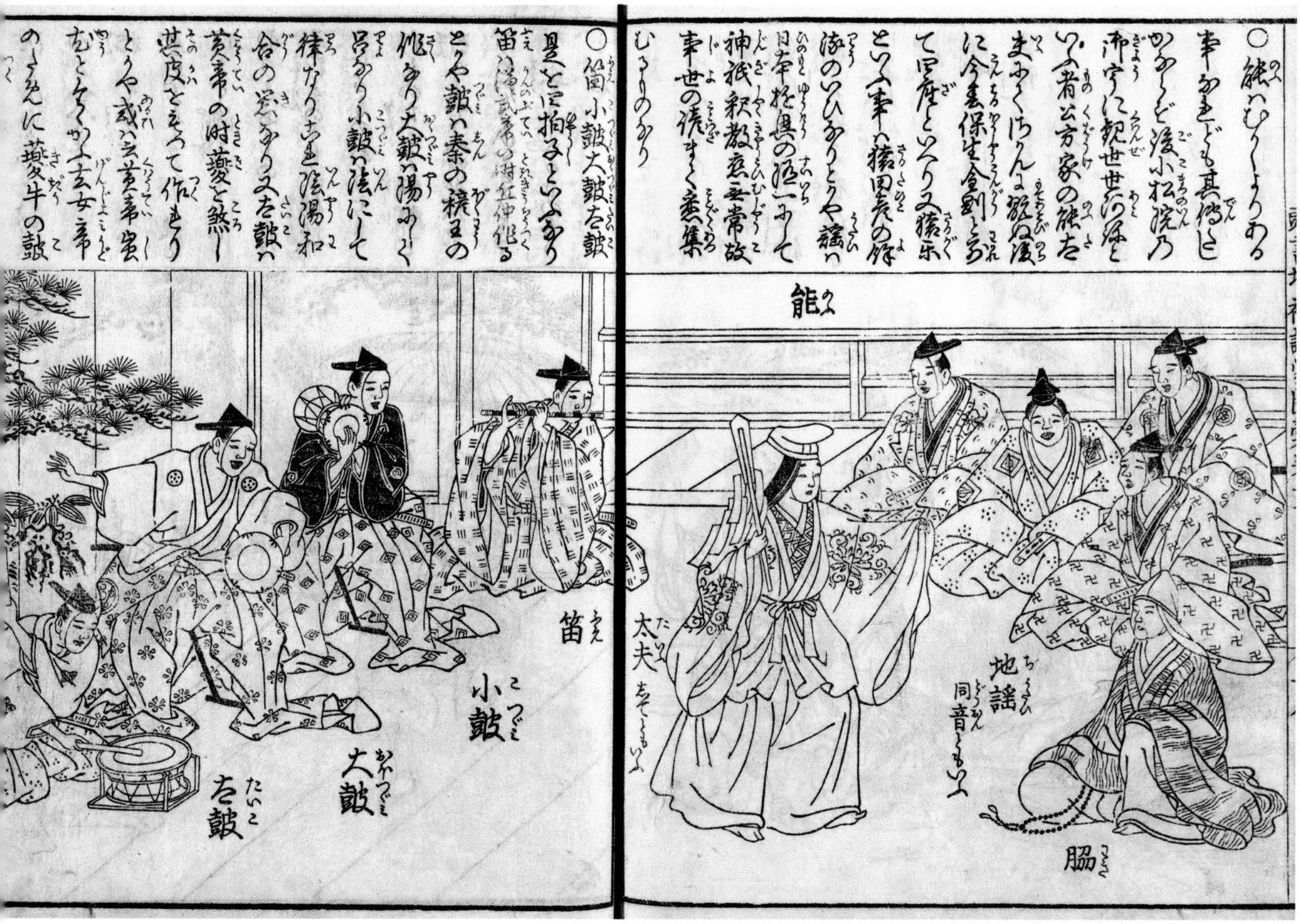

貝原益軒が晩年著した体系的本草書

『大和本草《やまとほんぞう》』

本草学とは、中国の薬物研究からはじまった学問である。儒学者の林羅山は、1607（慶長12）年に長崎にて、明の李時珍《りじちん》が1596年頃に著した『本草綱目』（全52巻）を入手した。以後この大著は、本草学者、医者、儒学者たちに多大なる影響を与え、本格的な本草学の研究が急速に進んでいった。

本作『大和本草』の著者である貝原益軒は、1630（寛永7）年に筑前国（福岡県西部）で生まれた。益軒は、儒学（朱子学）、医学、本草学などの学問を幅広く学び、各地を巡り、学者同士の交流も図りながら本草の実地観察に励んだ。

本作は『本草綱目』を参考にしながらも、長年の膨大な知識を整理して自己流の分類も打ち出して著した、体系的な本草書である。79歳で完成をみて、1709（宝永6）年に16巻の刊行を果たした。益軒が没した翌年の1715（正徳5）年には、附録2巻、諸品図3巻も出版に至った。和漢洋の動植物、鉱物の総収録品目は、1362種におよぶ。益軒の解説は、薬学にこだわらず、博物学の領域まで拡大させている。本書では、諸品図の中から5見開きを紹介する。

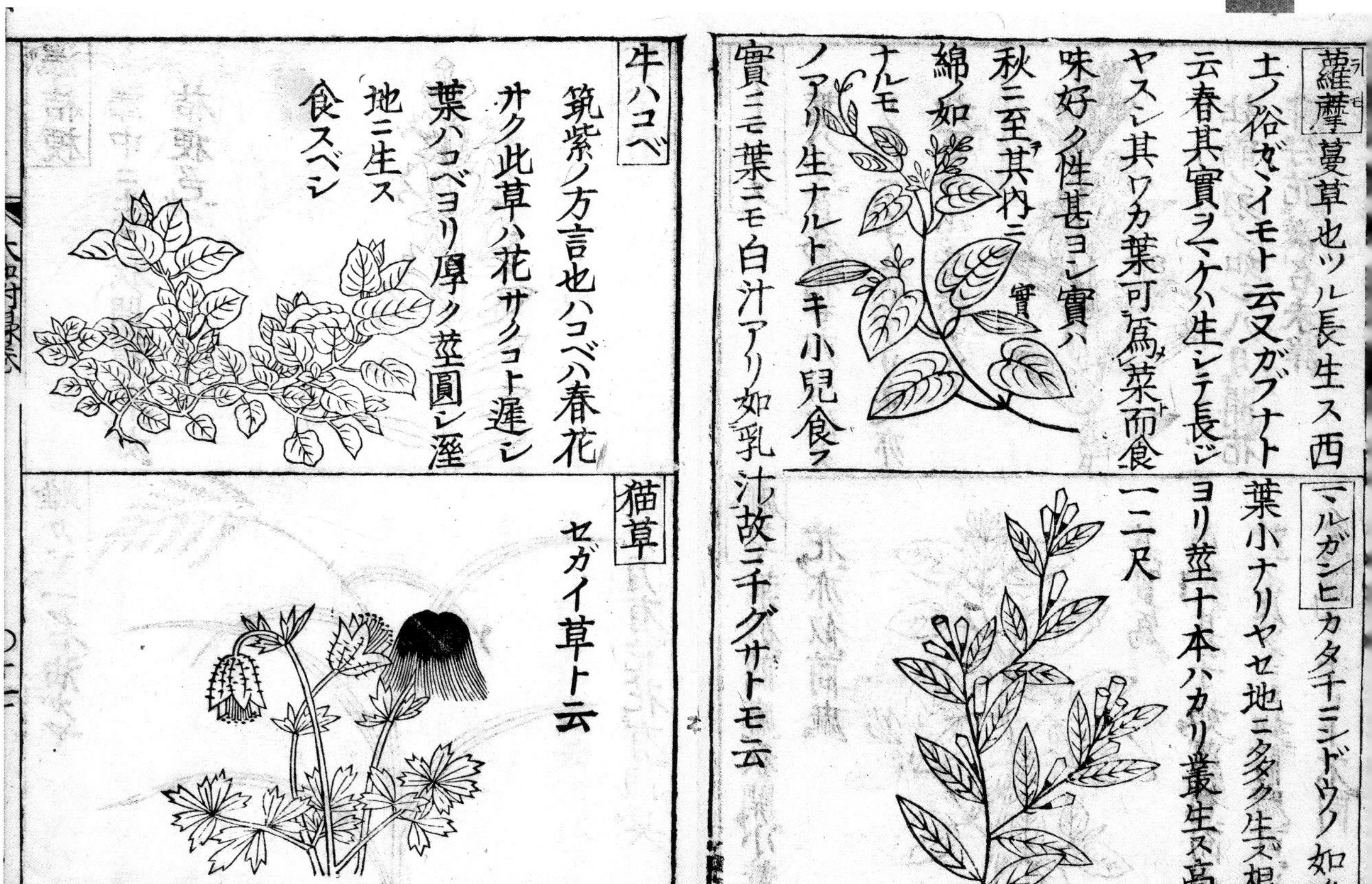
蘿藦 蔓草也ツル長生ス西土ノ俗ガヾイモト云又ガヾナト云春其實ヲマケバ生シテ長ジヤスシ其ワカ葉可為菜而食味好ノ性甚ヨシ實ハ秋ニ至リ其内ニ綿ノ如ナルモノアリ生ナルトキ小児食ス實ニモ葉ニモ白汁アリ如乳汁故ニチグサトモ云

マルガンヒ カタチニシドウノ如ク葉小ナリヤセ地ニ多ク生ス根ヨリ莖十本バカリ叢生ス高一二尺

牛ハコベ 筑紫ノ方言也ハコベハ春花サク此草ハ花サクコト遅シ葉ハコベヨリ厚ク莖圓シ溼地ニ生ス食スベシ

猫草 セガイ草ト云

益軒は『訓蒙図彙』（76頁より紹介）の著者・中村惕斎《てきさい》と交流があった。惕斎は益軒より1歳年上で、『訓蒙図彙』は益軒も手に取ったと思われる。諸品図は『訓蒙図彙』の初版にならったのか、1頁を上下に分けて見開きに4項目入れている。益軒は農学者の宮崎安貞とも交流があり、名著『農業全書』（1697年刊）の序文を書いている。

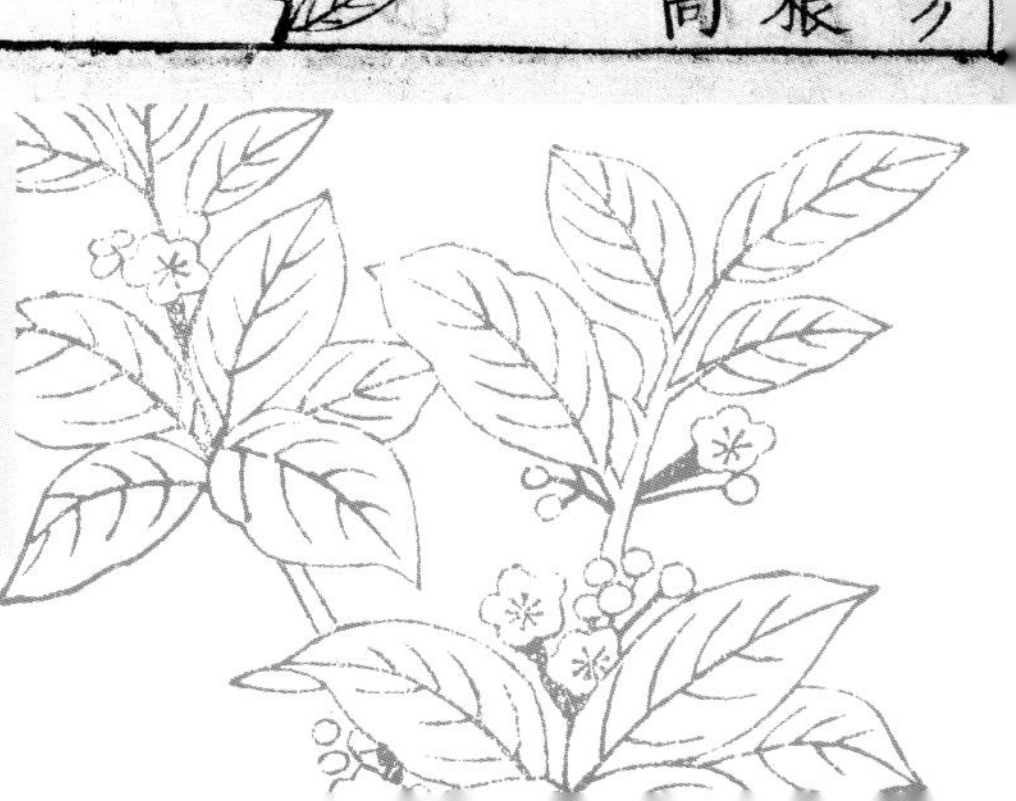

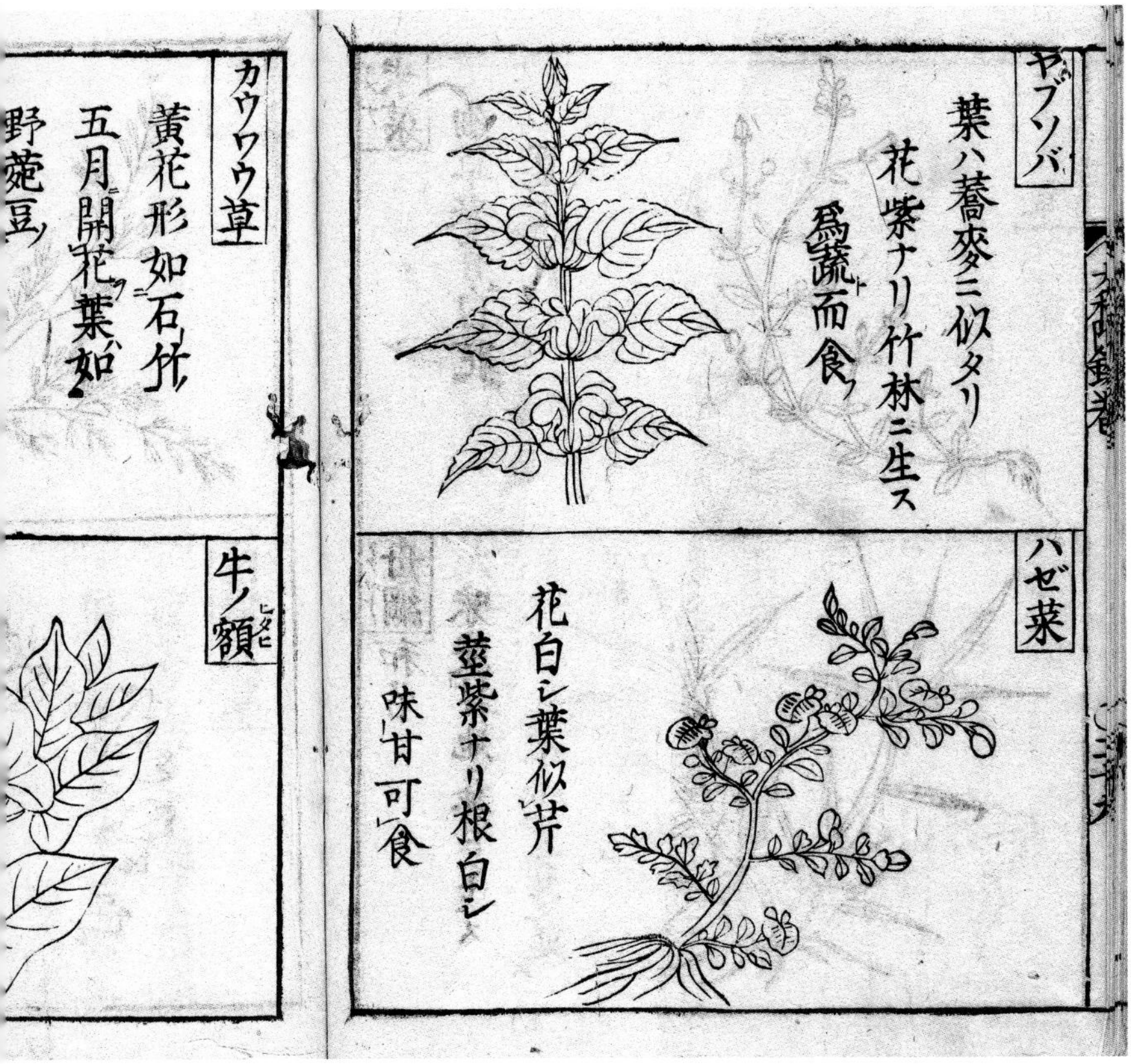

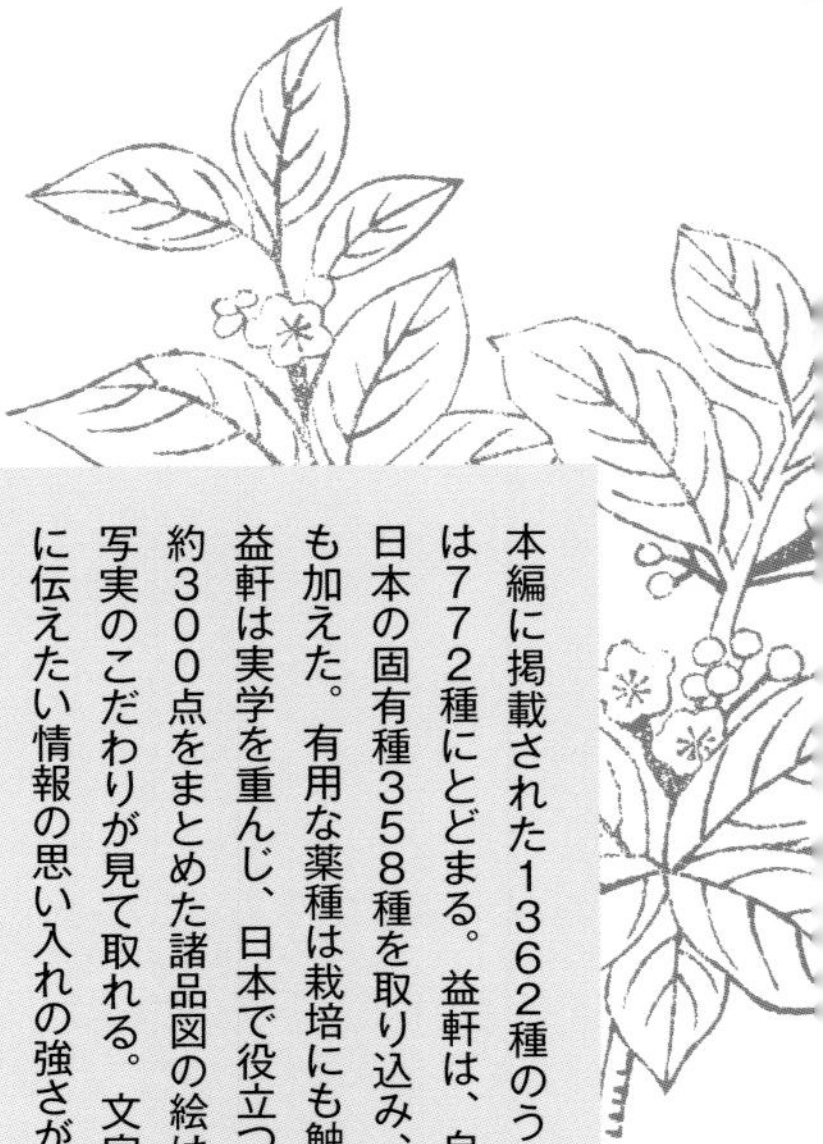

ヤブソバ
葉ハ蕎麦ニ似タリ
花紫ナリ竹林ニ生ス
為蔬而食
ハゼ菜
花白シ葉似芹
茎紫ナリ根白シ
味甘可食
カウワウ草
黄花形如石竹
五月開花葉如
野豌豆
牛ノ額

本編に掲載された1362種のうち、『本草綱目』からの収録は772種にとどまる。益軒は、自身の観察記録などをもとに日本の固有種358種を取り込み、西洋から渡来した品目なども加えた。有用な薬種は栽培にも触れ、博物学的な知識も記載。益軒は実学を重んじ、日本で役立つ本草書を目指したのである。約300点をまとめた諸品図の絵は、簡素ながら細部の形状や写実のこだわりが見て取れる。文字数が多い項目からは、読者に伝えたい情報の思い入れの強さが感じられる。

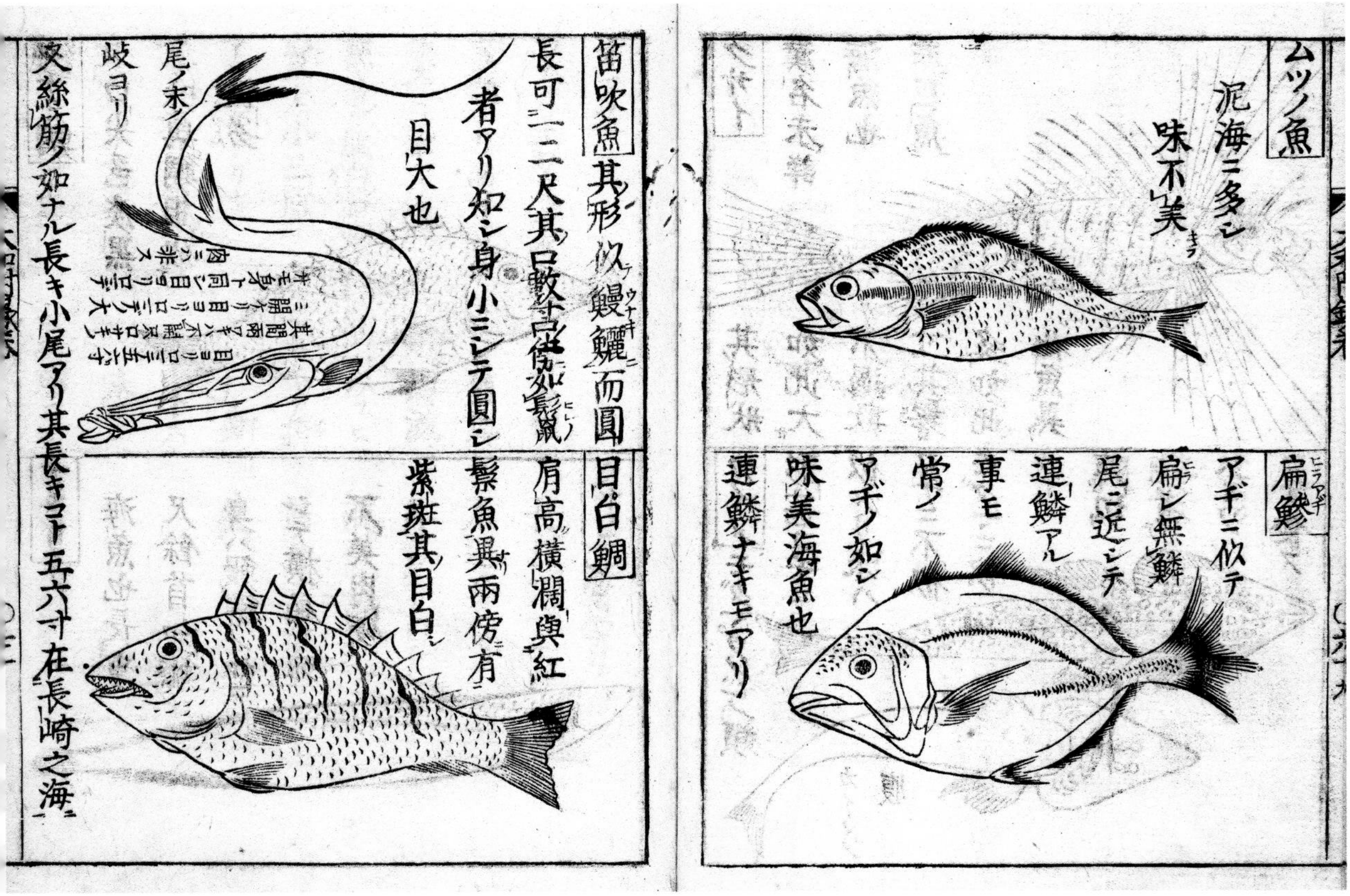

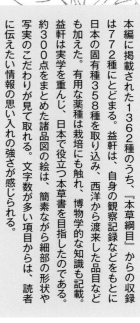

ムツノ魚
泥海ニ多シ
味不美
扁鯵
アヂニ似テ扁シ無鱗尾ニ近シテ連鱗アル事モ常ノアヂノ如シ味美海魚也連鱗ナキモアリ
笛吹魚
目白鯛
目大也
紫斑其目白

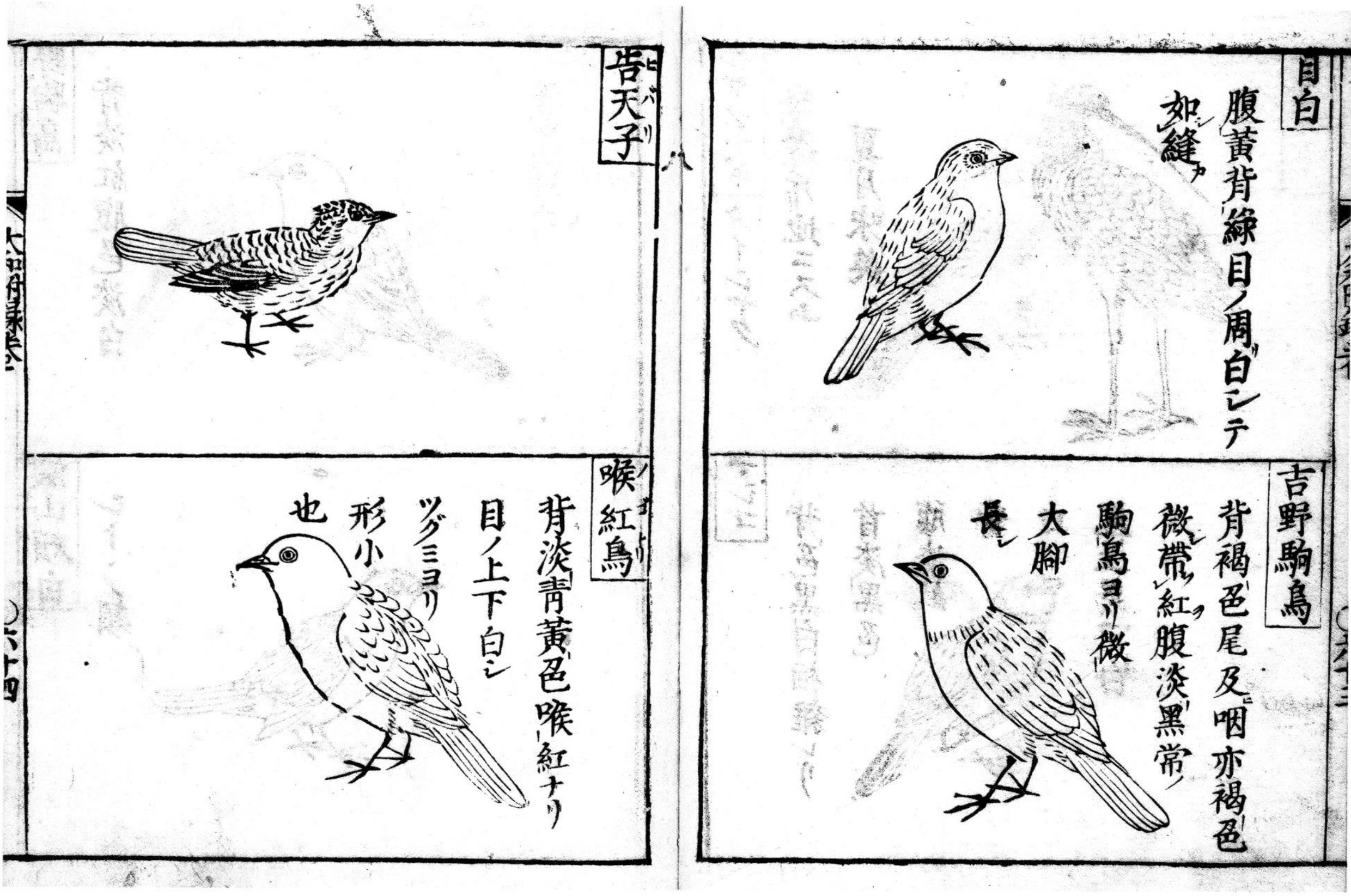
目白
腹黄背緑目ノ周白シテ如縫

吉野駒鳥
背褐色尾及咽亦褐色微帯紅腹淡黒常ノ駒鳥ヨリ微大脚長シ

告天子《ヒバリ》

喉紅鳥
背淡青黄色喉紅ナリ目ノ上下白シツグミヨリ形小也

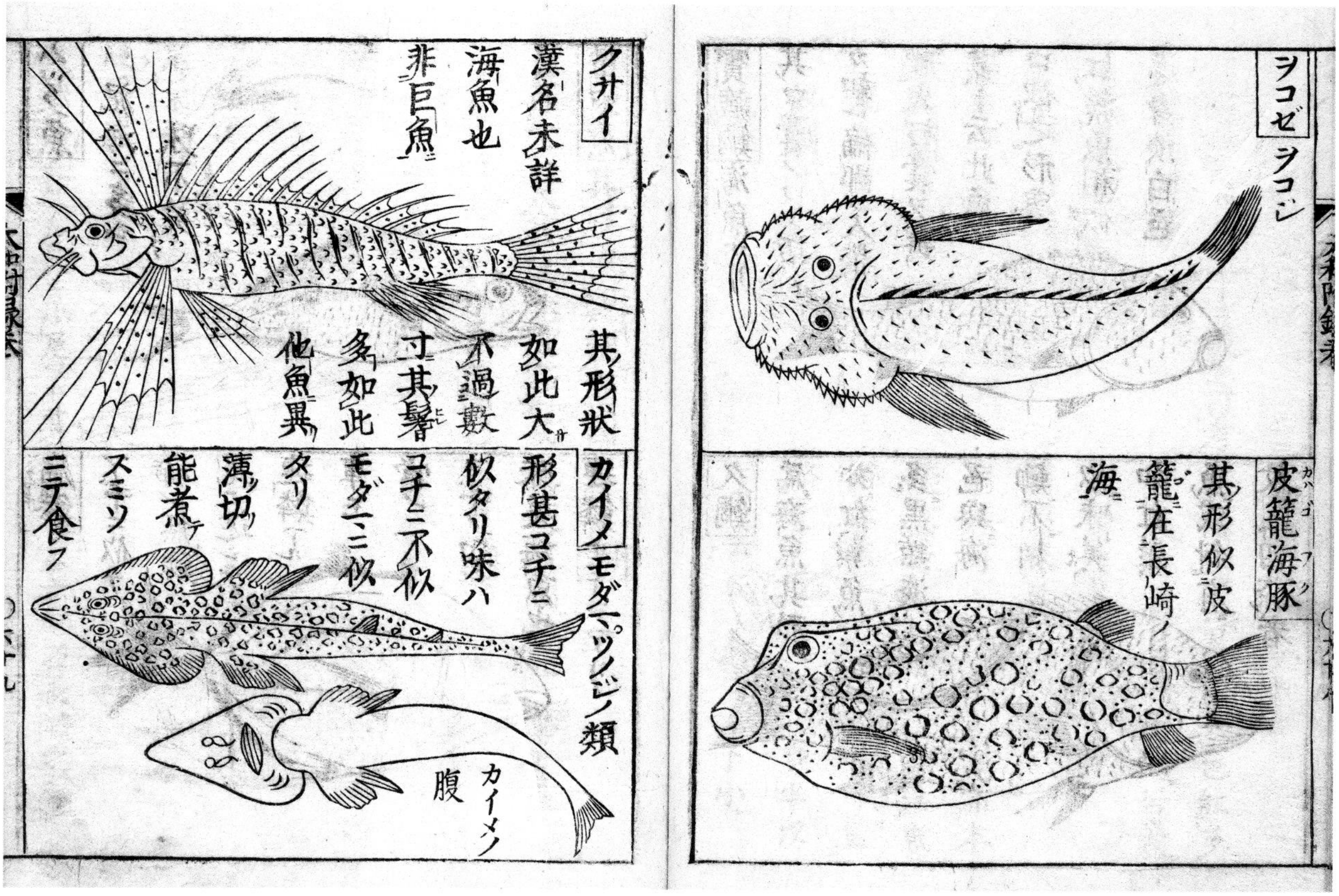
ヲコゼ　ヲコジ

皮籠海豚《カハゴフグ》
其形似皮籠在長崎ノ海

クサイ
漢名未詳海魚也非巨魚
其形狀如此大不過數寸其鬐多如此他魚異

カイメ　モダヘツノジノ類
形甚コチニ似タリ味ハコチニ不似モダニ似タリ薄切能煮テスミソニテ食フ

『和漢三才図会《わかんさんさいずえ》』

本作は1712（正徳2）年に105巻81冊で成立した絵入り百科事典である。1607年に成立した中国の絵入り百科事典『三才図会』（106巻）をもとに、日本の事物項目も加えて編纂。『訓蒙図彙』（76頁より紹介）や中国の『本草綱目』、貝原益軒著の『大和本草』（81頁より紹介）などの刊行物に記載された情報も、本作の基本スタイルに合わせて取り込んでいる。

著者は大坂城の御《お》城入《しろいり》医師で考証家の寺島良安。良安は医業のかたわら雑学を趣味とし、和漢のあらゆる文献を渉猟。本作の壮大な出版企画を20代後半頃に思い立ち、脱稿するまでに30数年を要したという。刊行後は知識人を中心に反響を呼び、増摺《ましずり》を重ねてロングセラーとなった。

良安がお手本にした『三才図会』は、明の王圻《おうき》が著した大著である。三才とは、天・地・人のことで、王圻は天文・地理・人物から、器用、鳥獣、草木に至るまで14部門に分けて図説した。

刊行年で比べると約100年前の出版物となる『三才図会』から本作に引いた項目の多くには、良安による日本の解説も追加している。年代が異なる和漢の比較解説も本作の読みどころといえる。

本作は日本の事物項目も含めて漢文で記されている。漢文は専門家向けの学術書等に用いられることから本作は通俗書とはいえないが、雑学に富み、万人の知識欲をそそる内容となっている。絵入りも功を奏し、一般大衆にも知られる定番の百科事典となった。

1867（慶応3）年生まれの博物学者で民俗学者の南方熊楠は、本作を所蔵する家に行き、その膨大な情報量に圧倒されて読み耽った。105巻もある知識の大海に魅せられた熊楠は、8歳から喜々として筆写をはじめたという。

①

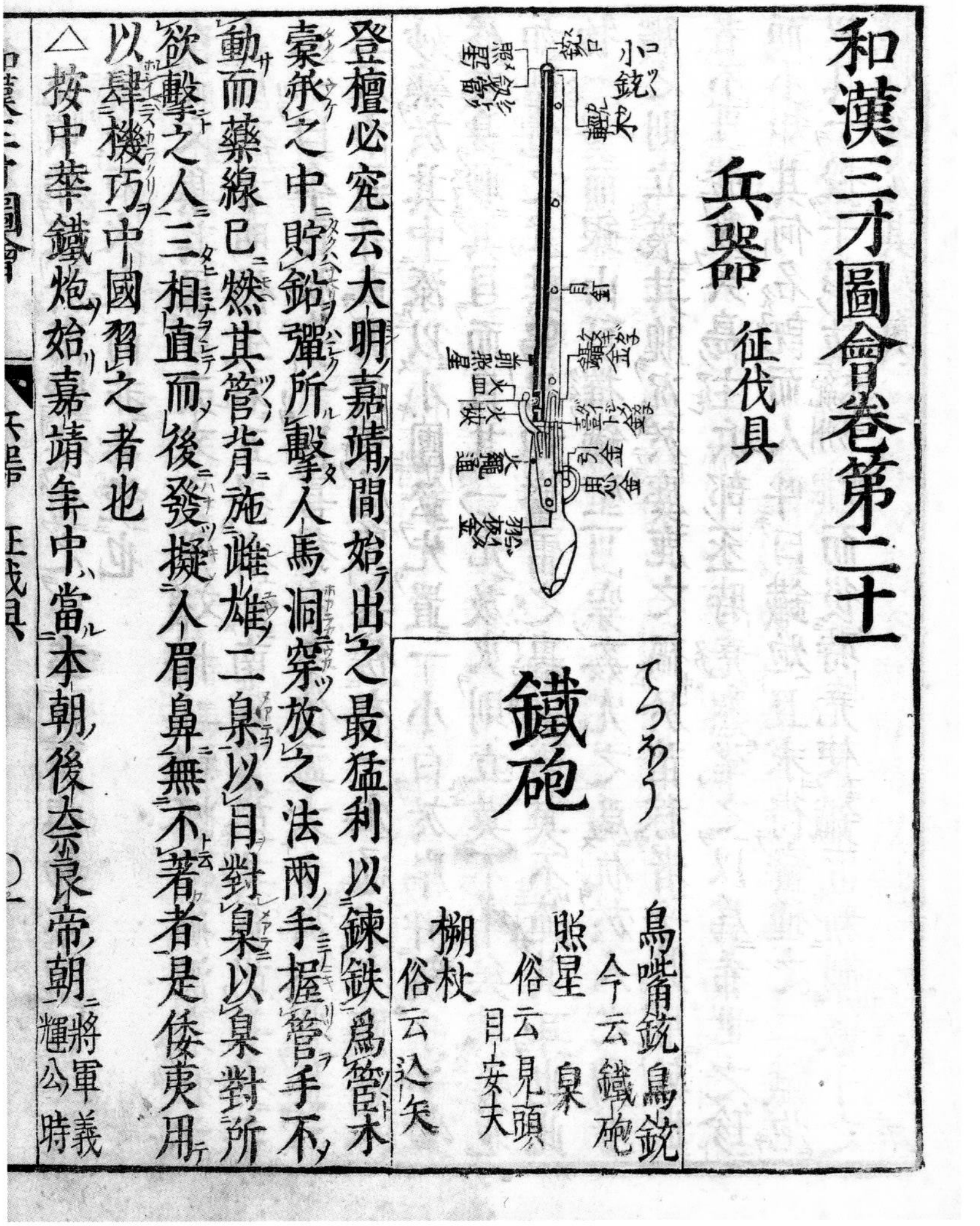
和漢三才圖會巻第二十一

兵器　征伐具

鐵砲　てつはう

鳥嘴銃　鳥銃　今云鐵砲

照星　俗云　梟　見頭　目安夫

匍杖　俗云　込矢

登壇必究云大明嘉靖間始出之最猛利以錬鉄為管木豪承之中貯鉛彈所擊人馬洞穿放之法兩手握管手不動而藥線已燃其管背施雌雄二臬以目對臬以臬對所欲擊之人三相直而後發擬入眉鼻無不著者是倭夷用以肆機巧中國習之者也

△按中華鐵炮始嘉靖年中當本朝後奈良帝朝將軍義輝公時

①は第21巻「兵器 征伐具」の巻頭で、「鉄砲」から図説している。「小銃《こつつ》」の図には、「銃口」「引金」等、細部の名称まで記されている。②は第1巻「天部」の巻頭。③の「日」と④の「月」の図は、本書76頁右下に掲載した『訓蒙図彙』の図をもとにしている。⑤は「日蝕《につそく》」「月蝕《ぐハつそく》」。本図では、地球を中心に月と日（太陽）が回っている。本作の刊行時は、まだ天動説が信じられていた。

和漢三才圖會畧卷第一

攝陽　城醫法橋寺島良安尚順　編

天部

天《てん》　蒼天　昊天春　旻天秋

和名曽良　一云阿女

天理也氣也據遠視之蒼蒼然曰蒼天天之主宰謂之帝天之功用謂之鬼神天之性精謂之乾一大極別而清輕者上爲天是陽也濁重者下爲地是陰也冲和氣者爲人謂之天地人三才

△按萬物不離三才五行而天特爲尊矣天地狀如雞卵天包地外地居天中猶黄也天體如碧瑠璃透映而七曜列宿層層運旋不休天動地靜也半覆地上半繞地外故二十八宿亦半見半隱天轉如車轂渾圓南北兩

2

廣博物志載老子歴藏中經云日月者天地之司徒司空

○日姓張名表字長史　○月姓文名申字子光

通書正宗曰

○日姓孫名開字子真　○月姓唐名末字天賢

大孔雀經曰

○蘇利耶此云日神　○蘇摩此云月神

△按日月姓名所載于小説彼此有異同未知其據也不堪取用耳　本朝所尊信

天照皇大神陽徳日神女神　月讀御食尊陰徳月神男神

日《ひ》　音實

金烏　陽烏　曜靈楚辭　鬱儀太洞經

3

月《つき》　音闕

玉兎　玉蟾　結璘本洞經

和訓豆岐

毛氏云月字上闕中二畫連左不連右

釋名云月闕也月滿則缺也徐氏云陰不可抗陽臣不可敵君故於文闕者爲月以其闕之時多也

月輪郭無光處曰魄　死魄朔也生魄望也　月死爲灰灰則晦也　月死復蘇生爲朔朔則蘇也　月半形若張弓弦者爲弦上弦下弦之月是也　晦而月見西方謂之朓　月滿而日月相望者爲望　朔而月見東方謂之朒

登壇必究云月者陰之精其形圓其質清日光照之則見其光日光所不照則謂之魄故望乃日月相望人居其間盡覩其明故形圓也二弦乃日照其側人觀其傍故半明半魄也晦朔乃日照其表人在其裏故不見也

4

日蝕　ジツ ジツ

和名波惠

朔二日三日　限此三箇日

日月虧日蝕稍小侵虧如蟲食草木之葉也

日天高月天低而常異其行道至每朔則日月同經緯而相值則月在下而隔掩日光故日失光相離則復元日蝕入陰暦則初虧西北甚於正北復於東北入陽暦則初虧西南甚於正南復於東南

如月蝕陰侵陽臣掩君之象或大水如日蝕見星有弑君天下分裂

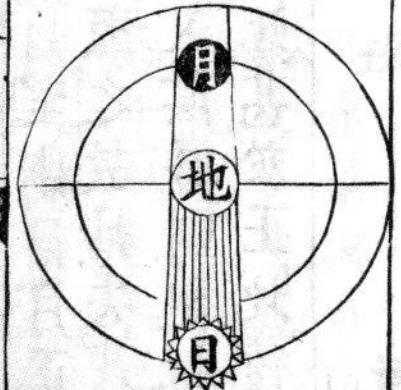

月蝕

十四十五十六　限此三箇日

月蝕雖有卯辰時屬之前日

5

1は第38巻「獣類」の巻頭で、中国の想像上の動物である「麒麟《きりん》」から図説している。2は第17巻「嬉戯部《きぎ》」より「相撲《すまひ》」。3は第11巻「経絡部《けいらく》」より「心《しん》」を取り上げ、心臓の図から出た管は、腎、肝、脾、肺の四臓に通じている。4は第15巻「芸器」より「大数名《たいすうのな》」。百から順に不可思議まで記載している。5は第16巻「芸能」より「田楽法師《でんがくぼうし》」「舞《まひ》」「歌舞伎《かぶき》」。6 7は第21巻「兵器 征伐具」より「太刀《たち》」と「鞘《さや》」。8は第28巻「衣服類」より「紙衣《かみこ》」で、紙製の衣類を図説している。

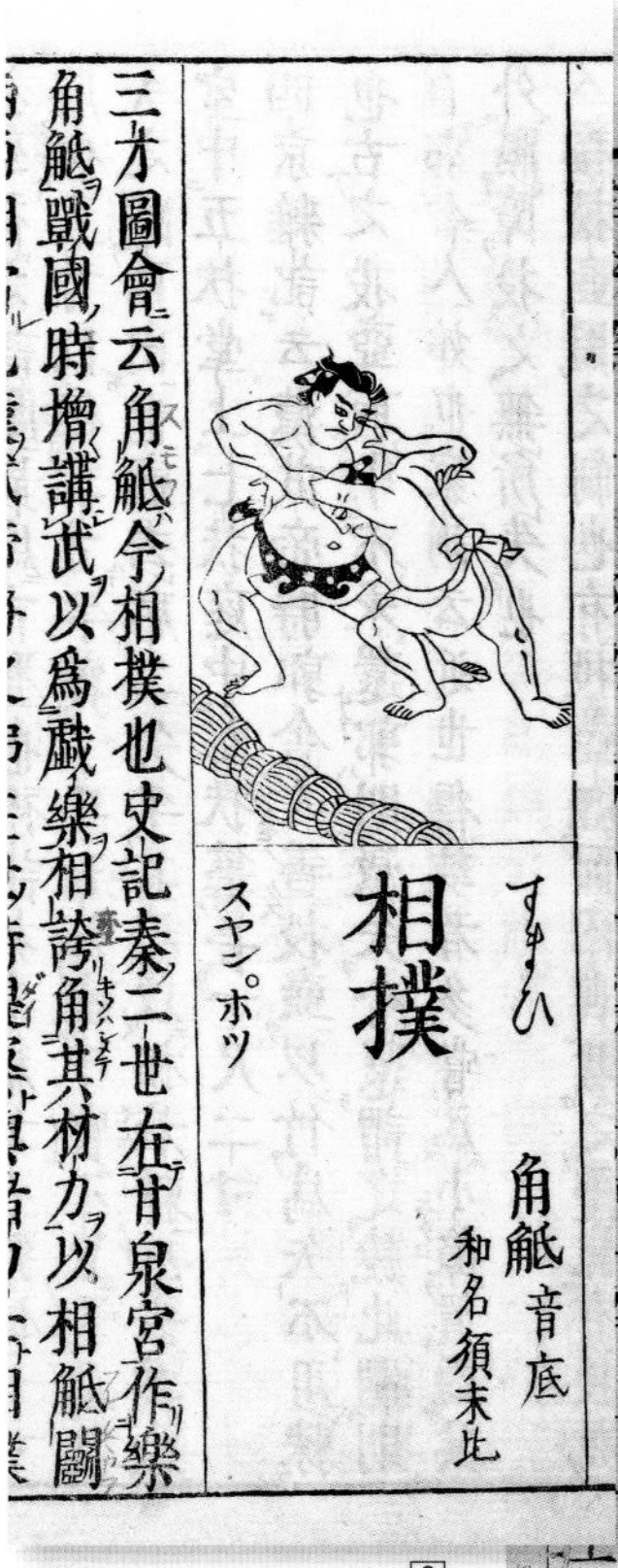

相撲
すまひ
スヤン。ポツ
角觝 音底 和名須末比
三才圖會云角觝今相撲也史記秦二世在甘泉宮作樂角觝戯

2

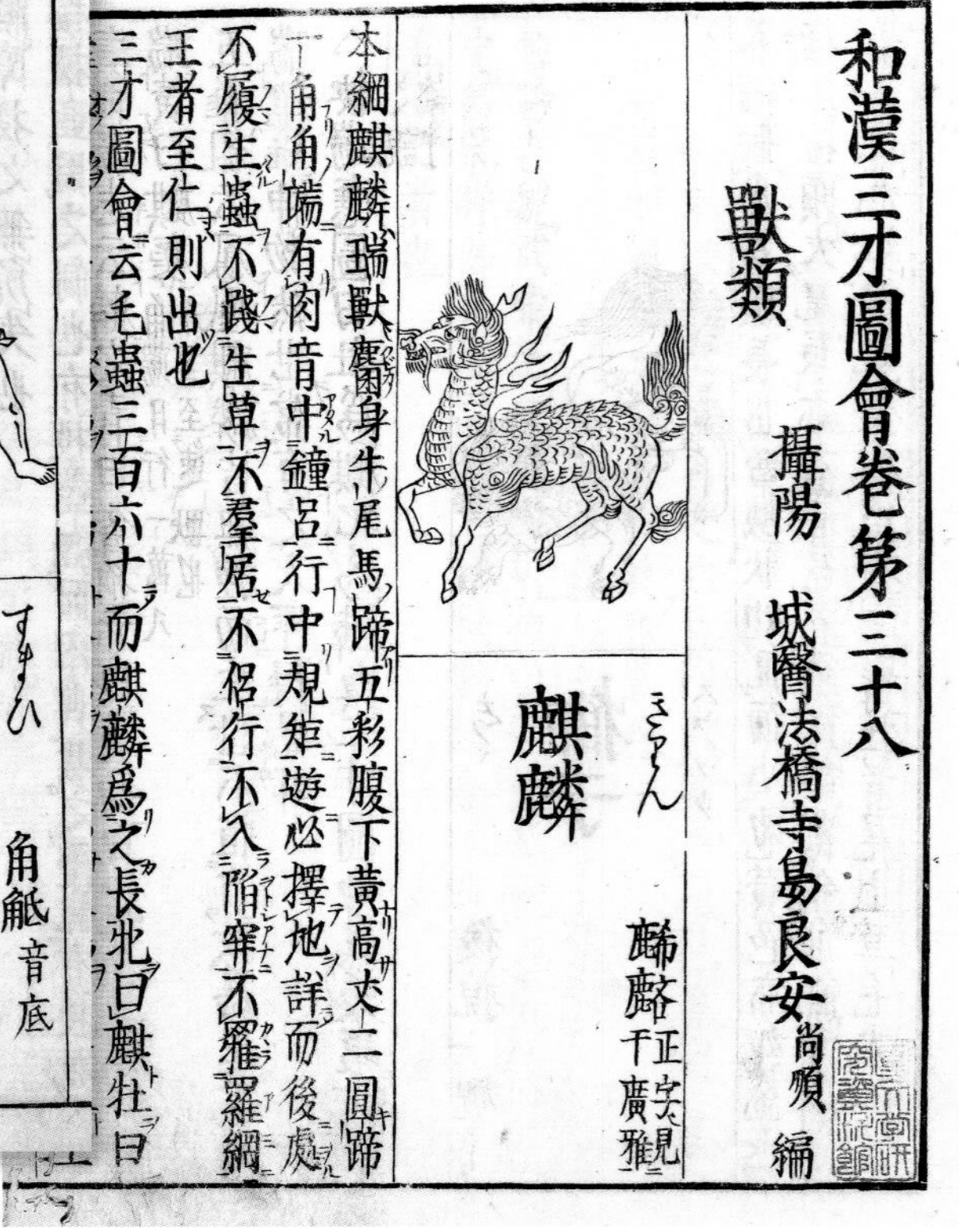

和漢三才圖會卷第三十八
獸類
攝陽 城醫法橋寺島良安尚順 編
麒麟
きりん
本綱麒麟瑞獸麕身牛尾馬蹄五彩腹下黄高丈二圓蹄一角角端有肉音中鐘呂行中規矩遊必擇地詳而後處不履生蟲不踐生草不羣居不侶行不入陥穽不罹羅網王者至仁則出也
三才圖會云毛蟲三百六十而麒麟爲之長

1

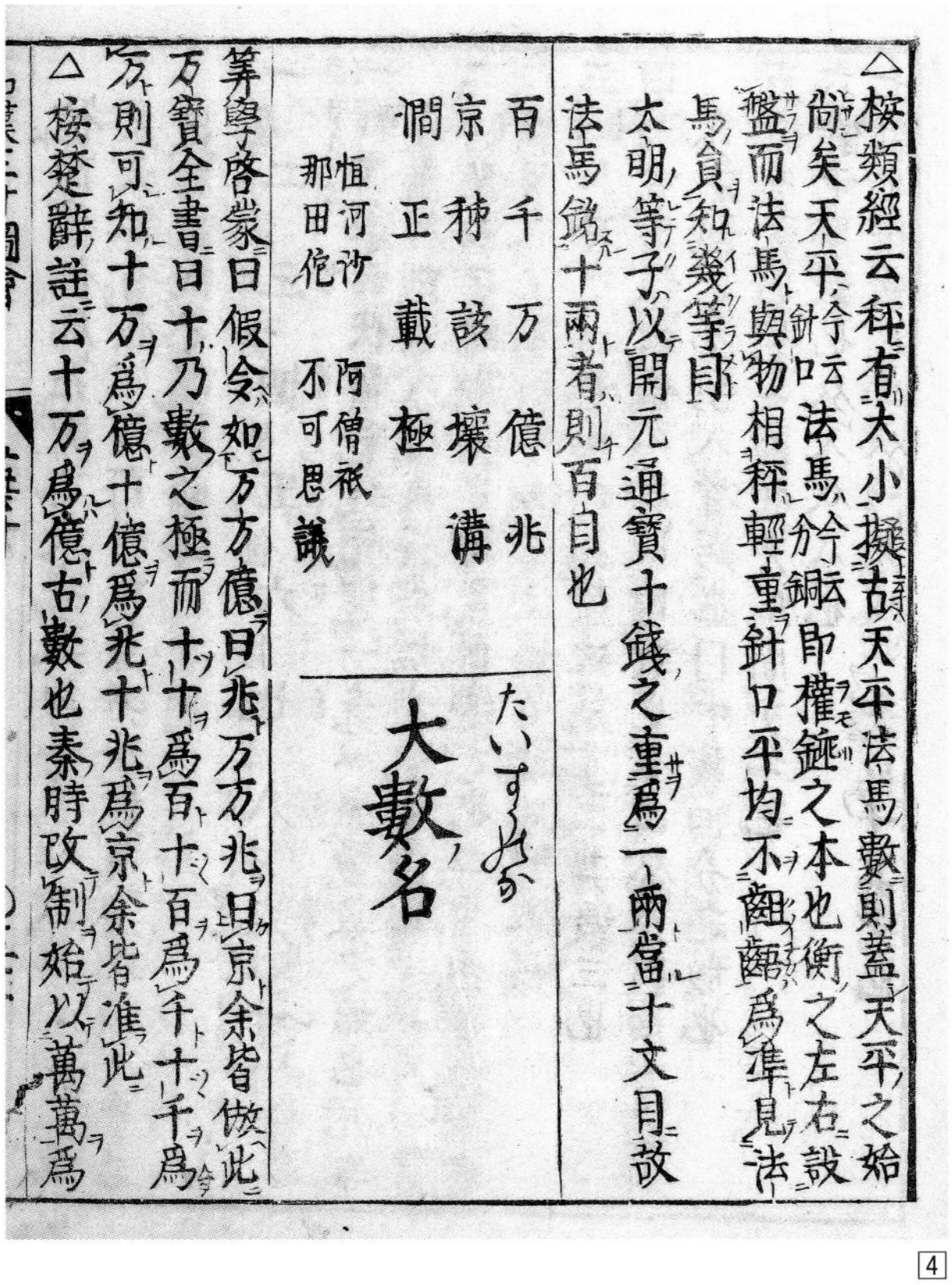

大數名
たいすうのな
百 千 万 億 兆
京 秭 該 壌 溝
澗 正 載 極
恒河沙 阿僧祇
那由佗 不可思議

4

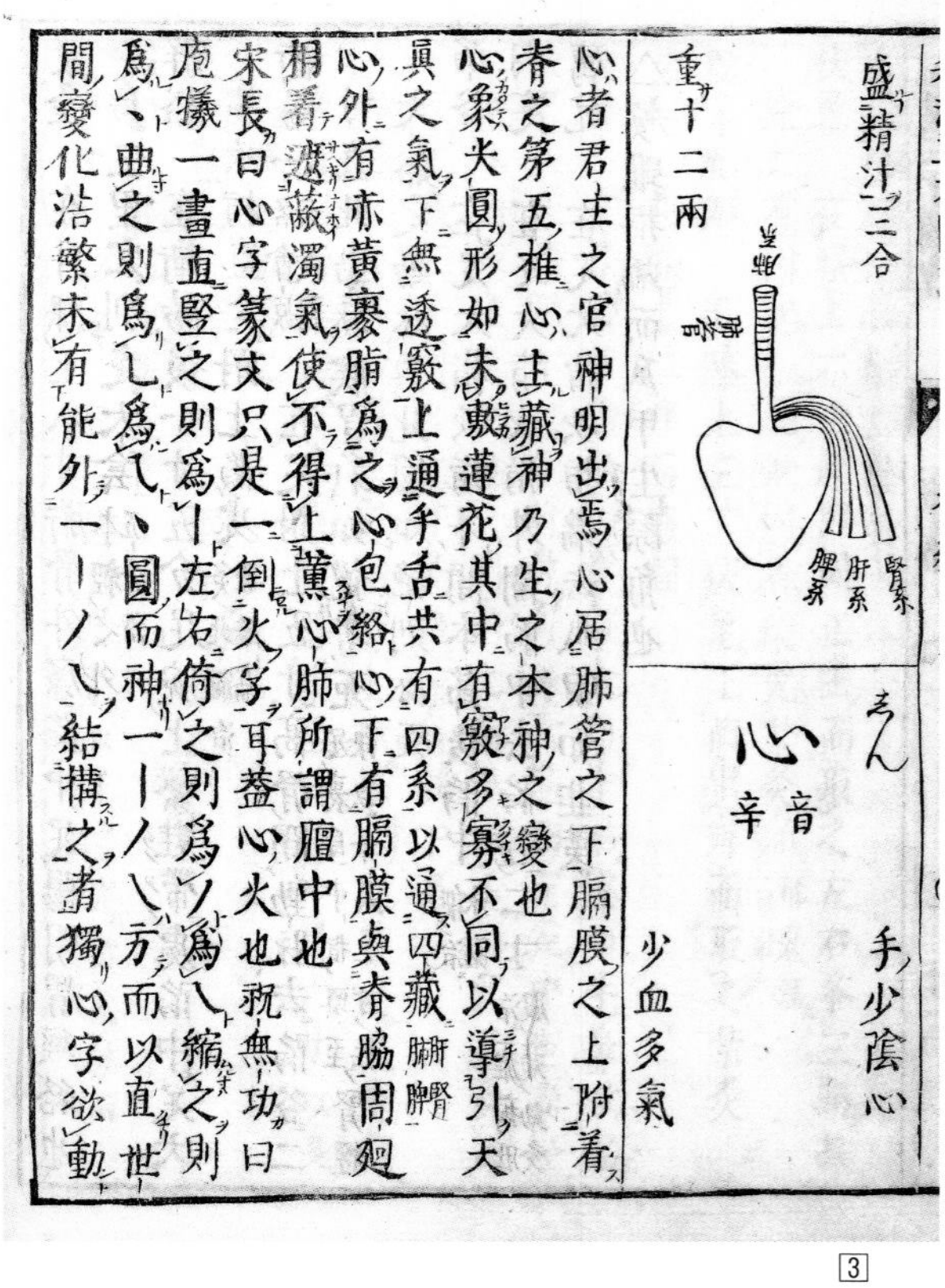

心 音辛
しん
手少陰心
少血多氣
重十二兩
盛精汁三合

3

5

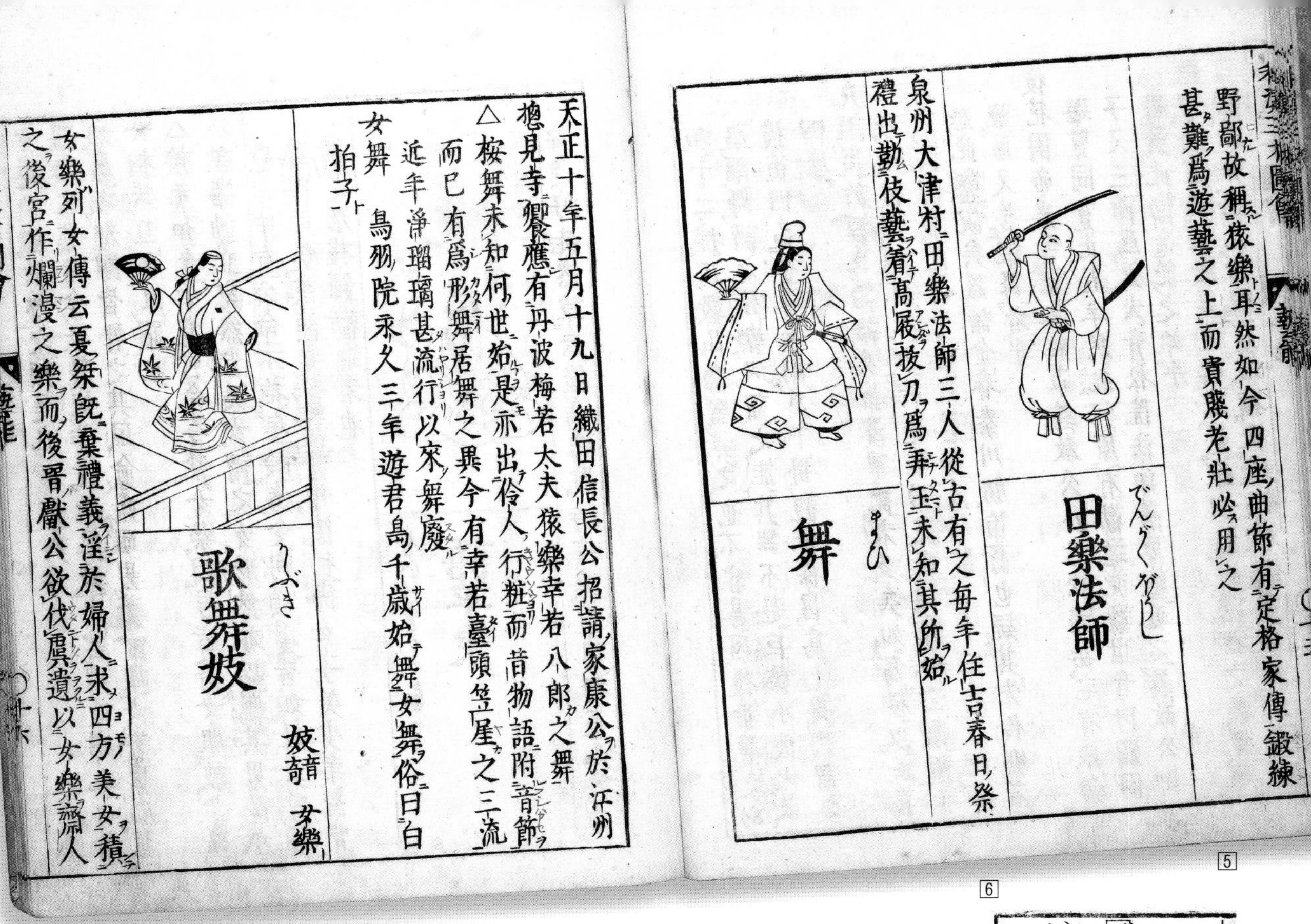
野部故稱猿樂耳然如今四座曲節有定格家傳鍛練
甚難爲遊藝之上而貴賤老壯必用之
田樂法師《でんがくほうし》
泉州大津村田樂法師三人從古有之毎年住吉春日祭
禮出勤伎藝着高屐拔刀爲弄玉未知其所始
舞《まひ》
天正十年五月十九日織田信長公招請家康公於江州
摠見寺饗應有丹波梅若太夫猿樂幸若八郎之舞
△按舞未知何世始是亦出伶人行粧而昔物語附音節
而已有爲形舞居舞之異今有幸若臺頭笠屋之三流
近年淨瑠璃甚流行以來舞廢
女舞　鳥羽院永久三年遊君島千歳始舞女舞俗曰白
拍子
歌舞妓《かぶき》
妓音　女樂
女樂列女傳云夏桀既棄禮義淫於婦人求四方美女積
之後宮作爛漫之樂而後晋獻公欲伐虞遺以女樂齋人

6

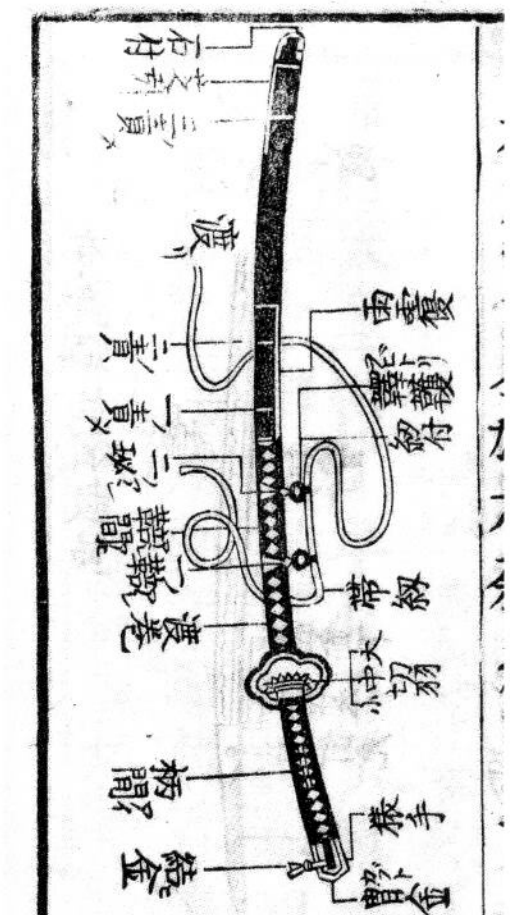
石突
三責
一責
責金物
帶取
鳩目
縁
渡巻
大切羽
小切羽
柄頭
手貫緒
目貫
太刀《たち》
太刀　和名太知　横刀
佩刀　訓波加世
一物異名佩刀尋常不稱之

7

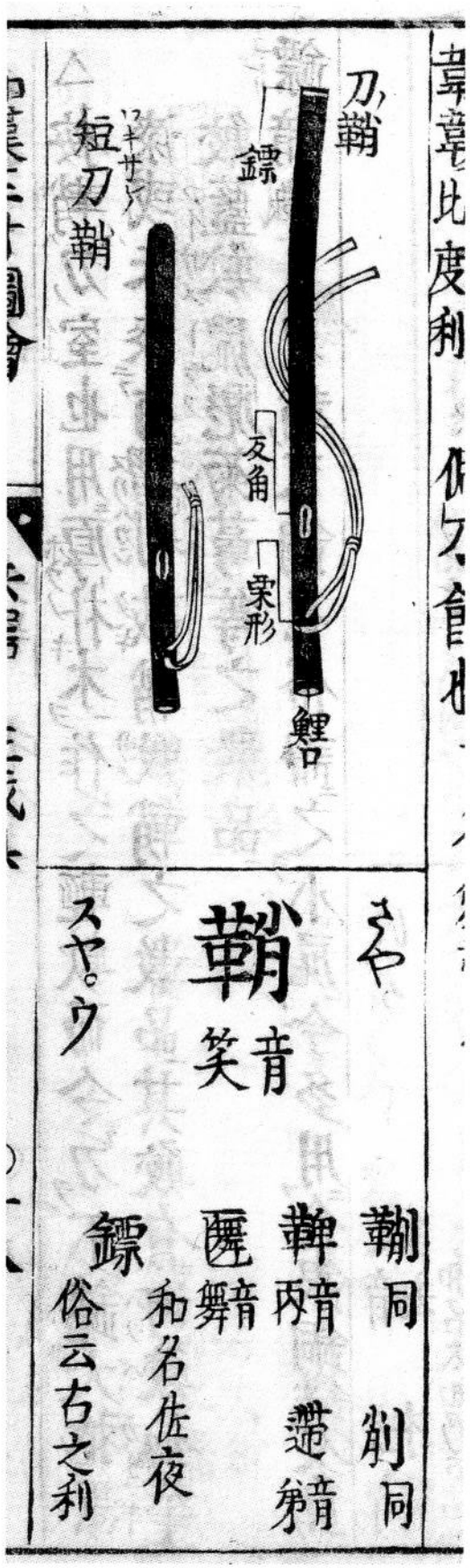
鞸比度利
刀鞘
鏢
栗形
返角
鯉口
△短刀鞘
鞘《さや》
音笑
スヤウ
韒　同
削　同
鞞　音丙
璏　音衛
鞞　音鞸
和名佐夜
鏢
俗云古之利

8

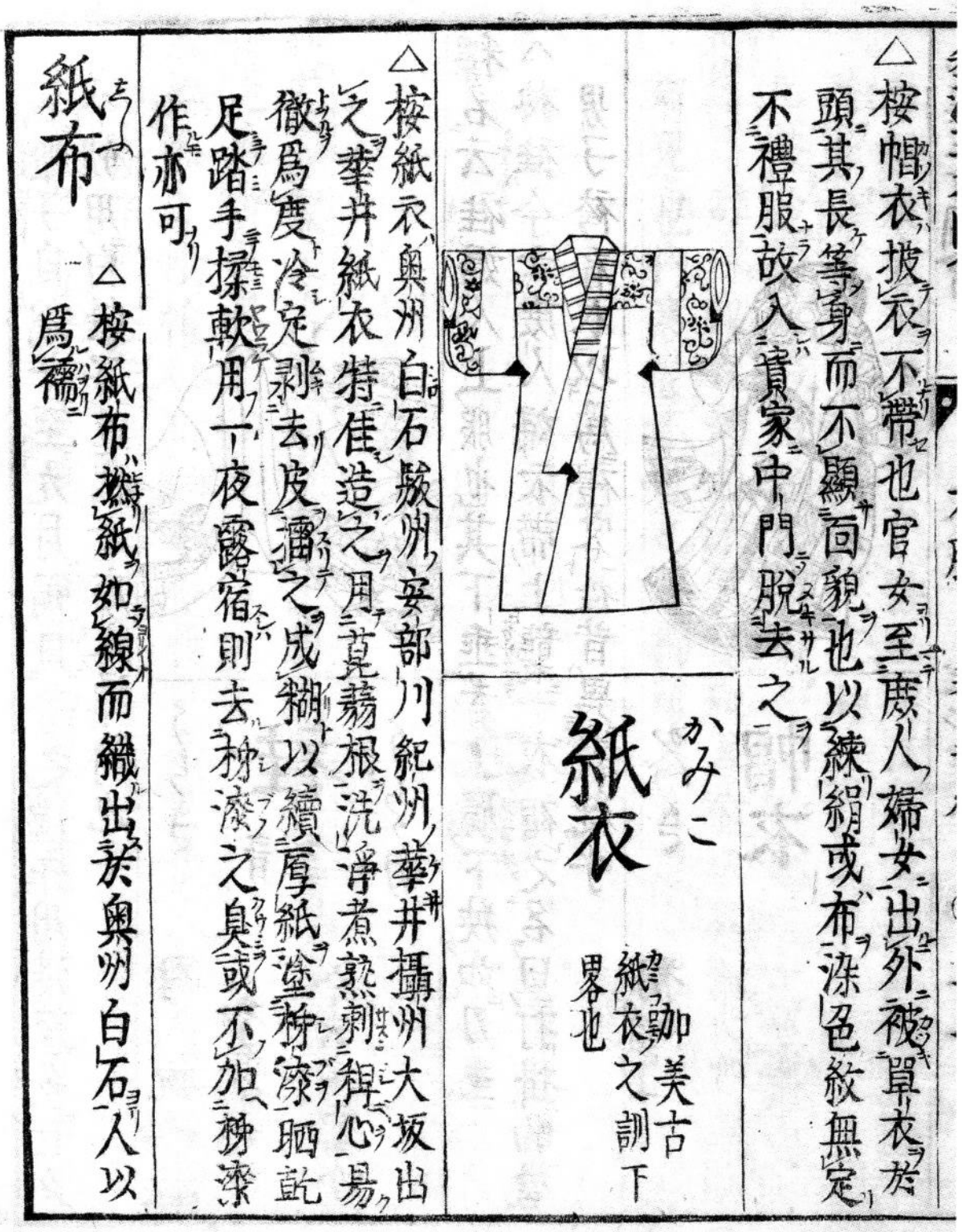
△按帽衣披衣不帶也官女至庶人婦女出外被單衣於
頭其長等身而不顯面貌也以練絹或布染色紋無定
不禮服故入貴家中門脫去之
紙衣《かみこ》
紙衣美古　紙衣之訓下畧也
△按紙衣奥州白石駿州安部川紀州華井攝州大坂出
之華井紙衣特佳造之用蒟蒻根洗淨煮熟剝皮心易
徹爲度冷定剝去皮擂之成糊以續厚紙塗柹漆晒乾
足踏手揉軟用一夜露宿則去柹漆之臭或不加柹漆
作亦可
紙布《しふ》
△按紙布撚紙如線而織出於奥州白石人以
爲襦

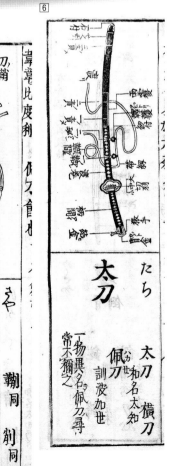

和漢三才圖會卷第五十

攝陽　城醫法橋寺島良安尚順編

魚類　河湖中無鱗魚

鮎《なまづ》　音黏　唐音子ン

鮧音夷　鯷音題　鰋音偃　奈末豆

鯰俗　鮘二字未詳

本綱鮎大首大口其額平夷低偃故名鰋名鮧其涎黏滑故名鮎
鮎身鱧尾大腹有胃有齒有鬚生流水者色青白生止水者色青黄大者亦至三四十斤凡食鮎鮠先割翅下懸之則涎自流盡不黏滑也鮎目赤鬚赤無腮者不可合鹿肉食之令人筋甲縮又荊芥蓋其肉甘温有小毒食之殺人作臛治水腫利小便又治

1

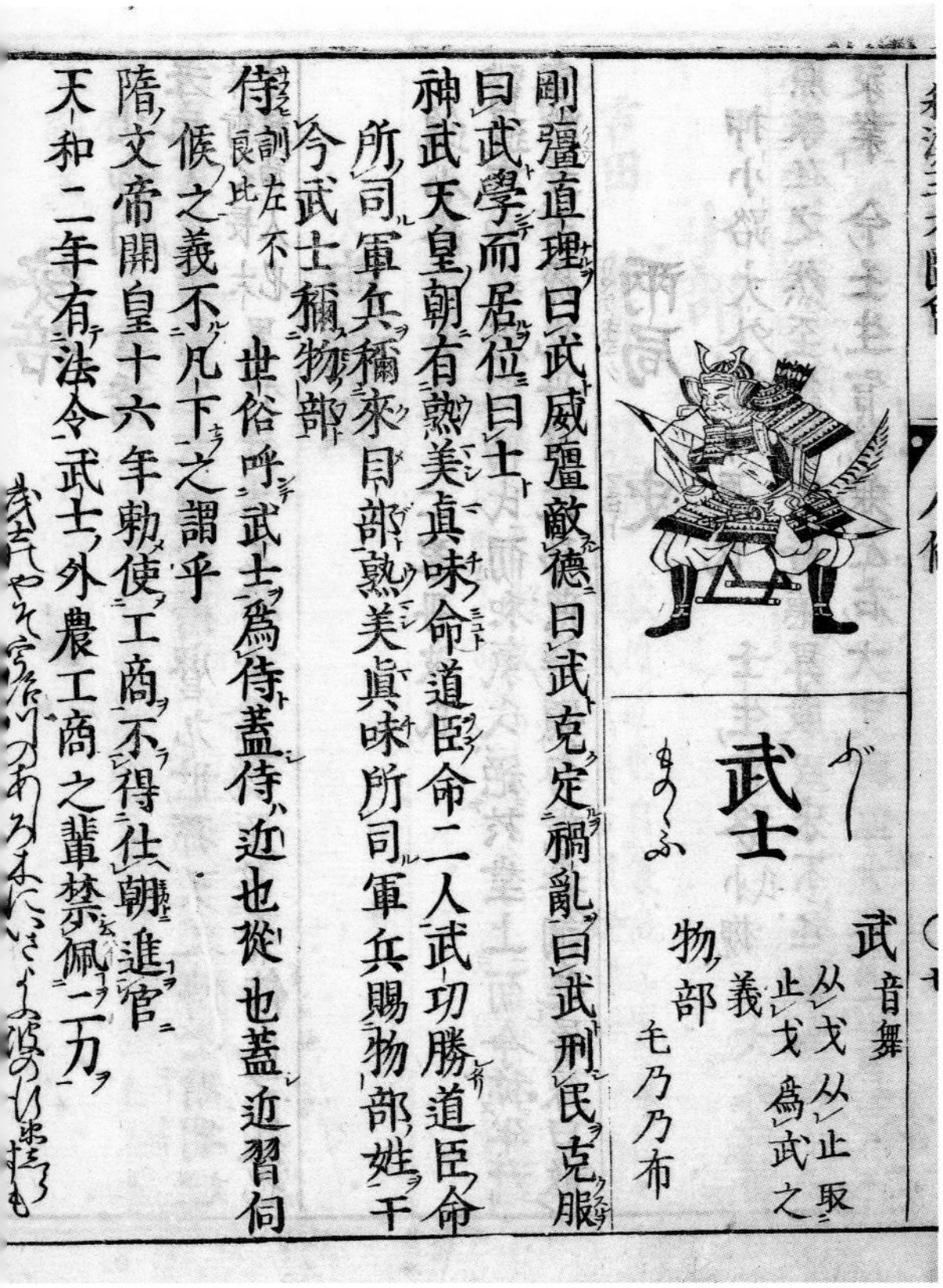

武士　武音舞　从戈从止取止戈爲武之義
物部　毛乃乃布

武士《ぶし》　物部《もののふ》

剛彊直理曰武威彊敵德曰武克定禍亂曰武刑民克服曰武學而居位曰士
神武天皇朝有熟美眞味命道臣命二人武功勝道臣命所司軍兵稱來目部熟美眞味所司軍兵賜物部姓于今武士稱物部
侍訓左不良比　世俗呼武士爲侍蓋侍近也從也蓋近習伺候之義不凡下之謂乎
隋文帝開皇十六年勅使工商不得仕朝進官
天和二年有法令武士外農工商之輩禁佩二刀

2

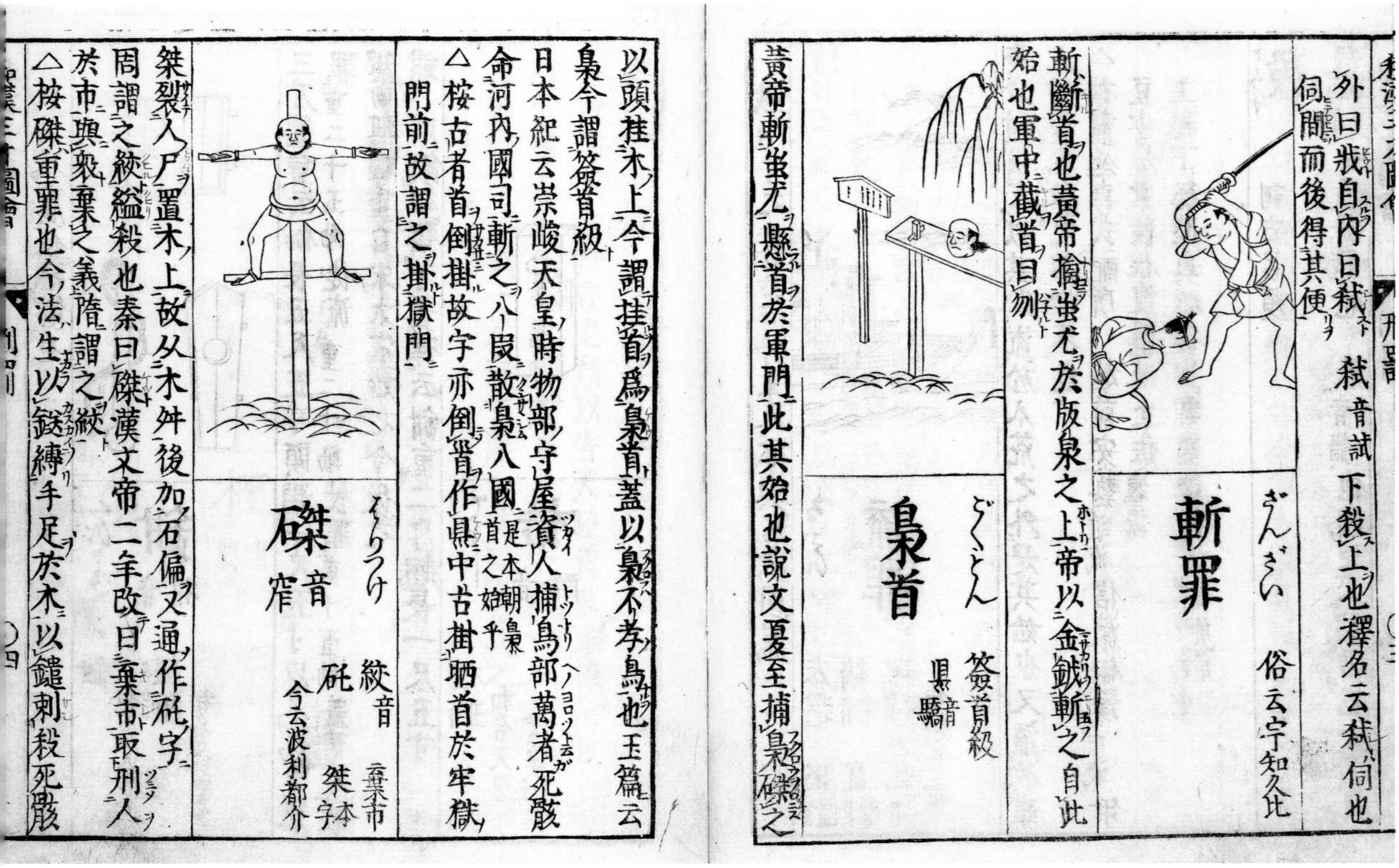

外曰戕自內曰弑　弑音試　下殺上也釋名云弑伺也伺間而後得其便

斬罪　俗云宇知久比

斬罪《ざんざい》

斬斷首也黄帝擒蚩尤於阪泉之上帝以金鉞斬之自此始也軍中截首曰刎

梟首　簽首級　梟音縣

梟首《ごくもん》

黄帝斬蚩尤懸首於軍門此其始也說文夏至捕梟磔之以頭挂木上今謂挂首爲梟首蓋以梟不孝鳥也玉篇云梟今謂簽首級
日本紀云崇峻天皇時物部守屋資人捕鳥部萬者死骸命河內國司斬之八段散梟八國是本朝梟首之始乎
△按古者首倒掛故字亦倒首作県中古掛晒首於牢獄門前故謂之掛獄門

磔　音窄　紋音　矺　桀字本　今云波利都介

磔《はりつけ》

桀裂人尸置木上故从木舛後加石偏又通作矺字
周謂之紋縊殺也秦曰磔漢文帝二年改曰棄市取刑人於市與衆棄之義隋謂之紋
△按磔重罪也今法生以鉸縛手足於木以鑓刺殺死骸

3

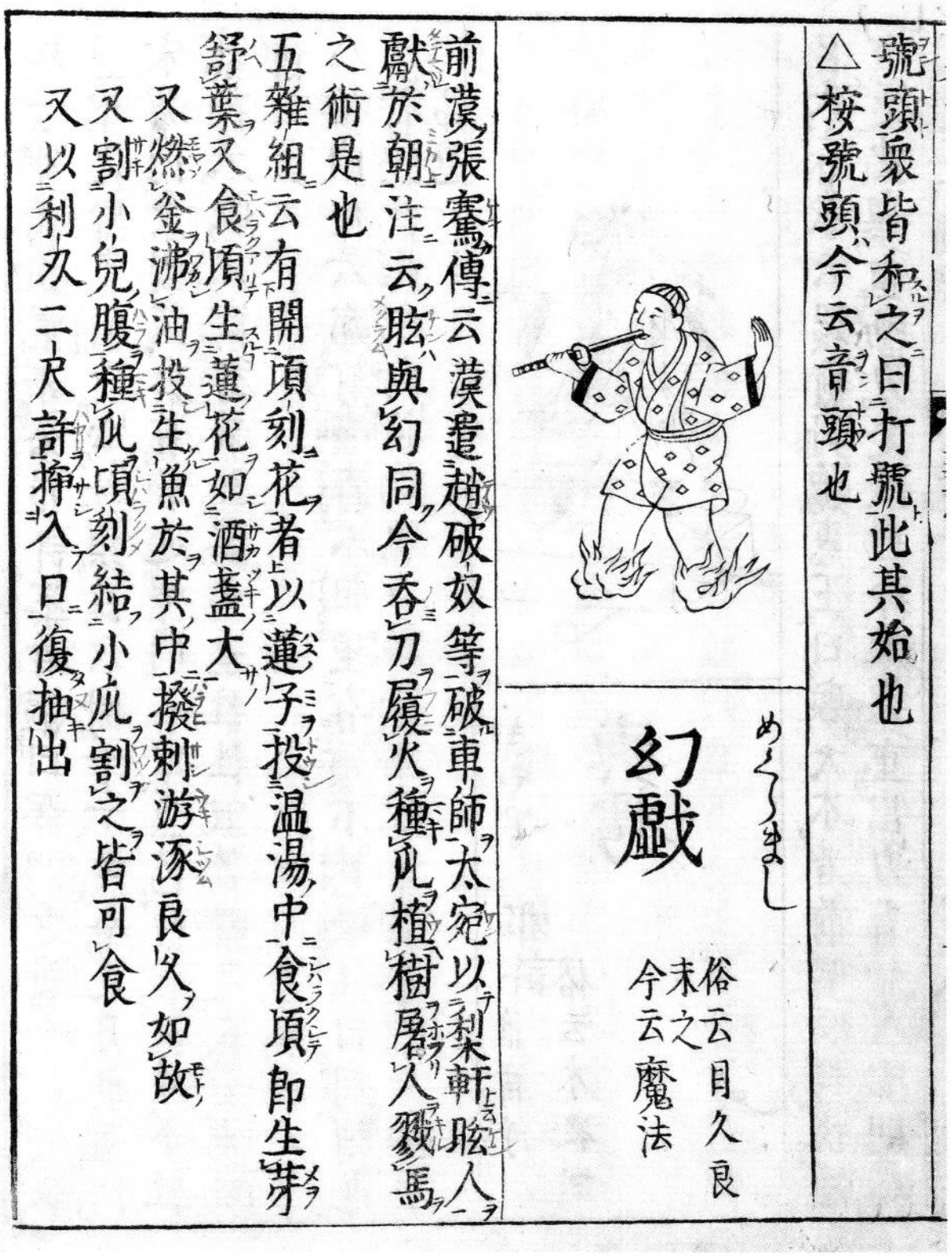

4

6

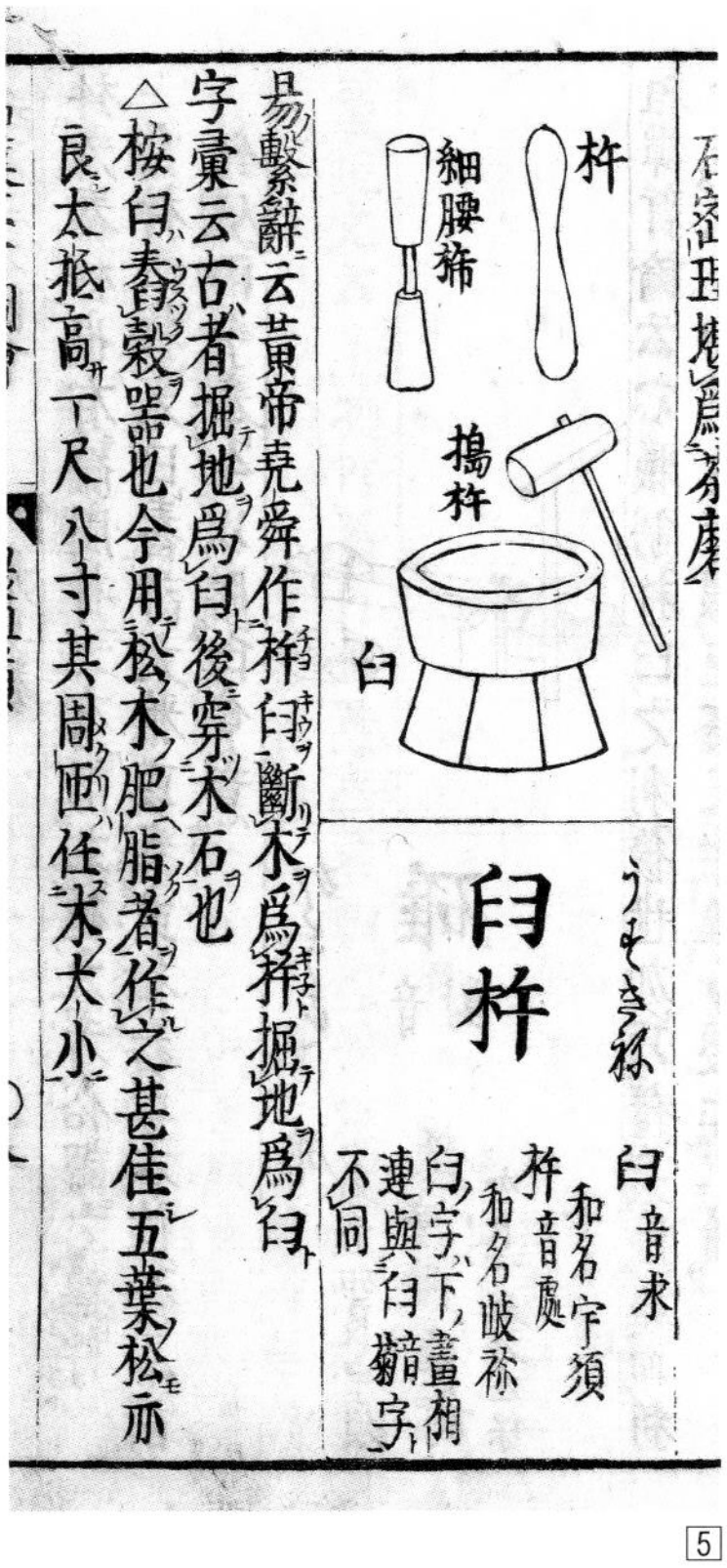

5

1は第50巻「魚類 河湖中 無鱗魚」の巻頭で、「鮎《なまづ》」からはじまる。2は本書77頁右上に掲載した『訓蒙図彙』の「兵」「農《のう》」を、「武士《ぶし》」と「農人《にん》」にして図説。3は第22巻「刑罰」より。「斬罪《ざんざい》」は、斬首刑。「梟首《ごくもん》」は、獄門（晒し首）のことで、「きょうしゅ」とも読む。「磔《はりつけ》」は、槍で重罪人を突く残酷な刑罰で公開処刑された。とどめを刺したあとも死体は2夜3日放置されたという。4は「幻戯《めくらまし》」で、「今云魔法」とあり、刀を飲み込み足に火を履く放下師《ほうかし》（70頁参照）が描かれている。5は第35巻「農具類」より「臼杵《うすきね》」。6は第10巻「人倫之用」より「男色《なんしょく》」。当時は大人の男性と美少年というパターンが多かった。

大名家や幕府役人の名鑑。完全版は分厚いが、要約した携帯用も多種類出回った

『武鑑《ぶかん》（新改 安永武鑑／新板改正 寛政武鑑）』

江戸時代に出回った『武鑑』は、大名家や幕府役人の名鑑である。『武鑑』の原型とされる板本は、17世紀の中頃に刊行されている。

以後、最新情報を得ては改正され、江戸幕府が滅亡するまで200年以上にわたり刊行を続けるロングセラーの実用書となった。ただし『武鑑』の編纂・発行元は幕府ではない。許可を得た複数の板元が営利を目的として制作し、武士から庶民に至るまで幅広い層に販売していたのである。

携帯に便利なダイジェスト仕様の『略武鑑』も多種類刊行されたが、本書ではフル情報を詰め込んだ1781（安永10）年刊『新改 安永武鑑』と、1791（寛政3）年刊『新板改正 寛政武鑑』を紹介したい。どちらも須原屋茂兵衛版の縦本《たてぼん》4分冊で、巻之一・二（御大名衆）、巻之三（御役人衆）、巻之四（西御丸衆）から成る。巻之一は御三家からはじまり、石高順に大名家が続く。

大名家の基本項目は、姓、本国、系図、当主の名、職名、家紋、槍印《やりじるし》、纏《まとい》、屋敷、江戸城内での席次、参勤交代、大名行列情報、内室、嫡子、家督、菩提寺、家臣、石高など40以上を数える。巻之三・四は、幕府役人について詳細にまとめている。

各『武鑑』は、新版刊行時の最新情報をウリとしていた。屋敷や家紋などは変わらないにしても、代替わりや役職などの人事は流動性が高い。板元は、細心の注意を払いながら更新を図った。江戸後期には、厚みが10cm以上にもなる『武鑑』も刊行されたが、新版を刊行すると安定収入が見込めることから、『武鑑』の板株《いたかぶ》を持つ板元にとってはありがたい主力商品のひとつだった。

『武鑑』には個性豊かな家紋や行列道具等の図が入っているので、漫然と頁をめくって眺める楽しさもあった。実用書として購入する武士のみならず、大名行列見学用のガイドブックとして、郷里への手土産として買う人もいたのである。

また、刊行当時の武家情報がタイムカプセルのように収められた『武鑑』は、史料価値も高い。作家の森鷗外、司馬遼太郎、池波正太郎、松本清張らは江戸時代の小説を執筆する際に『武鑑』を座右に置き、活用していたことが知られている。

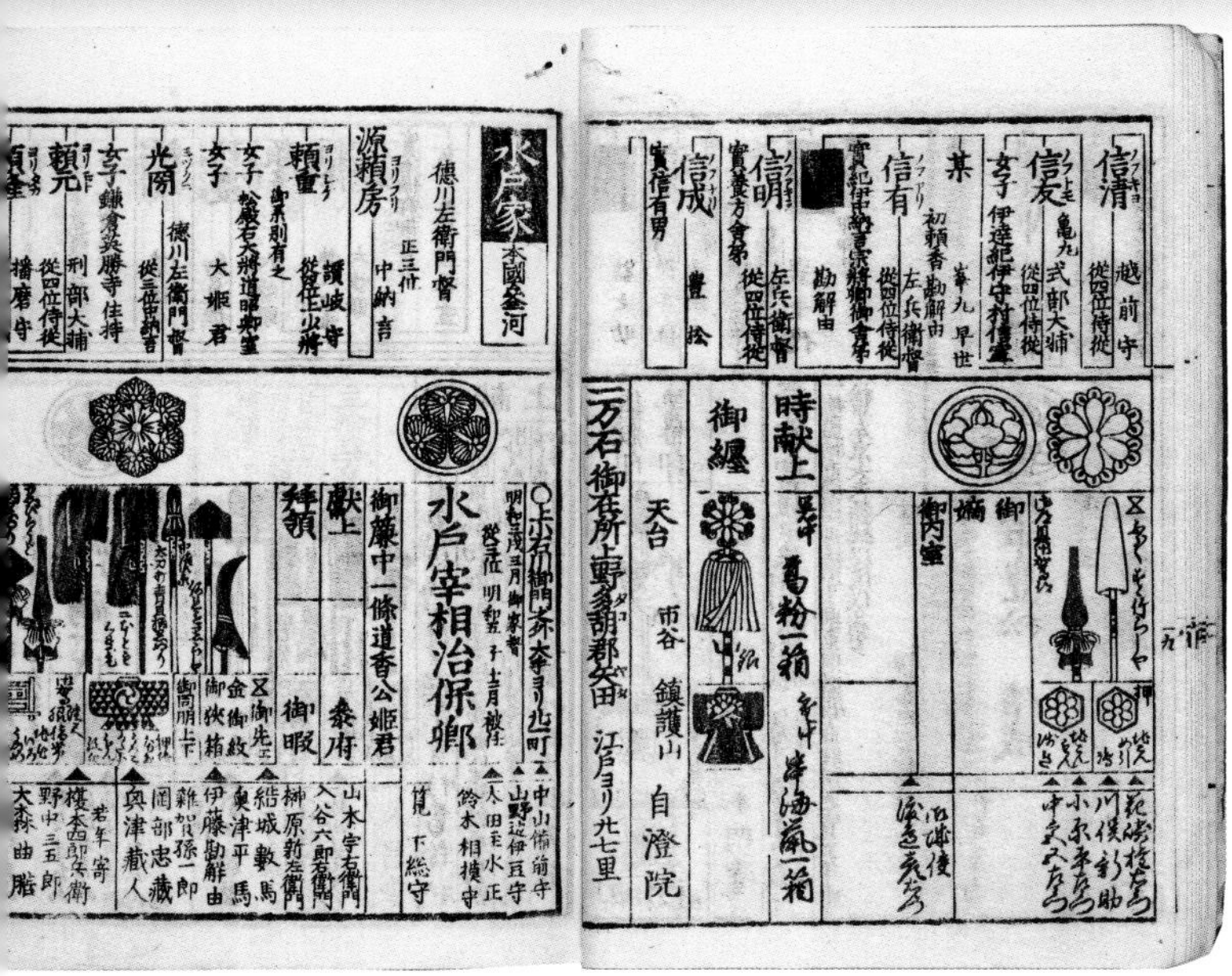

1

『新改 安永武鑑』巻之二の表紙。

1～3は『新改 安永武鑑』より。1は巻之一の御三家の頁より。右頁が紀州家の最終頁。左頁が水戸家の最初の頁。2は同巻より細川家の最初の見開き頁。3は巻之三より、御持弓頭、御持筒頭、御鉄砲方の頁。

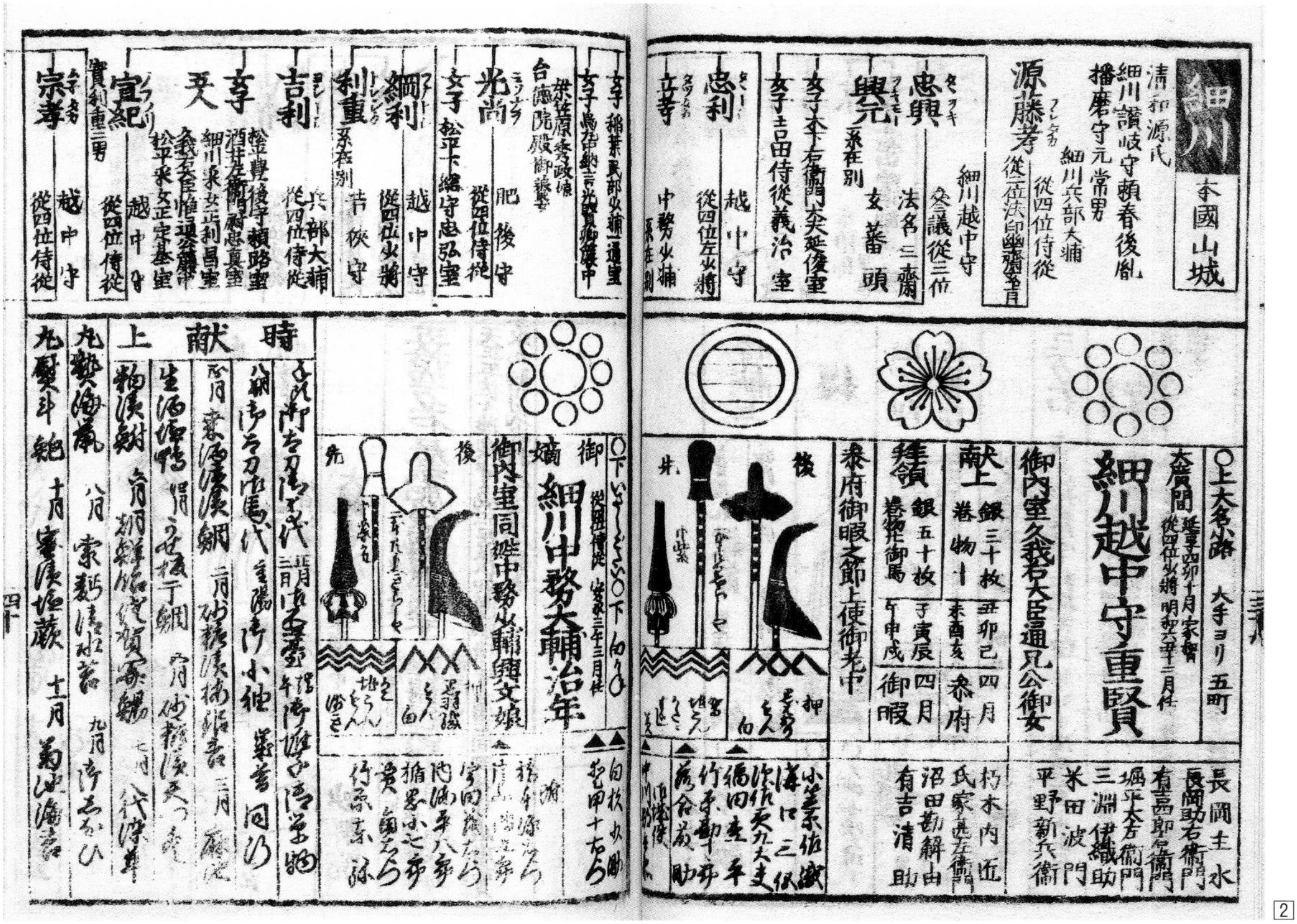
細川 本國山城
清和源氏
細川讃岐守頼春後胤
播磨守元常男
細川兵部大輔
従四位侍従
源藤孝《フヂタカ》
忠興《タヾヲキ》
細川越中守
参議従三位
法名三斎
興元
系在別
玄蕃頭
女子 本多右衛門
女子 吉田侍従義治室
忠利《タヾトシ》
越中守
従四位左少将
立孝
中務少輔
系在別
光尚《ミツナホ》
肥後守
従四位侍従
綱利《ツナトシ》
越中守
従四位少将
利重
系在別
宣紀《ノブノリ》
越中守
従四位侍従
宗孝
越中守
従四位侍従
上大名路 大手ヨリ五町
大廣間
細川越中守重賢
御内室久我右大臣通兄公御女
献上
銀三十枚
巻物十
銀五十枚
巻物并御馬
参府
御暇
参府御暇之節上使御老中
御嫡
細川中務大輔治年
御内室同姓中務少輔興文娘
時献上
長岡主水
長岡助右衛門
米田波門
平野新兵衛
朽木内匠
氏家甚左衛門
沼田勘解由
有吉清助
2

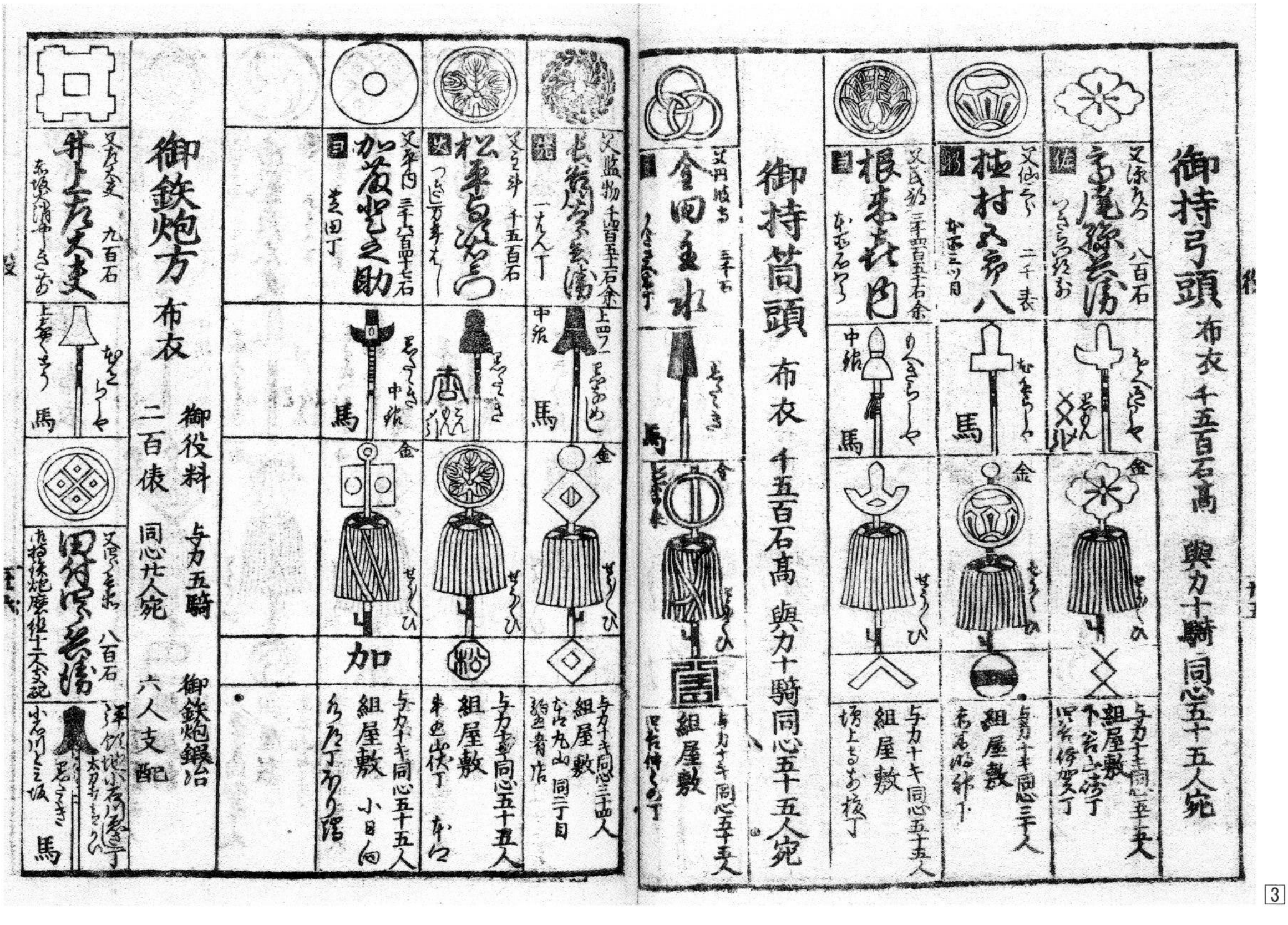
御持弓頭 布衣 千五百石高 與力十騎 同心五十五人宛
組屋敷
御持筒頭 布衣 千五百石高 與力十騎同心五十五人宛
組屋敷
御鉄炮方 布衣
御役料
二百俵
与力五騎
同心廿人宛
御鉄炮鍛冶
六人支配
馬
加
3

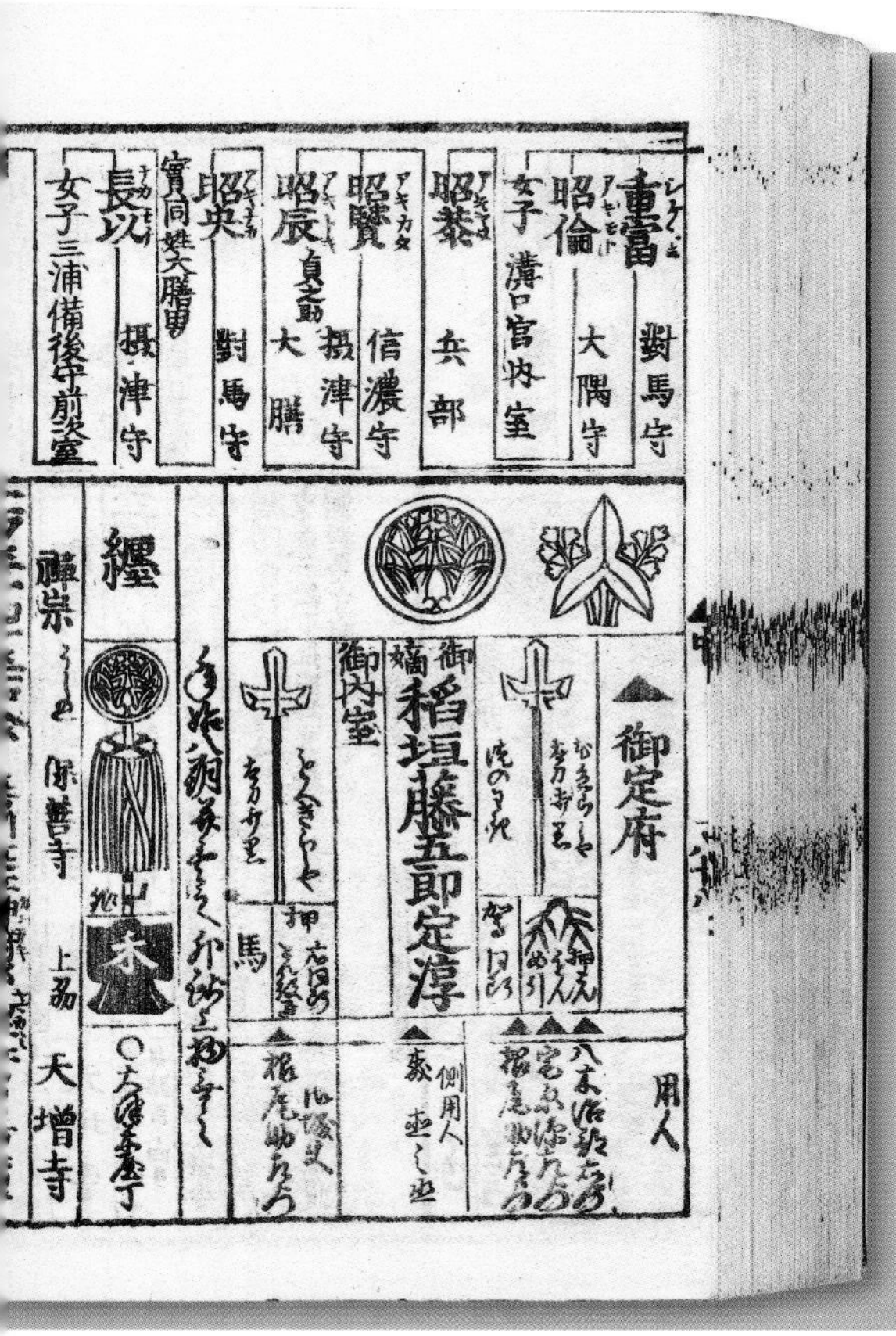

『新改 安永武鑑』

1781（安永10）年刊

老中 田沼意次の頁

意次の父・意行《もとゆき》は紀伊徳川家の足軽だったが、徳川吉宗が紀伊から江戸に移る際に随従して幕臣となった。江戸生まれの意次は、9代将軍家重の時代から異例の出世をはじめ、1758（宝暦8）年に1万石の大名となる。その後も加増され、1772（安永元）年に老中に上りつめた。その9年後に刊行されたこの『武鑑』を開くと、当時の田沼家の詳細な情報がつかめる。嫡男の意知は、この3年後に城内で斬られて死去した。翌年、石高は5万7000石に加増されたが、その翌年に10代将軍家治が50歳で死去すると、意次は失脚し、老中の座を追われた。

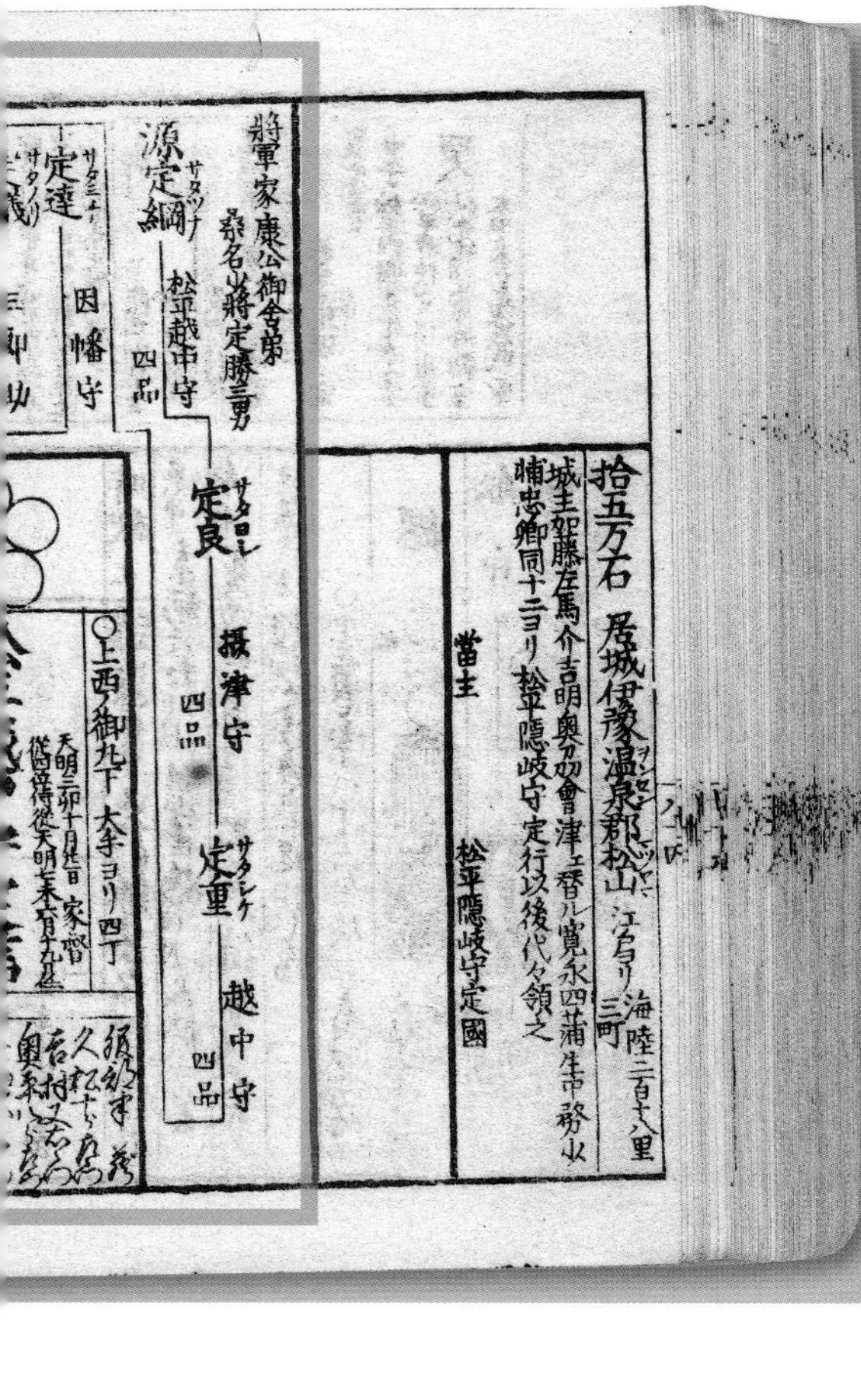

『新板改正 寛政武鑑』

1791（寛政3）年刊

老中 松平定信の頁

当時15歳だった家斉が11代将軍になると、田沼意次を罷免。松平定信が老中首座についた。定信は、8代将軍徳川吉宗の孫にあたる。吉宗が行った「享保の改革」を手本として、定信は1787（天明7）年から1793（寛政5）年まで「寛政の改革」を断行した。この『武鑑』は、その大改革の真っ只中に刊行された。石高「拾一万石」の下に、「居城奥州白川郡…」とある。定信は陸奥白河藩主で、「天明の大飢饉」の際に飢餓対策を行い、藩政の建て直しに尽力した。その実績が買われて老中職に繋がったのである。寛政5年に老中を辞したあとは藩政に力を注ぎ、著作活動にも励んだ。

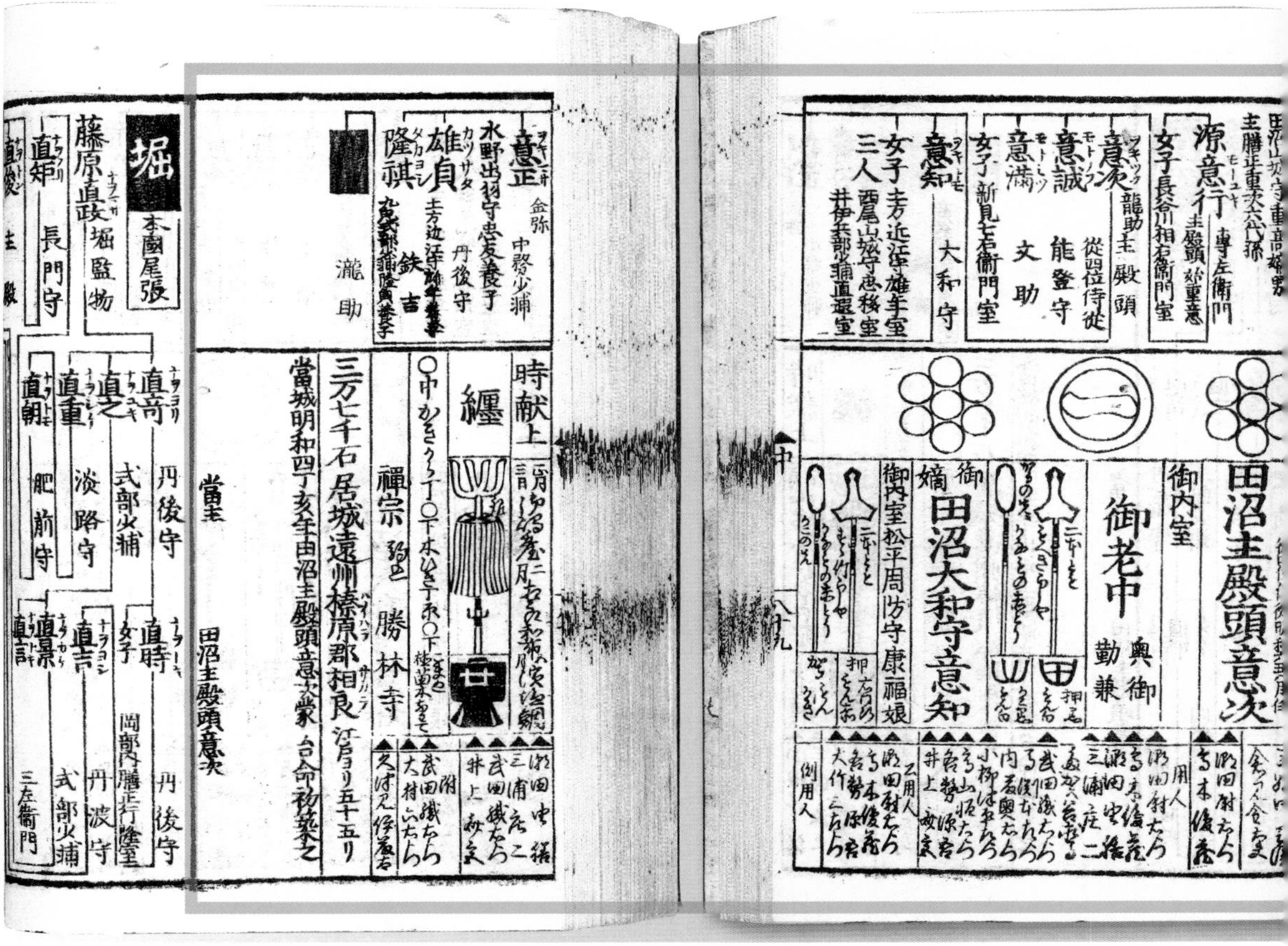

田沼主殿頭意次
御老中
奥御 勤兼
御内室
嫡 田沼大和守意知
御内室 松平周防守康福娘
源意行 専左衛門
女子 長谷川 右衛門室
意次 龍助 主殿頭 従四位侍従
意誠 能登守
意満 文助
女子 新見七右衛門室
意知 大和守
女子 三人
時献上
纒
禅宗 勝林寺
三万七千石 居城遠州榛原郡相良 江戸より五十五リ
當城明和四丁亥年田沼主殿頭意次蒙 台命初築之
當主 田沼主殿頭意次
意正 金弥 中務少輔 水野出羽守忠友養子
雄貞 丹後守
隆祺 鉄吉
瀧助
堀 本國尾張
藤原直政 堀監物
直寄 丹後守
直之 式部少輔
直重 淡路守
直朝 肥前守
直時 丹後守
直吉 丹波守
直昌 長門守

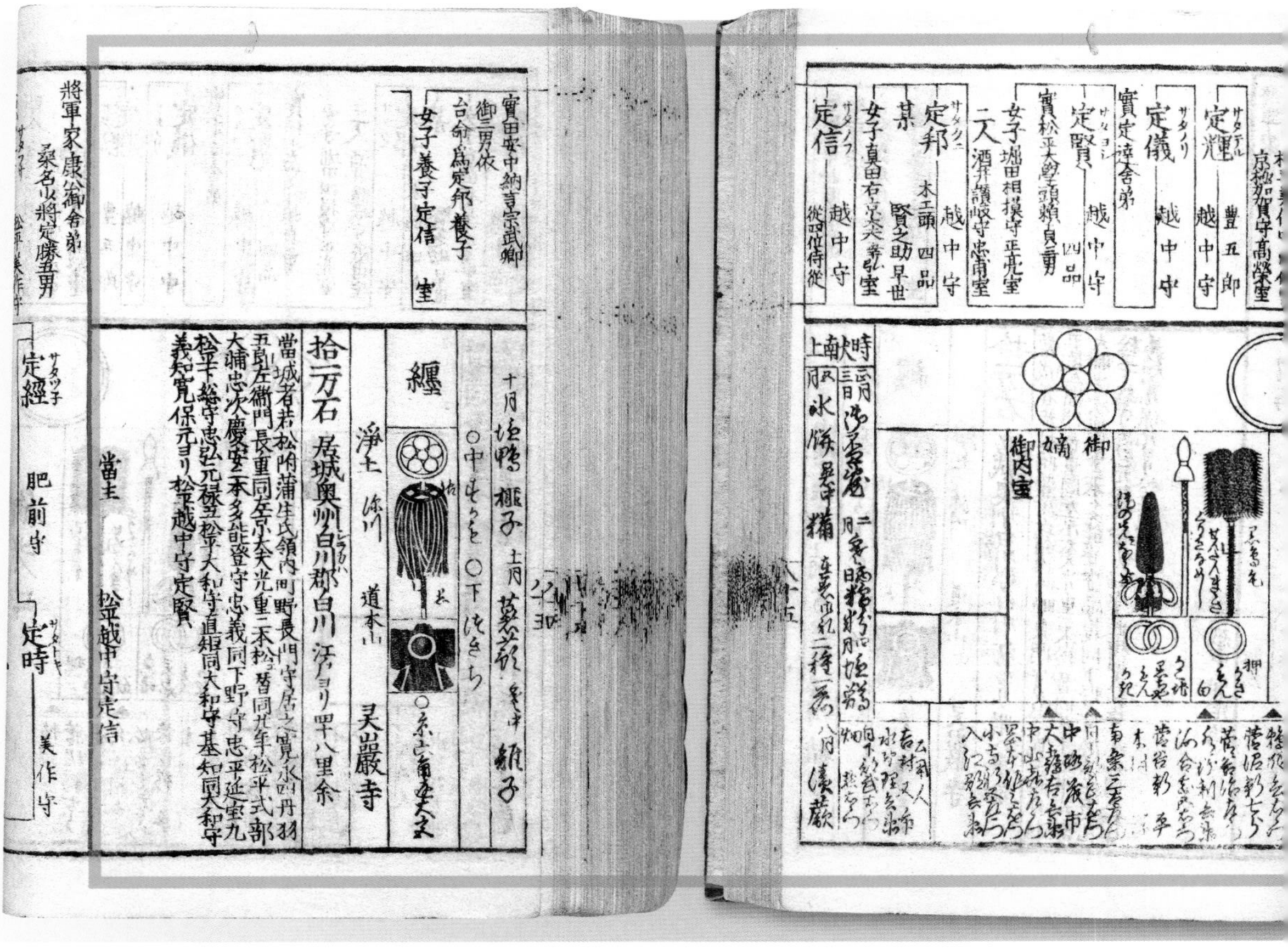

時献上
御内室
嫡
定綱 越中守
定儀 越中守
定賢 越中守 四品
定邦 越中守
定信 越中守 従四位侍従
實田安中納言宗武卿 御三男依 台命為定邦養子
女子 養子定信室
十月
纒
浄土
道本山
昊巌寺
拾万石 居城奥州白川郡白川 江戸より四十八里余
當主 松平越中守定賢
将軍家康公御舎弟
定經 肥前守
定時 美作守

酒飲みの醜態などを岡田玉山が絵本化

『絵本不尽泉《ゑほんつきぬいづみ》』

落語には、上戸《じょうご》（酒好き）と下戸《げこ》（酒が飲めない人）がよく登場する。酒の消費量は江戸時代も多く、笑える失敗談は山ほどあった。本作はさまざまな上戸を集めて、各上戸が陥りそうな有様や醜態を見開きごとに絵で見せ、「酒飲みあるある噺」的戯文を添えている。『絵本不尽泉』の題は言い得て妙で、洒脱なセンスが感じられる。

本作は大本《おおほん》（現在のB5判くらい）で、2冊から成る。1797（寛政9）年に大坂の板元から刊行された。臨場感あふれる絵は、大坂の絵師・岡田玉山が描いている。著者名の記述はない。

玉山は法橋《ほっきょう》に叙せられ、全84冊の読本《よみほん》大作『絵本太閤記』（1797～1802年刊）において劇画タッチの挿絵を900点近く描き、大ヒットを飛ばした絵師として知られる。人物の本性までを露呈させる表情やしぐさ、今にも動き出しそうな軽妙な絵は、江戸の山東京伝や葛飾北斎、歌川国芳にも影響をあたえた。

3の上之巻の目録には、「務《つとめ》（勤《つとめ》）上戸」「呑《のみ》殺《ころし》上戸」「居浸《ゐびたれ》上戸」「理屈《りくつ》上戸」「管巻《くだまき》上戸」「笑《わらひ》上戸」「泣《なき》上戸」「呼出《よびだし》上戸」「大氣《たいき》上戸」「犬《けん》悦《えつ》上戸」とある。

4の下之巻の目録には、「為強《つよがり》上戸」「慇懃《ゐんぎん》上戸」「雲介《くもすけ》上戸」「憤怒《おこり》上戸」「□晴《ざつぱつ》上戸」「睡眠《ねむり》上戸」「多言《たごん》上戸」「自惚《うぬぼれ》上戸」「淫乱《ゐんらん》上戸」と続けて「宿酒《ふつかゑひ》」（宿酒《しゆくしゆ》）で締めくくっている。

滑稽さが強調された絵と文からは、現代人にも通じる酒飲みの普遍的な実態が生々しくあぶり出されて読者の共感を誘う。本作は実用書ではないが「人のふり見て我がふり直せ」の諺を想起させる教訓が込められている。酒飲みが引き起こす悲喜交々《こもごも》のドラマも「不尽泉」といえようか。

1

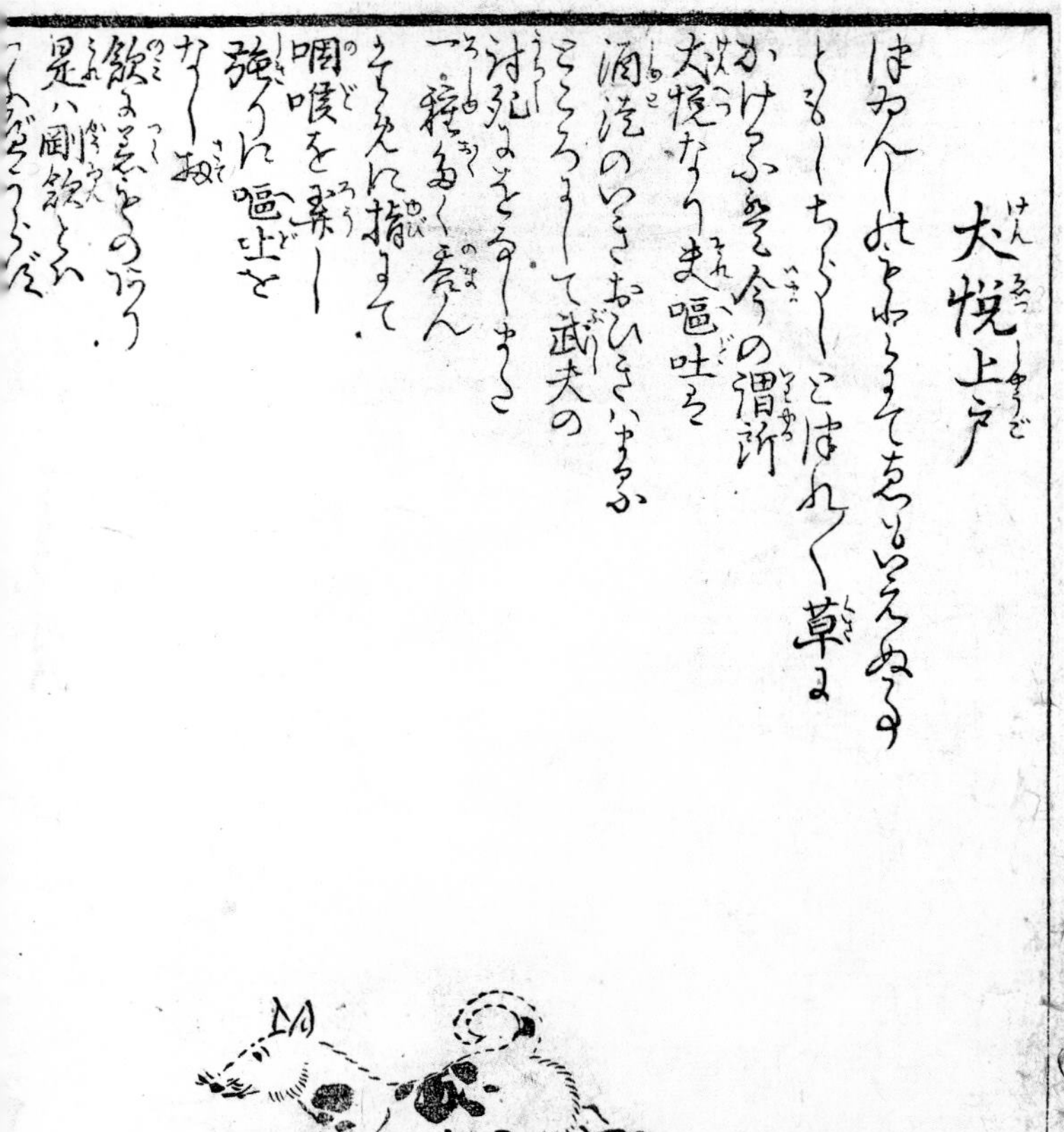

1「犬悦《けんえつ》」とは酔っ払いが嘔吐することで、犬が吐瀉物を喜んで食べたことに由来する。「嘔吐《へど》は、酒徒《しゅと》のいきおひ、きはまるところにして、武夫《ぶし》の討死《うちじに》をなし」などと文にある。玉山は鑑賞用の絵画では描けないリアルを絵にした。2は「怒《おこ》り上戸《じゃうご》」。文には「酔《よう》たにかこつけ、さもなき事《こと》を仰山《ぎやうさん》に罵《ののし》り、手廻《てまハ》りにある皿鉢《さらはち》を取《とり》てなげ、落《らく》葉《は》みぢんにくだく事《こと》なり」などとある。

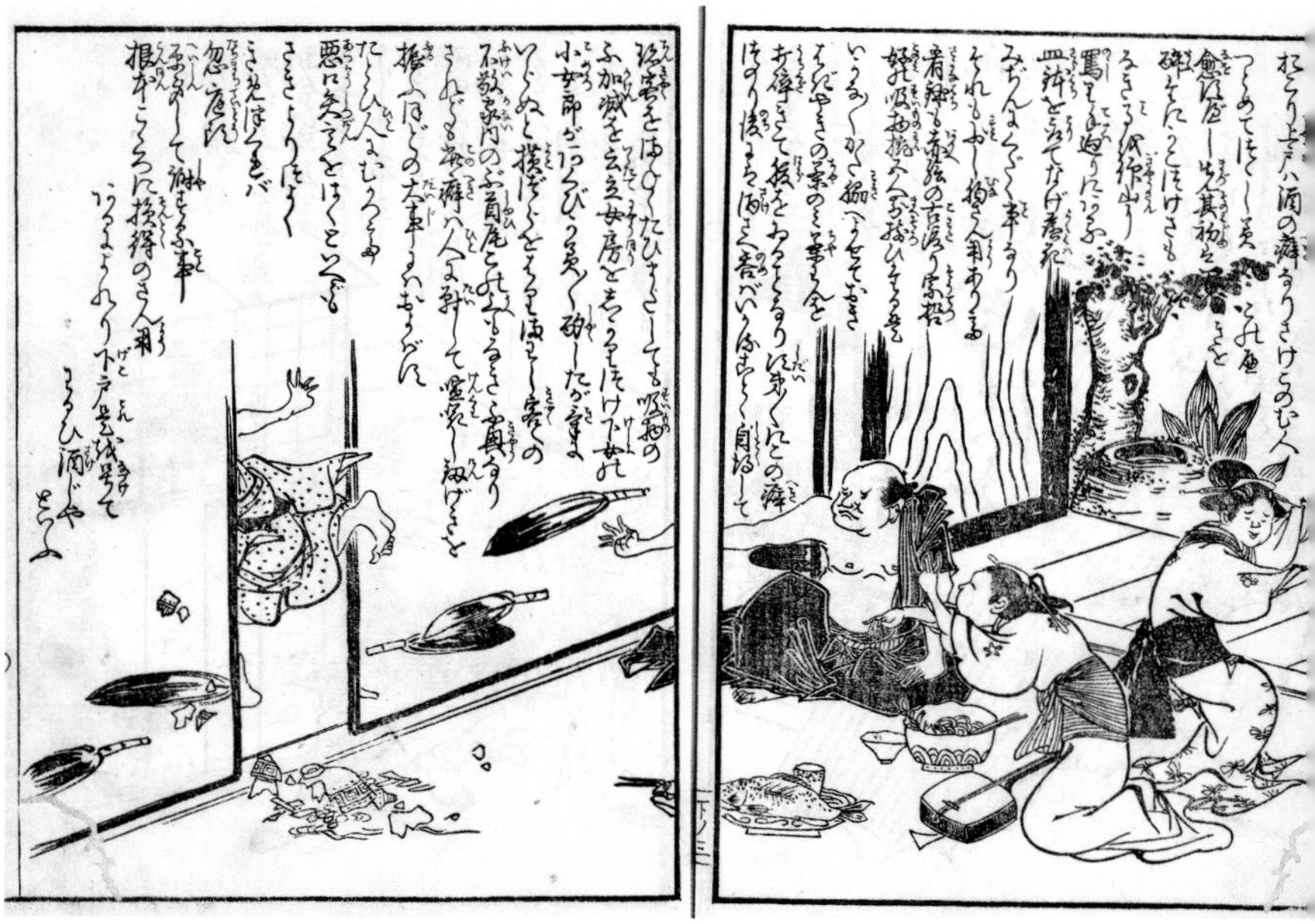

2

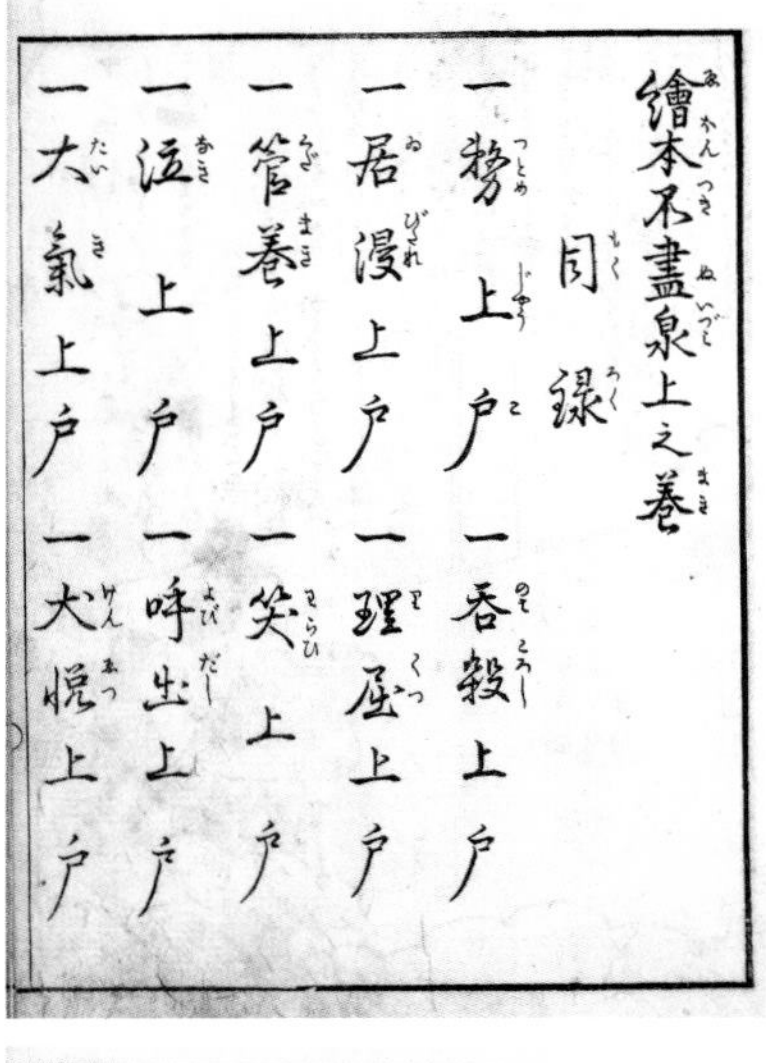

繪本不盡泉上之巻

目録

一 勢上戸
一 居浸上戸
一 管巻上戸
一 泣上戸
一 大氣上戸
一 呑殺上戸
一 理屈上戸
一 笑上戸
一 呼出上戸
一 犬悦上戸

3

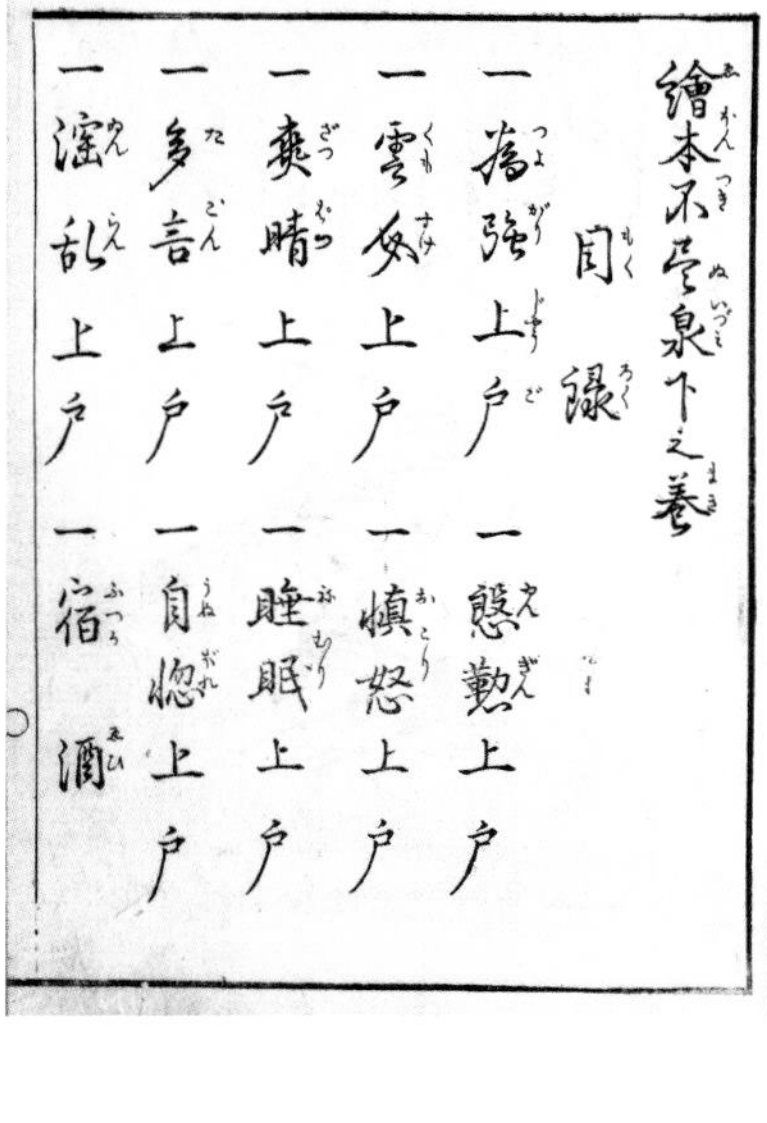

繪本不盡泉下之巻

目録

一 強情上戸
一 雲隠上戸
一 爽晴上戸
一 多言上戸
一 淫乱上戸
一 慇懃上戸
一 憤怒上戸
一 睡眠上戸
一 自惚上戸
一 宿酒

4

1

2

1は「勤《つとめ》上戸」。文には「常《つね》におのれより高《たか》き人にまじわり、酒席《しゆせき》につくなり。興《きやう》によりては大呑《おおのみ》をもすれど、悪口《あつかう》、失礼《しつれい》、不《ふ》行儀《きやうき》などの尾籠《びろう》なる振舞《ふるまひ》なく、元来《もとより》飲食《ゐんしよく》の欲《よく》をはなれて呑《のむ》さけなれば厚味《かうみ》のものといへども、猥《みだり》にとり喰《くら》ふことなく、呑心《のみこころ》よきとても、しひて酒をむさぼらず、気をはりつめて呑むゆへに、終《つい》に形《かたち》をみだし、酔《よひ》つぶるるといふことなし」などとある。厚味とは、ごちそうのこと。高級店なのか、テーブル席での会食を描いた絵は珍しい。2は「淫乱《ゐんらん》上戸」。男が料亭でもてなしを受けて酔い潰れ、同席の下戸たちに引きずられて家に戻ったはいいが、酔いにまかせて若い下女に手を出してしまう。家内は寝入っている。3は「大氣《たいき》上戸」。貧しい男が衣類調度を質に入れて金子《きんす》にかえたが、青楼《ちやや》で呑み乱酔。気が大きくなり歌妓《げいこ》や幇間《たいこ》に金子をばらまいてしまう。これが大氣上戸で、翌朝になり千《せん》悔《かい》したが後の祭りであった。4は「宿酒《しゆくしゆ》」。二日酔のときは朝風呂に入り、昼前に湯やっこで熱酒《あつかん》を少し呑むとよい、などと文にある。

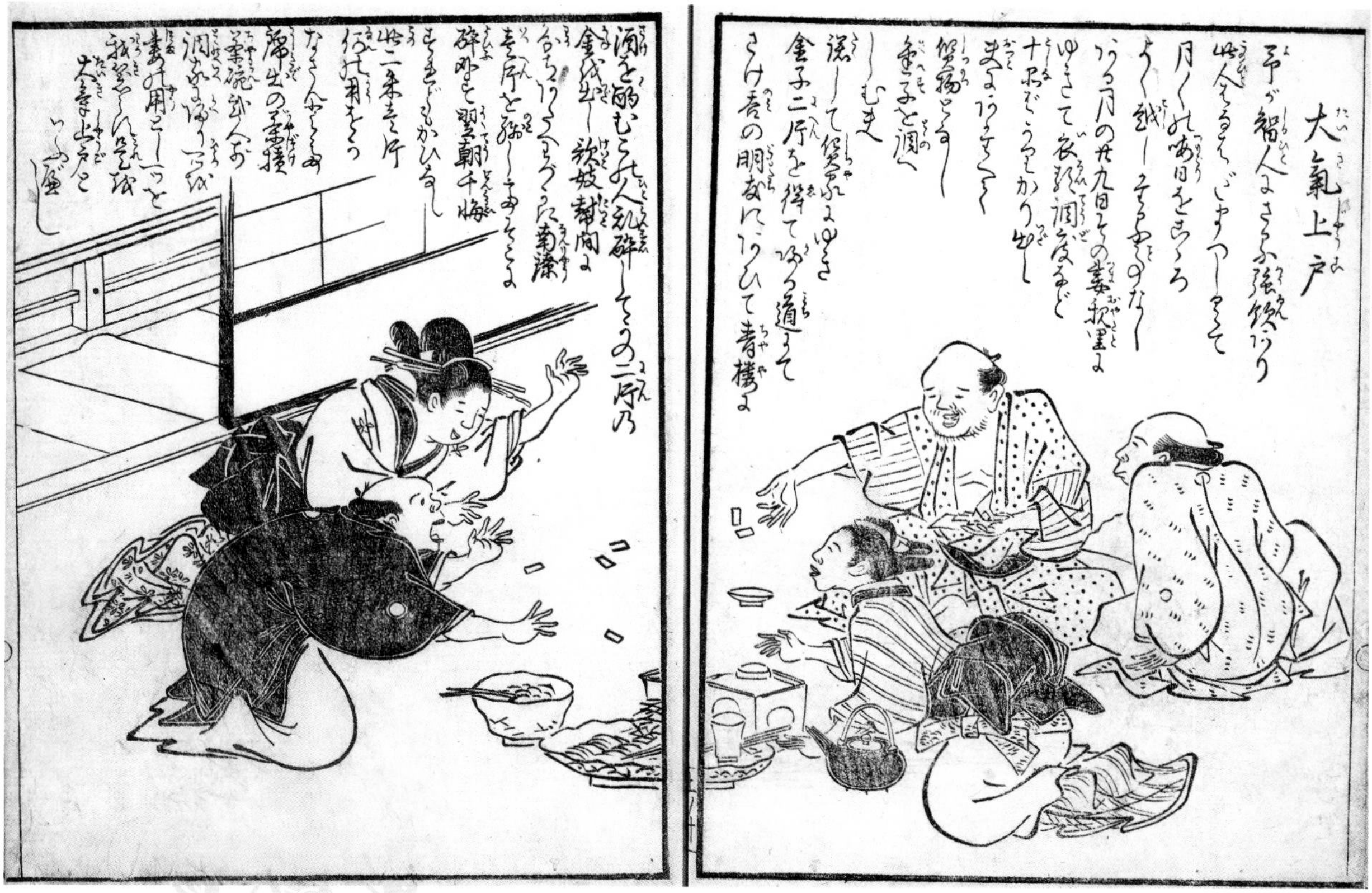

3

4

『東都歳事記《とうとさいじき》』

見開き2頁に広がる写実的な名所絵を多数載せた『都名所図会《ずえ》』（著・秋里籬島《りとう》、画・竹原春朝斎）が1780（安永9）年に京都で刊行されると、名所図会ブームに火がついた。以後、地方色豊かな『〇〇名所図会』が次々制作されていった。

『江戸名所図会』の編纂で名乗りを上げたのは神田雉子町《きじまち》（現在は千代田区司町二丁目）在住の町《まち》名主《なぬし》・斎藤幸雄（7代目）だった。幕府の出版許可は1798年に下りたが、その翌年、幸雄は63歳で没した。遺志は婿養子の幸孝（8代目）が引き継ぎ、絵師の長谷川雪旦《せったん》とコンビを組み、江戸の郊外まで取材範囲を広げた。しかし1818年に47歳で急死。編纂は15歳の息子・幸成（9代目）が引き継いだ。

親子三代にわたり制作された『江戸名所図会』は、1834（天保5）年に10冊、その2年後に10冊刊行され、ようやく完成を見た。約650点の名所絵は、すべて雪旦が描いた。

その9代目の幸成（月岑《げっしん》）が、本作の著者である。国学、漢学、画を修めた幸成は、多忙な町名主業務の合間に文化人としても活躍。生涯江戸研究に取り組み、1878（明治11）年に75歳で没するまで、『武江《ぶこう》年表』等多くの著作物を残した。

本作は、江戸と周辺の年中行事を網羅的に案内した風俗書である。大本《おおほん》の『江戸名所図会』より小さい半紙本サイズの5冊から成り、1838（天保9）年に刊行された。幸成は、寺社の祭事や武家、一般庶民の年中行事、さらには芝居、吉原などの年中行事も加え、正月元旦から大晦日まで月日順に並べて、挿絵つきで詳細に解説した。

挿絵は『江戸名所図会』で名を上げた雪旦に依頼。雪旦の息子・雪堤《せってい》も補画として参加した。各行事内容は年を経て変わることもあるが、本作は天保期前半頃の情報をベースとしている。

幸成は、1803（享和3）年に刊行された『増補江戸年中行事』（中本《ちゅうほん》・1冊）など、過去の関連文献も丹念に調べ上げ、参考にしている。

釈迦誕生の日を祝う４月８日の灌仏会。本文に「花の堂を儲け、銅像の釈迦仏を安じ、参詣の諸人に柄杓をもって香水を仏頂に澆《そそ》ぎ奉る」などとある。

隔年9月15日に行われた神田明神祭礼。氏子のリーダー格であった町名主の幸成は、準備段階から重要な役割を担っていた。山車《だし》の数は山王祭に次ぐ36番まであり、巡行の大行列は氏子の地から江戸城内に入り将軍も上覧した。本文には、番組や巡行ルートが詳しく記されている。

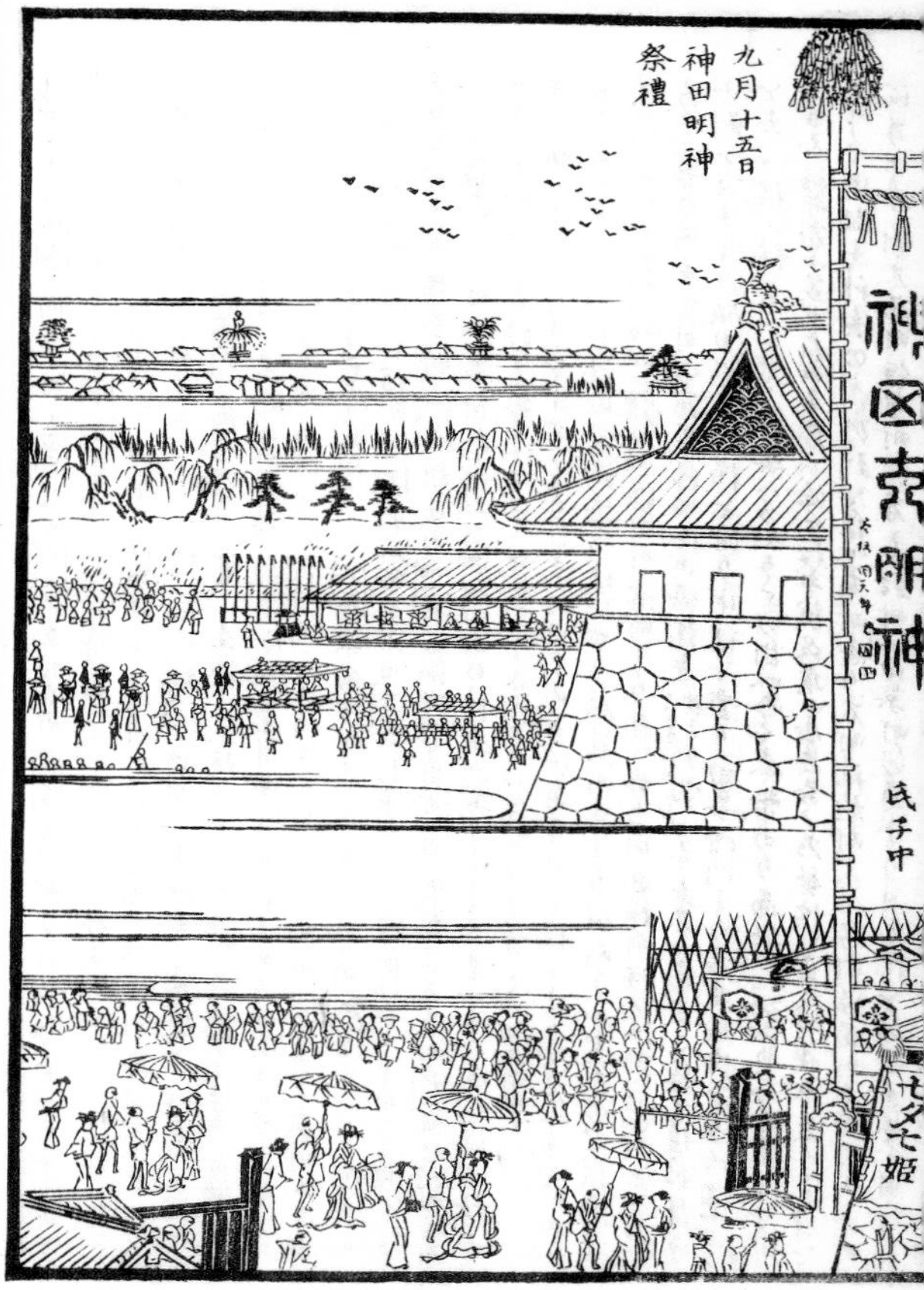
九月十五日
神田明神祭禮
神田明神
氏子中

神田社
嵐雪

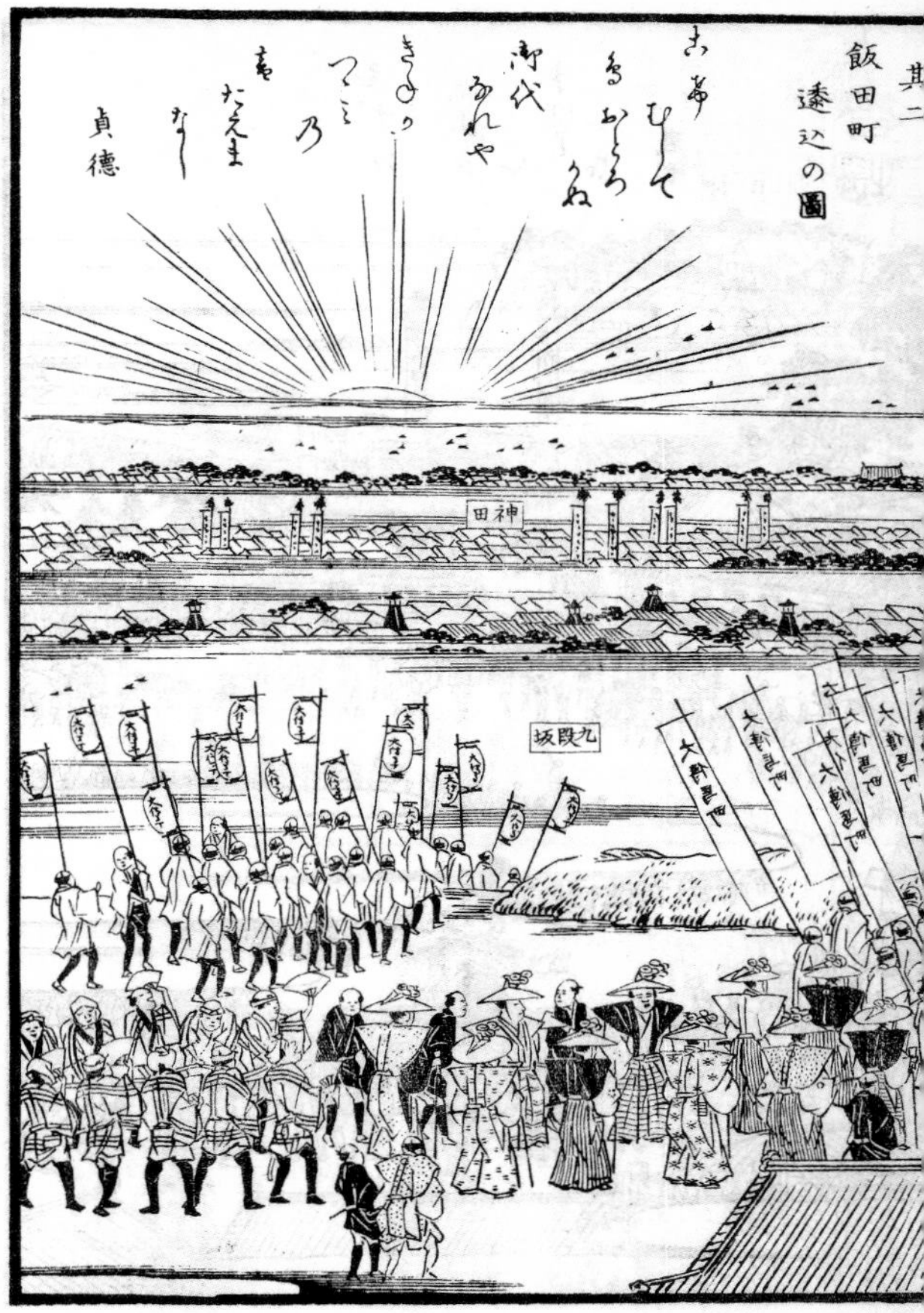
其二
飯田町
神田
九段坂
貞德

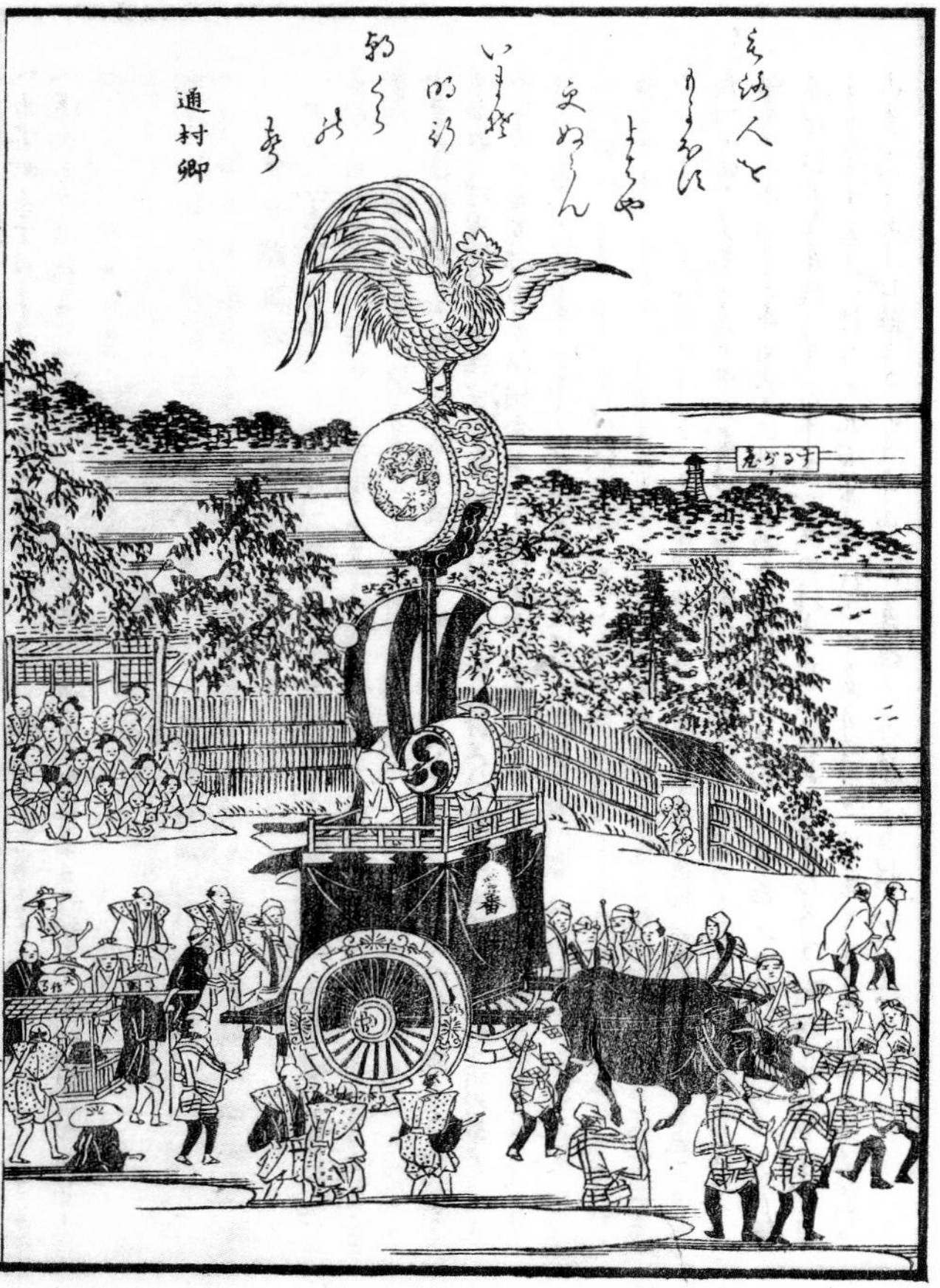
通村卿

盛夏路上の圖

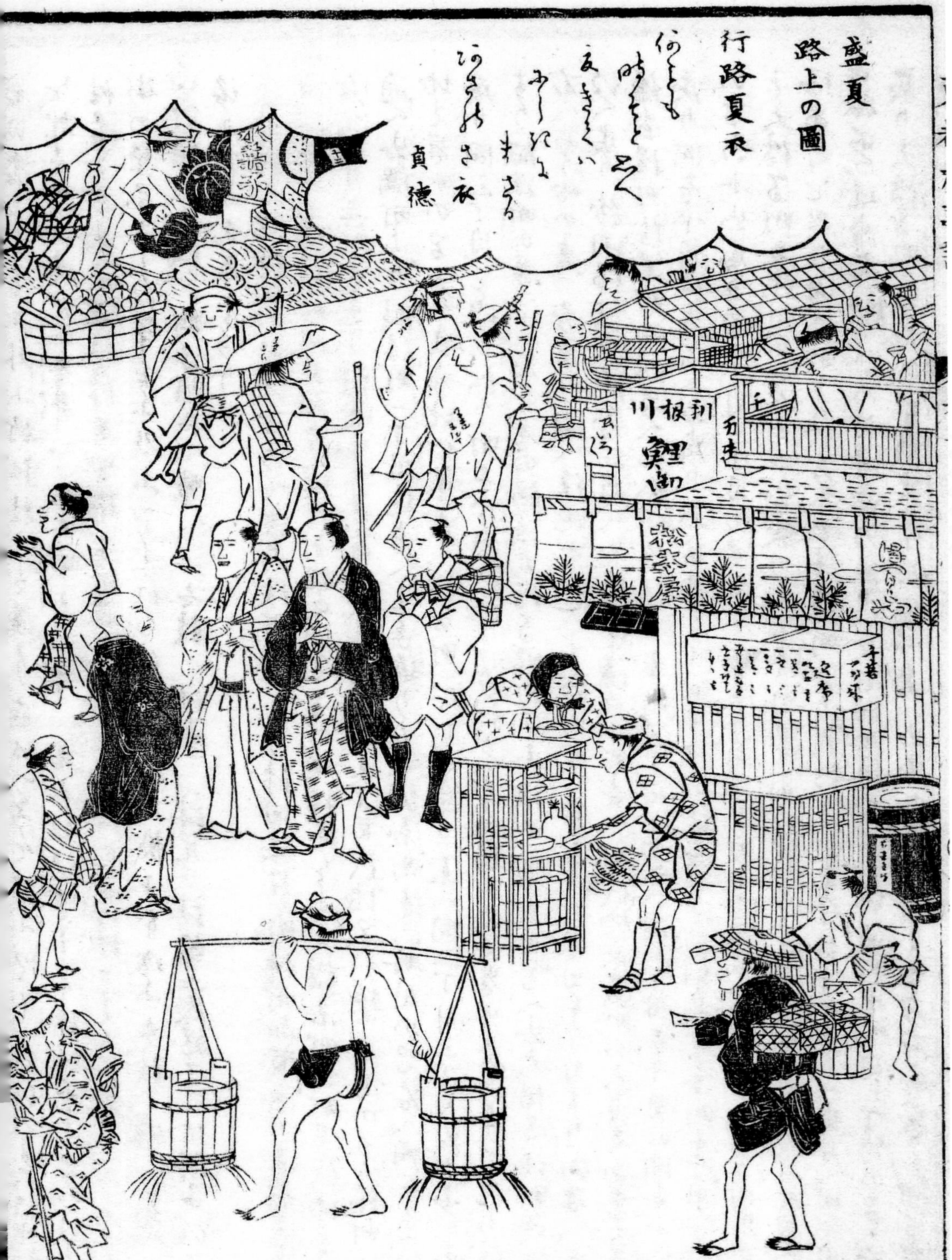

衣」と、涼しげな麻の夏服を詠んだ。特定の年中行事を描いた絵ではないが、西瓜や瓜などを売る水菓子屋、心太《ところてん》売り、水売り、打ち水、扇子や団扇であおぎながら歩く人など、盛夏ならではのさまざまな風俗が発見できて思わず絵の世界に引き込まれてしまう。

６月の頁に入っている挿絵だが、旧暦なので盛夏を描写している。繁華な町を、夏らしい出で立ちをした人々が行き交っている。中には褌《ふんどし》一丁で撒き水に励んでいる人も。貞門派の始祖で知られる松永貞徳は、「何ことも時そと思へ夏きてハにしきにまさるあさのさ

勧進
相撲

角觝人号五丁力
毎逢人必誇其贏
場人云若子言毎
場似取全勝子雖
强有力偶無誤輸
乎曰若我輸場有
贏者誇人豈待吾
言乎

勧進相撲

11月の紹介頁に掲載された勧進相撲の様子。この地は、本所の寺院・回向院（現在は墨田区両国）である。左に両国橋が見える。回向院境内における勧進相撲は1768（明和5）年からはじまり、1833

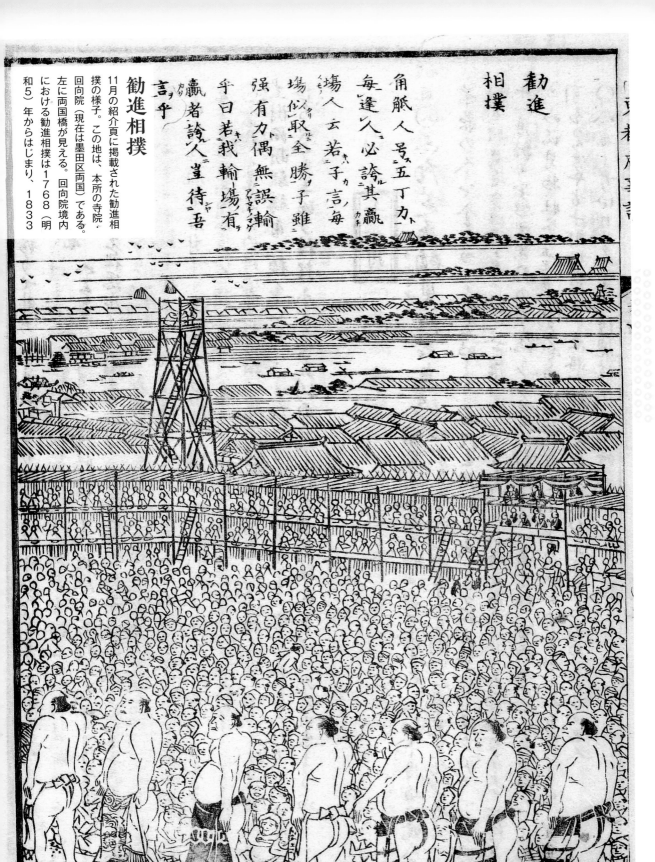

（天保4）年からは、春（旧暦の3月）と冬（旧暦の11月）に興行されるようになった。土俵のまわりをぎっしり埋め尽くした観戦者は料金を払った男ばかりで、当時の相撲人気の凄まじさを伝えてくれる。「花角力《はなずもう》と名付けて稽古のため臨時に興行するときには、婦女子にも見物せしむ」「晴天十日興行」「夏は京、秋は大坂にて興行す」などと本文にある。

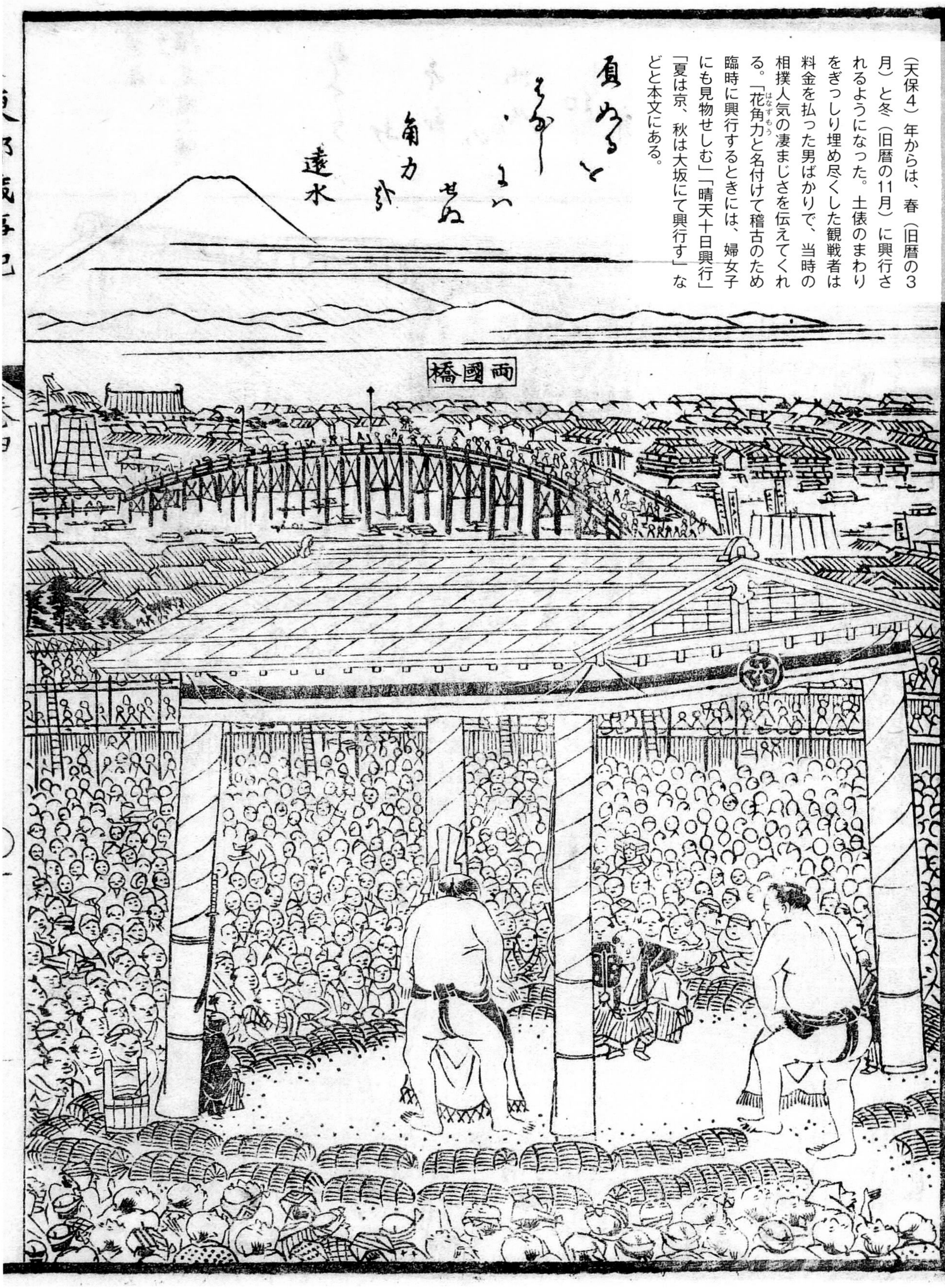

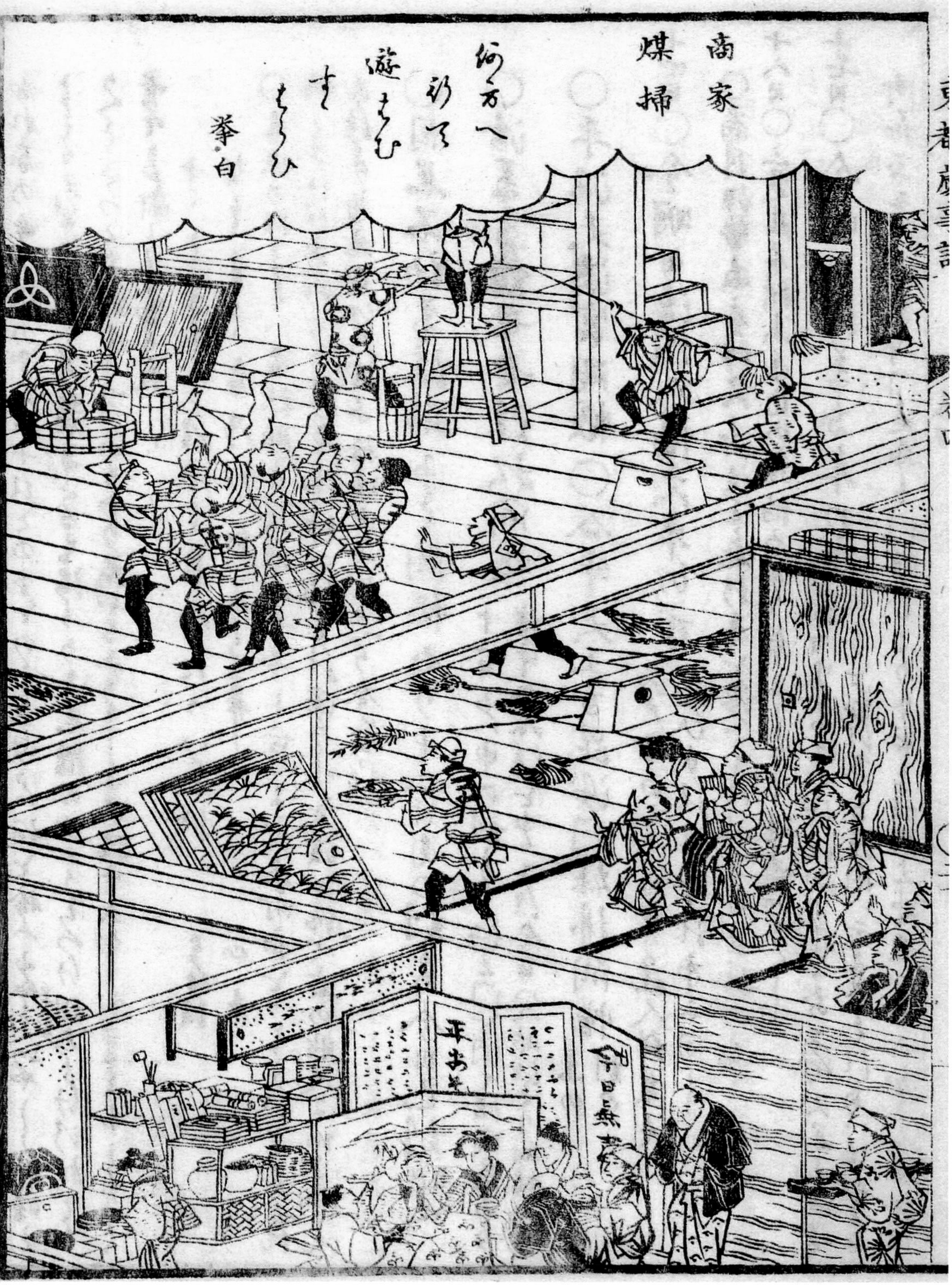

商家煤掃

景気付けなのか憂さ晴らしなのか、当時この日の風習となっていた胴上げをしている。主人や嫌がる下女まで引きずり込んで高く舞い上げ、わいわい楽しんでいたようだ。その右では、お調子者が掃除道具を肩にかけ、歌舞伎役者気取りで見得を切っている。絵の真ん中あたりでは蕎麦をすする男がいる。この一角では、すでに火鉢を囲い宴会がはじまっている。右下の部屋でも、人が集まり談笑している。周囲には、大福帳や貴重品がまとめて置かれている。この日は鯨汁がよく振る舞われた。

年末恒例の大掃除は、「煤《すす》払い」「煤掃き」などと呼ばれていた。江戸城では1640（寛永17）年から12月13日に行うようになり、藩邸や商家でも、この日に大掃除をするようになった。この絵の羽振りのいい商家は、使用人を一同に集め、家をきれいにして飲食なども楽しむ盛大なイベントにしている。左下では、男が先端に枝葉をつけた煤竹を持ち、手の届かない場所の煤や埃を払い落としている。左上では畳が集められている。右上では拭き掃除に精を出す人がいる。かと思えば、その下で

養蚕の労苦を作業順に図説した多色摺画集。美人画としても鑑賞できる

『画本宝能縷《えほんたからのいとすじ》』

1

養蚕は、江戸時代の中期から幕府や大名の奨励により各地で盛んになった。蚕はチョウ目カイコガ科の昆虫で、桑の葉を食べて成長する。

1786（天明6）年に刊行された本作は、栽培した桑を蚕にあたえ、繭になったら釜で煮て、糸を繰り取り、織機《しょつき》で織り上げるまでを、順に12頁（12点）の絵にして解説している。

序には、養蚕が中国から日本に伝わったとあり、都の住人は農家の千辛万苦《せんしんばんく》を知らないで絹織物を着ている、などと記している。本作は今のA4判に近い特大サイズの解説付き多色摺画集で、養蚕の労苦を伝えながら、1頁（半丁）でも美人画として鑑賞できる錦絵になっている。

さまざまな仕事に従事した当時の女性は、職種により環境が違い、異なる立ち居振る舞いをもたらす。商業出版として男性の姿を排し、美人を意図的に配置して「仕事中の女性」を描く錦絵は、このほかにも多数描かれ、美人画の1ジャンルを形成した。

描いた絵師は、北尾重政と勝川春章。ともに巨匠クラスだが、画風の統一がみられるので、通して鑑賞しても違和感はさほど感じられない。絵師名が入っているので比較も楽しめる。錦絵の登場は1765（明和2）年頃からで、鈴木春信らが色数を増やして浮世絵の新時代に入った。重政や春章もその流れに乗り、色鮮やかな傑作を生み出していった。ここに登場する美人は、春信が描いて人気を博した美人スタイルの影響をまだ残している。

重政は、美人画のほか黄表紙の挿絵でも筆を振るった。北尾派の祖で、門人に北尾政演《まさのぶ》（山東京伝）や北尾政美《まさよし》（鍬形蕙斎《くわがたけいさい》）がいる。春章は、役者絵の絵師としても名を上げ、晩年は多くの肉筆美人画を描いた。門人も、春好、春英、春朗（葛飾北斎）など多数輩出している。

2

3
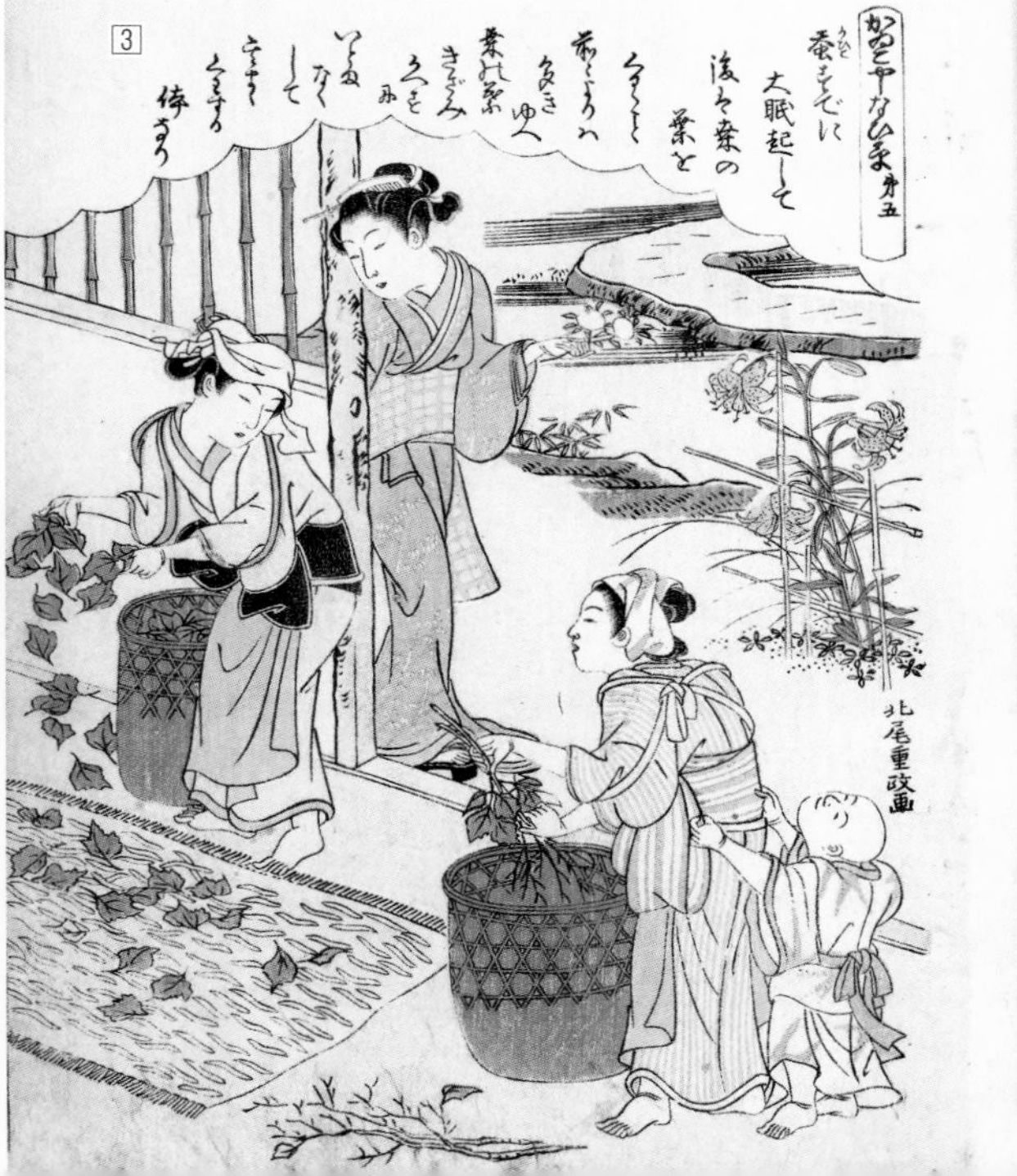

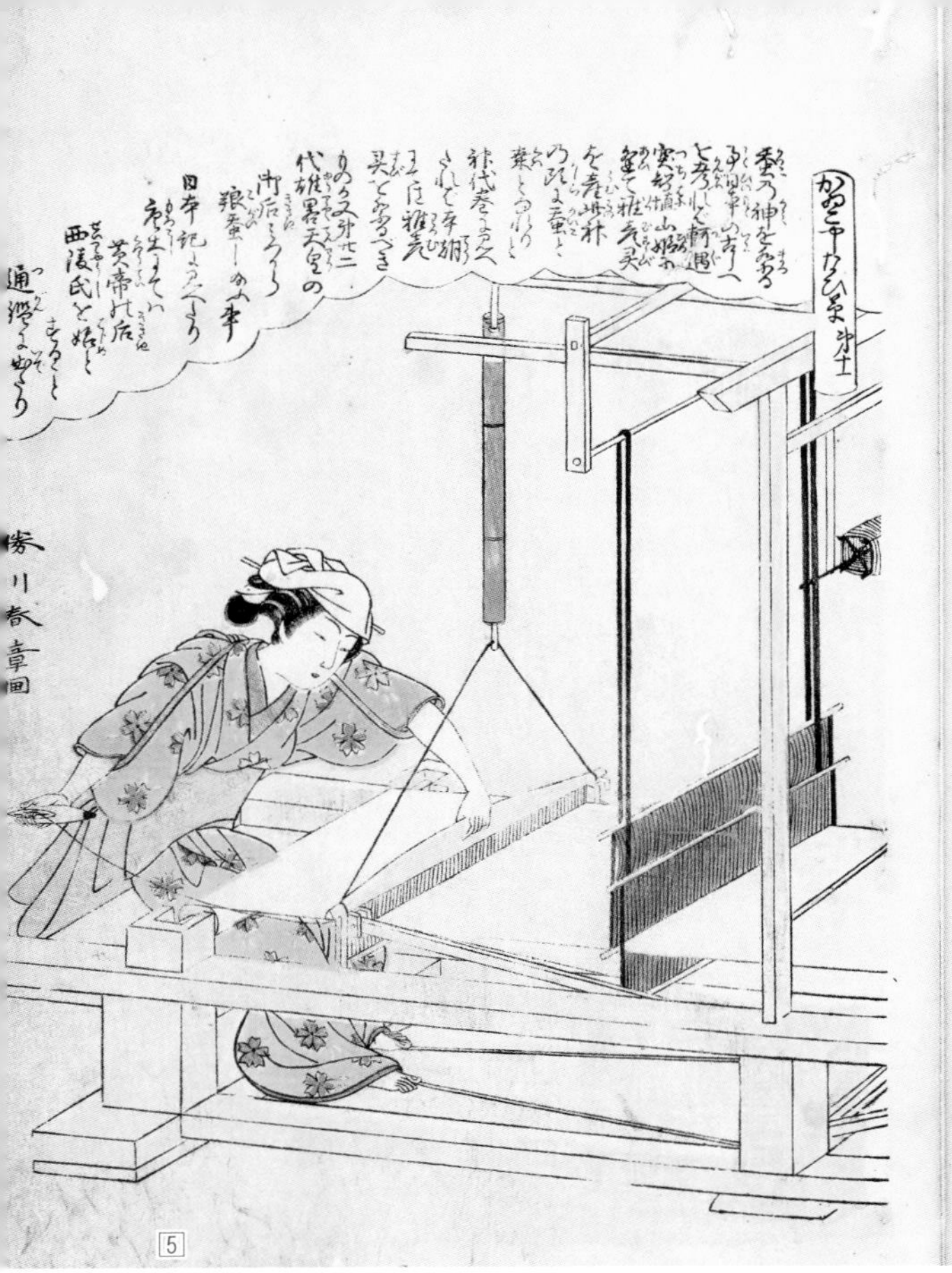

5

4

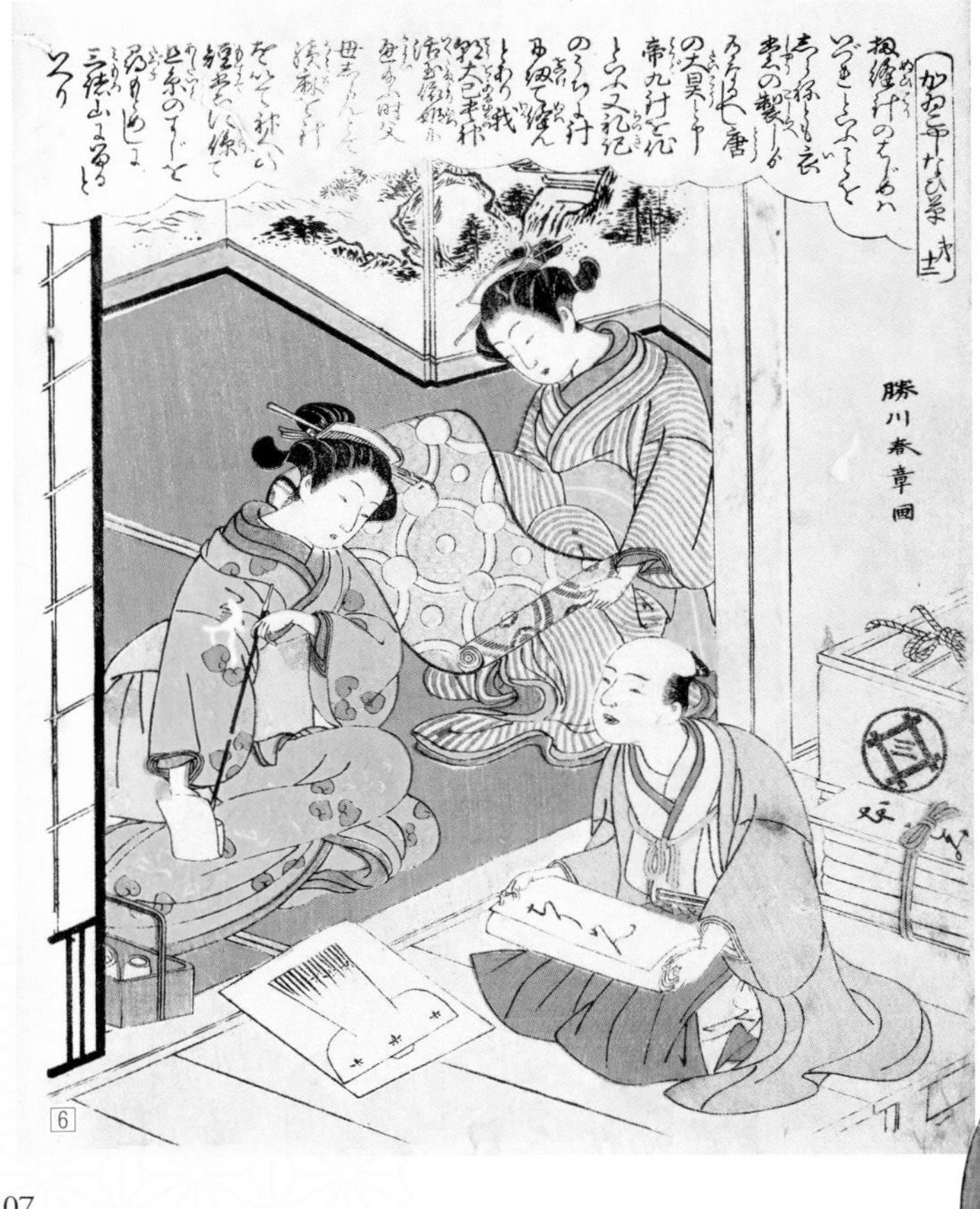

6

1農家の女性が、蚕蛾《さんが》に産卵させた蚕種紙《さんしゅがみ》を左手に持ち、孵化《ふか》したばかりの蚕を折敷に落としている。2蚕は脱皮のため、桑の葉を食べないときが4回あるという。この絵は、4回目の「大ねぶり」のとき。3「大ねぶり」のあと、蚕は桑の葉を盛んに食べる。絵の女性たちは、桑の葉を次々あたえている。4繭になったら釜で煮て、さなぎを取り出し、袋状の真綿にして干して乾かす。糸にしたら5のように織機で織る。6商品になった絹織物。反物を包む包装紙には「ちりめん」と書かれている。床には、小袖雛形が置かれている。

名産物の採取や商品化の現場を図説

『日本《にほん》山《さん》海《かい》名《めい》物《ぶつ》図会《ずえ》』

松前昆布
海中の石について育った昆布を、船から長柄の鎌で切って採り、人家の屋根に干している。

本作は5巻5冊から成り、初版は大坂で刊行された。著者は平瀬徹齋《てつさい》（70頁より紹介した『放下《ほうか》筌《せん》』の著者）で、絵師の長谷川光信が挿絵を担当した。2人とも大坂の人である。

本書98頁より紹介した『東都歳事記』の本文の冒頭で、「『都名所図会《ずえ》』が1780（安永9）年に京都で刊行されると、名所図会ブームに火がついた」と記した。書名に「図会」が入る本作の初版は、それより26年前の1754（宝暦4）年に刊行されている。本作は名所ではなく各地の名産物（名物）をメインテーマとしているが、絵を楽しみながら知識が得られる図会物のお手本となり、その後の名所図会ブームにも乗り、1840（天保11）年まで何度も増摺《ましずり》された。1799（寛政11）年には、本作の姉妹編をねらった『日本山海名産図会』（110頁より紹介）も出版された。

93点におよぶ挿絵は、名産物を採取する様子や商品化の現場が描かれていて、当時の地場産業の実態を垣間見ることができる。

第1巻に鉱山、第2巻に農産物と林業、第3・4巻に物産、第5巻に海産物を収録。大坂で制作されたので上方とその近辺の名産物が多いが、知識欲旺盛な徹齋はよく調べ上げ、松前昆布など遠方の名産物紹介にもチャレンジしている。すべて現地取材とはいえないが、捕鯨では「画工長谷川光信、海辺にて真《まこと》の鯨を見て、その形をうつせり」とあり、現地での写生や取材の成果を記している。

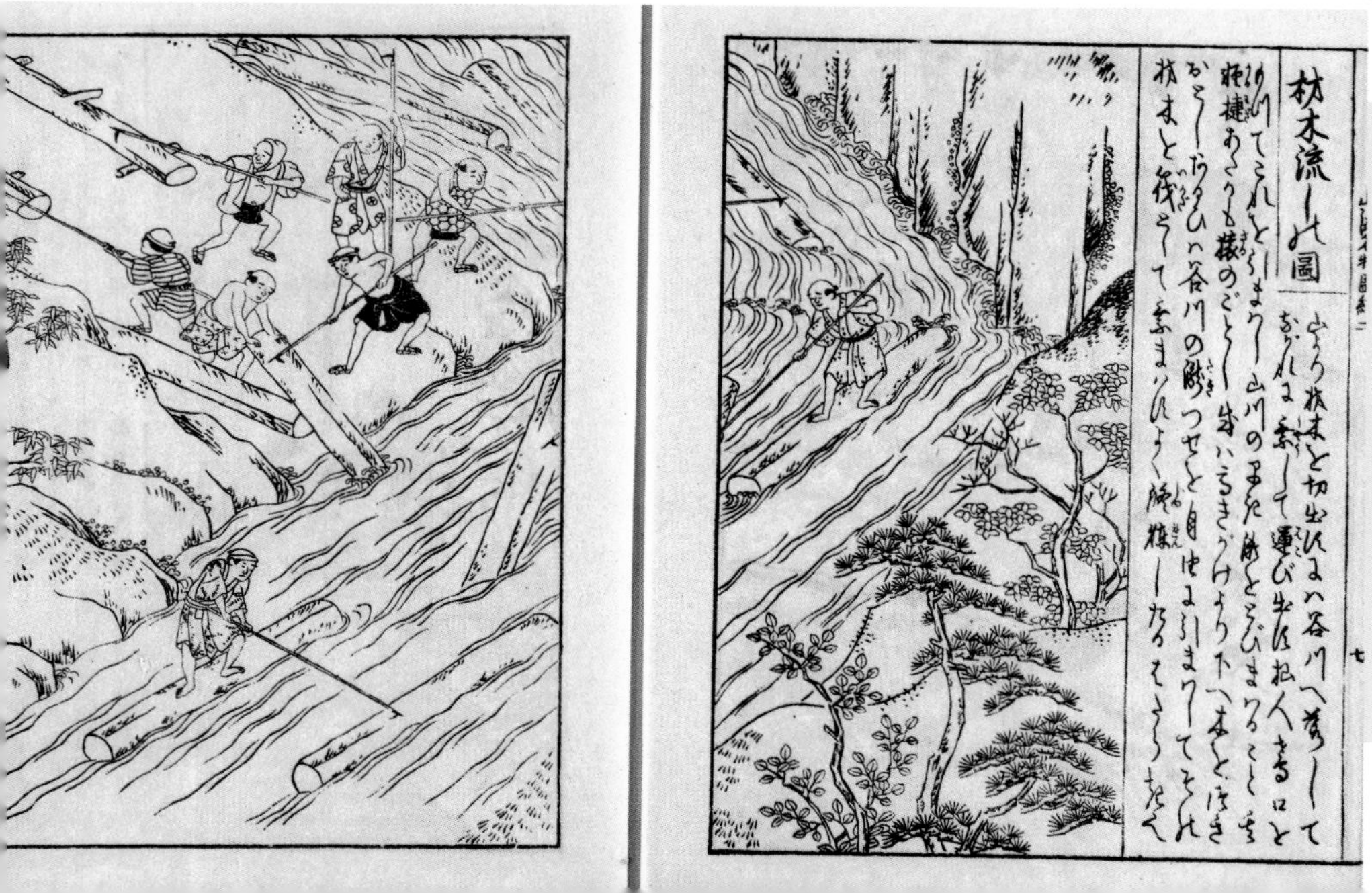

材木流しの図
山中で杣人《そまびと》が木を切ると、谷川に落として運び出す。絵は、鳶口《とびぐち》で材木をひっかけて引く杣人や、材木に乗って川を下る杣人を描いている。

仙台馬市《むまいち》

馬の売買市。「馬主、馬を引き来れば、買主これを見て、仲買に頼みてそのあたひを定むるなり」とある。右下では、ふたりの仲買が馬主をつかみ、値段をまけさせようとしている。

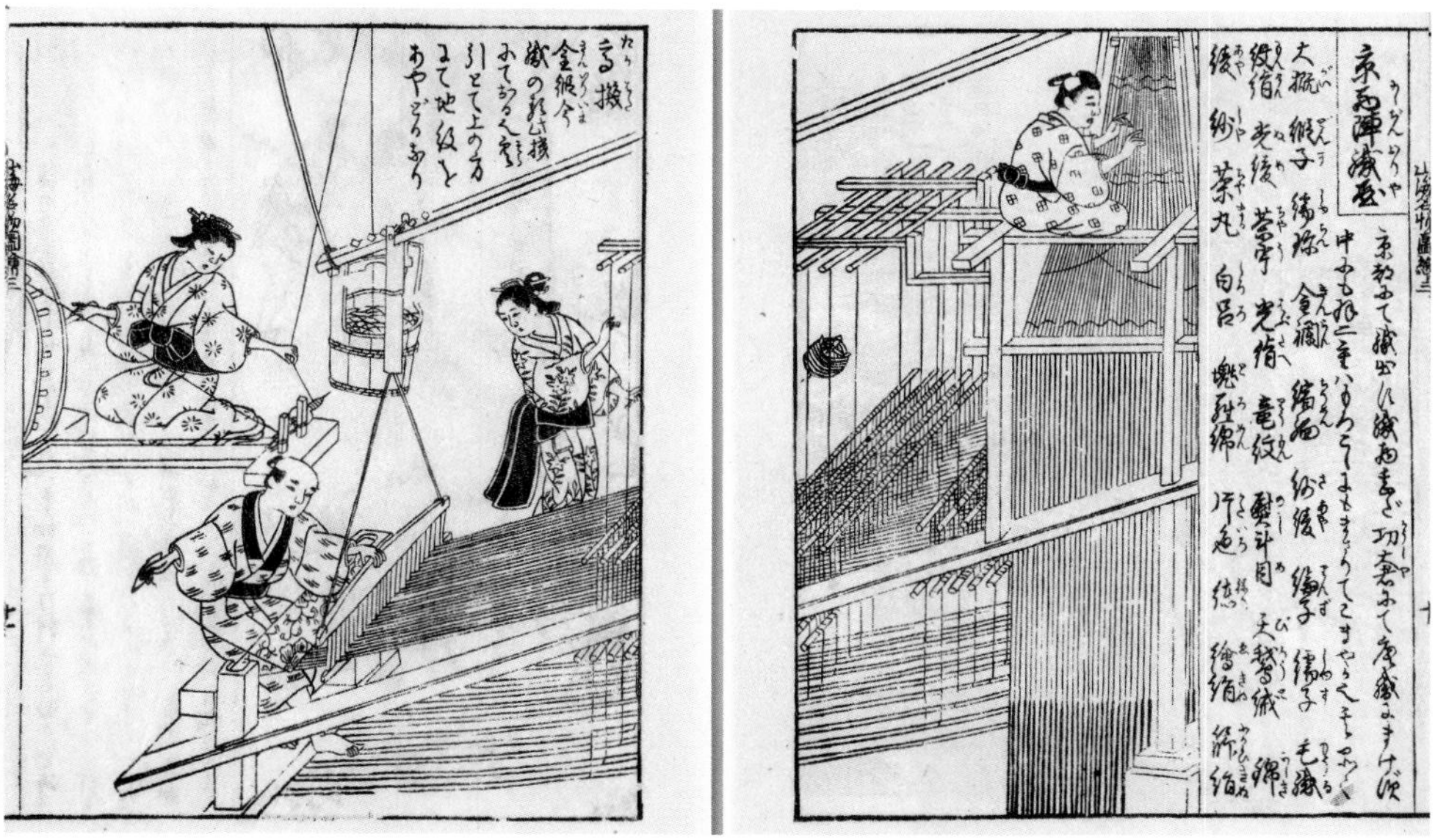

京西陣織屋《おりや》

「高機《たかばた》」という高機能の手織り機を描いている。右上には若い職人がいる。「空引《そらびき》とて、上の方にて地紋をあやどるなり」と画中で解説している。

鯨突舩《くじらつきふね》

「鯨とり」は現地取材をしたようで、5見開き（10頁）にわたり詳しく解説している。この絵は鯨に銛《もり》をつくところ。文中に「くぢらつき舟十六艘」などとある。

『日本山海名物図会』の姉妹編

『日本《に》本《ほん》山《さん》海《かい》名《めい》産《さん》図《ず》会《え》』

前頁で紹介した『日本山海名物図会』（1754年刊）はロングセラーとなり、43年後の1797年にも増摺《ましずり》された。本作は書名の「名物」を「名産」にかえて姉妹色を打ち出し、その2年後の1799（寛政11）年に初版が刊行された。

本作も大坂の板元から出版。5巻5冊から成る。精緻な挿絵は、すべて大坂の絵師・蔀関月《しとみかんげつ》が担当した。編著者は序文を書いた木村蒹葭《けんか》堂《どう》（孔恭《こうきょう》）と推測されている。蒹葭堂は大坂で酒造業を営み、博識多才な文人としても広く知られていた。

名産物の採取や商品化の現場を図説するコンセプトは『日本山海名物図会』と変わらない。しかし40年以上の時を経て新たに編纂された本作は、挿絵の描き方や情報の伝え方がレベルアップしている。山地の産物や水産物などのほか、5巻には

異国の産物も掲載。長崎に入港する唐船や阿蘭陀船の情報まで入れている。また、1780年からはじまった名所図会ブームの影響もみられる（関月は1797年に刊行された『伊勢参宮名所図会』でも優れた画力を発揮して全挿絵を描いた）。

最初に紹介するこの4見開きは、酒造のみを図説している第1巻から抜粋した挿絵頁である。関月は現場で働く職人たちの動きを生き生きと描写している。本文では蒹葭堂が本業の真髄にまで踏みこみ、伊丹酒造の工程を徹底解説している。

右は「伊丹酒造（其一）米あらひの図」。まず玄米を精米。それを水で洗い1日水に漬《ひた》す。次の行程は「其二 麹醸《かうじつくり》」。米を甑《こしき》で蒸して土室《むろ》（麹《こうじ》室《むろ》）に入れ、コウジカビを培養した「糵《もやし》」（種《たね》麹《こうじ》）をつける。「其三 酛《もと》おろし」では、育てた麹に水と蒸し米を加え、アルコールを生み出す酵母を増殖させる（「酛」となる）。職人たちは室温の高い二階へ運んでいる。「其四」は最終段階の醪《もろみ》仕込み。醪ができたら袋に入れ、圧力をかけて搾り、清酒と酒粕に分けるのである。

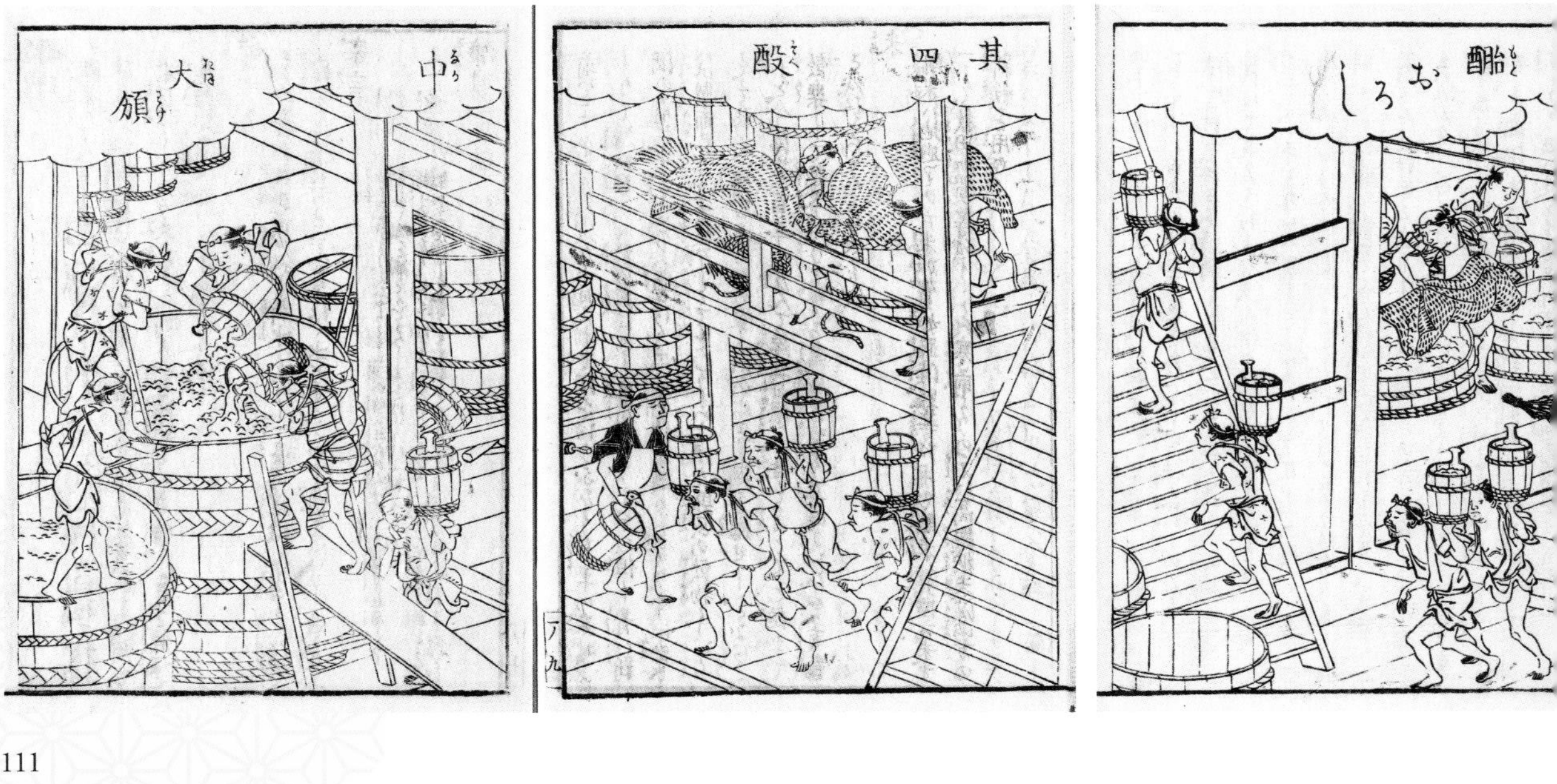

堕《お》弩《し》にて熊を捕る

槍や槍、斧、鉄砲などで仕留めたり、落とし穴を仕掛けたりする、さまざまな狩猟法を紹介している。この挿絵は、竹を組んだ筏《いかだ》に大石を乗せて浮かせたような仕掛け（堕《お》弩《し》）をつくり、下に餌を置き、熊をおびき出して一気に落とす「天井釣《てんじようつり》」という狩猟法を描いている。まさに緊張の一瞬といった場面で、仕掛け人が左の木の陰から息を殺して推移を見守っている。

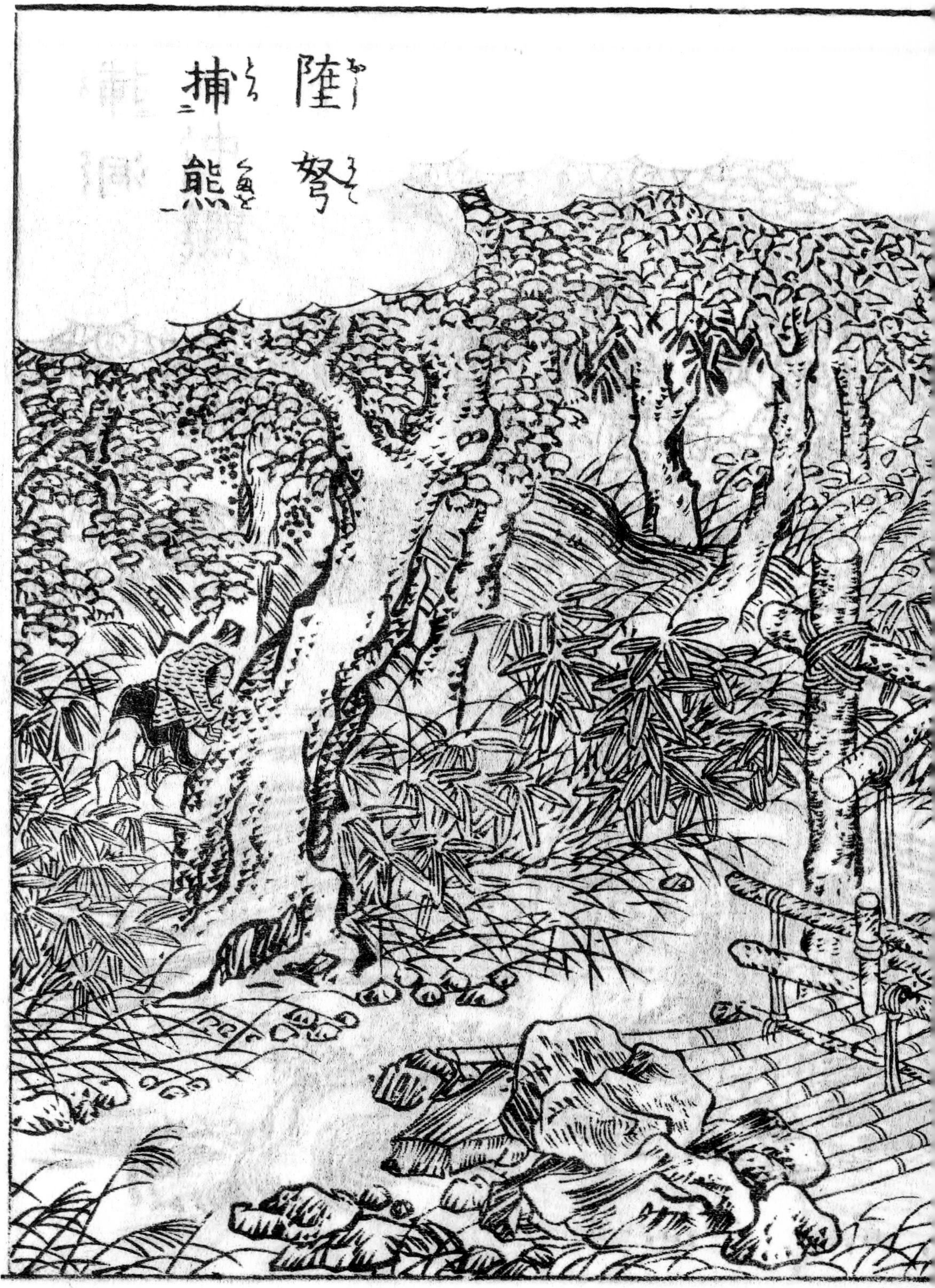

現在、野生の熊は、襲われると人命にかかわる恐ろしい動物というイメージがあるが、江戸時代は貴重な収入源のひとつとして、危険を承知で熊猟に挑む山の住民がいた。熊の胆汁が入ったままの胆嚢を干した「熊《くま》の胆《い》」（熊胆《ゆうたん》）は、苦みの強い胃腸薬として重宝がられ高値で売れた。毛皮も人気があり、肉も「薬喰《くすりくい》」と称して鍋料理に用いられた。本作では、洞《ほら》から出てきた熊を、竹

豫州《よしう》峯越《おこし》鳬《かも》

の鳥の捕獲は禁止されていなかったので、食用にする仕事として鴨猟が行われていたのである。本文には「羅《あみ》を扇の形に作り、その要《かなめ》の所に長き竹の柄を付けて、穴の上ちかく飛び来るをふせ捕る」などとある。暗い時間帯に穴に潜んで瞬時に行う猟なので、手練の早わざをもつ者以外はたやすく捕れなかったという。

豫州（予州）は伊予国で、現在の愛媛県にあたる。山では「坂網《さかあみ》」と呼ばれる網を用いた鴨猟が行われていた。現在は鳥類保護のため、許可された捕獲以外、かすみ網等を用いる野生の鳥の捕獲は密漁として禁止されている。防鳥ネットも、農作物などの鳥害対策としてのみ用いることができる。江戸時代は網による野生

も描かれていて、絵師・蔀関月のサービス精神が感じられる。読者が見たいと思う場面をわかりやすく細部まで描写してみせる関月の面目躍如たる挿絵となっている。海中の海女は縄を付けている。深いところに潜って捕るときは、浮かぶときに縄で合図を送る。その合図に船上の男が気づくと、すぐに引き上げてくれるのである。

伊勢の海に海女が潜って行う鮑《あわび》（鰒）獲りは、長い歴史があり、現在も続けられている。ここで獲れた鮑は、伊勢神宮にも献上されてきた。左の方では、獲れたばかりの鮑を船上の男に手渡している。最も成長したクロアワビは、長さが20㎝にも達する。海女が潜水できる時間は40～50秒くらいで、獲っては潜るを繰り返す。右下には、海中で鮑を捕っている海女

1 肥《ひ》前《ぜん》伊《い》萬《ま》利《り》陶《やき》器《もの》

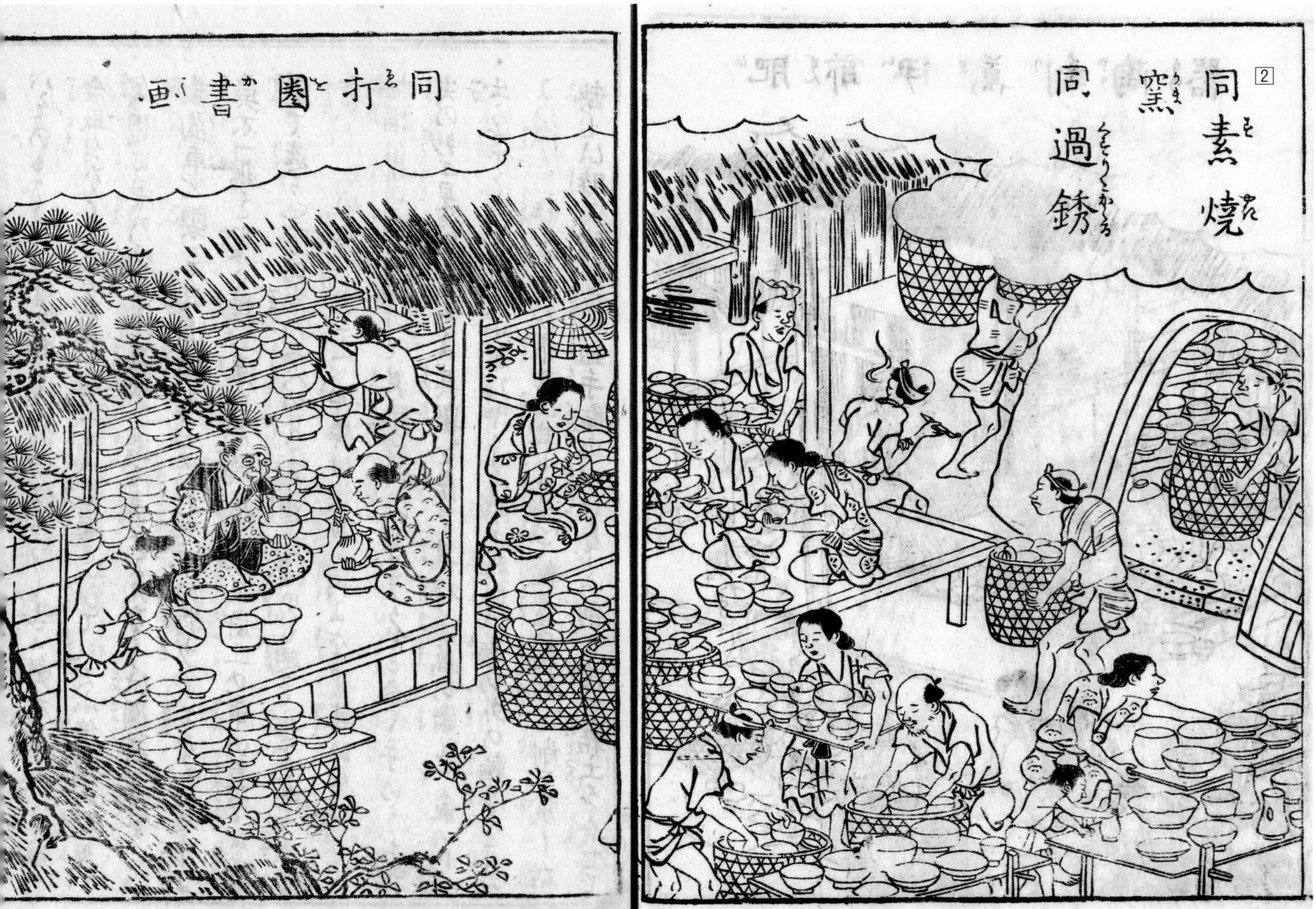

同 打《ゑ》圏《と》書《か》画《く》

2 同 素《そ》焼《やき》 窯《かま》 同 過銹《くすりかける》

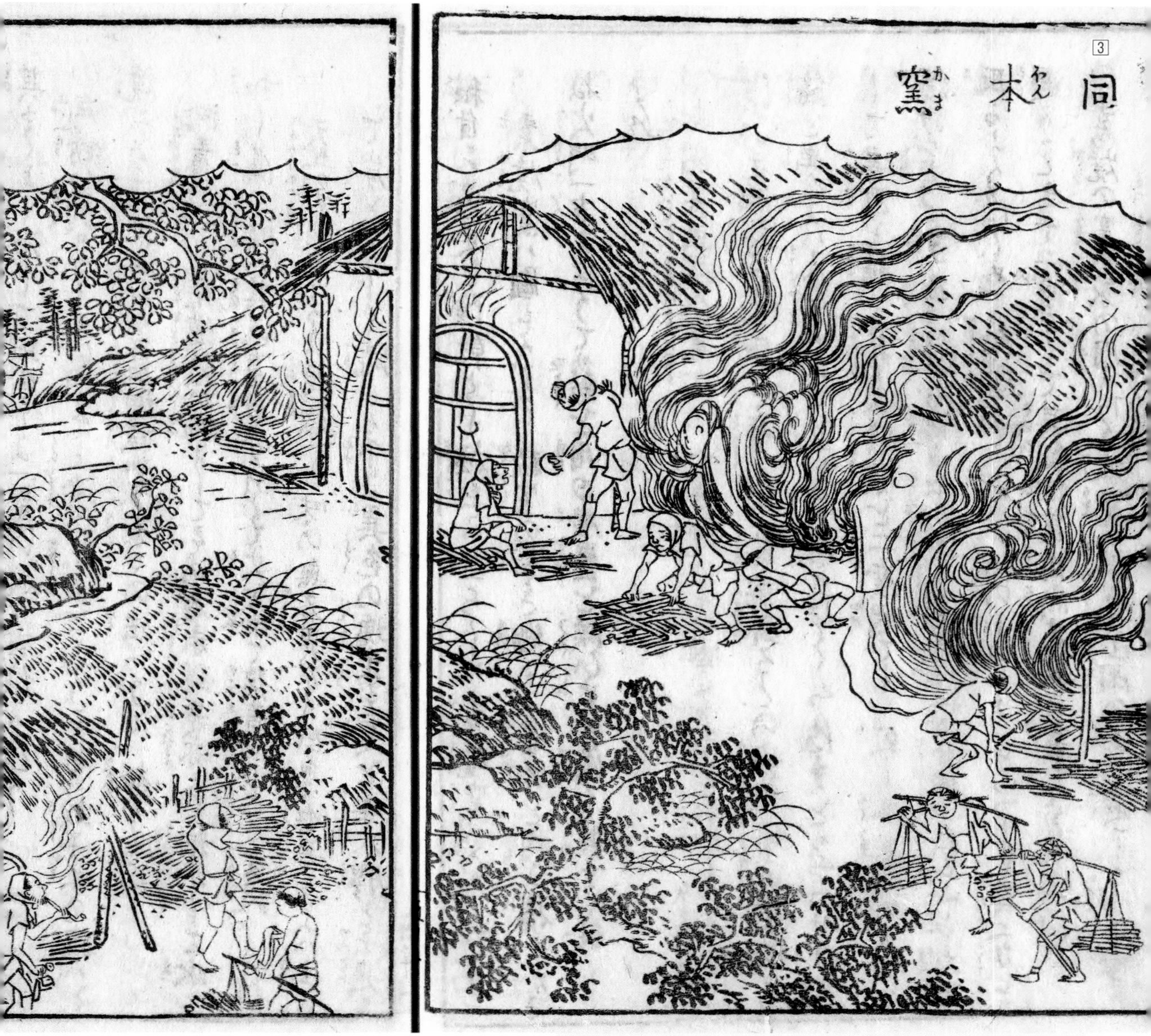

「陶器《やきもの》」の項では、磁器の製造で有名な伊万里焼を取り上げ、詳しく図説している。伊万里焼は江戸時代の初期から現在の佐賀県有田地方で量産されてきたことから有田焼とも称されるが、積み出す港が伊万里津だったことからこの名が広まった。蔀関月の挿絵は丁寧でわかりやすい。土から磁器商品が淀みなく生み出されていく現場を、製造行程順に見せてくれる。1では、職人が足で轆轤《ろくろ》台（円器）を回し、土を器の形にしている。できた器は陰乾しして2の素《す》焼窯《やきがま》に入れ、薪を燃やし低温で焼く。よく冷めたら絵や模様を描き、再び窯に入れて低温で焼く。冷めたら水で洗い、木綿裂《もめんきれ》で拭き磨く。物によっては、さらに絵や模様を施し、釉《うわぐすり》（釉薬《ゆうやく》）を二度かけ、よく乾したら3の本窯に入れ、高火度で本焼きする。

『農具便利論《のうぐべんりろん》』

1822（文政5）年に刊行された本作は、便利な農具を絵入り解説した農業技術書で、3巻3冊から成る。著者は、宮崎安貞、佐藤信淵《のぶひろ》とならぶ江戸時代の3大農学者のひとり、大蔵永常である。永常は現在の大分県日田市に生まれ、各地の農家を見聞しながら実践的な農業技術を習得。農業における可能性を合理的に追求し、『農家益』『広益国産考』など農家の増収につながる先覚的な農書を数多く著した。本書の36頁から紹介した『日《にち》用助食《ようじょしょく》　竈《かまど》の賑《にぎわ》ひ』も永常の著書である。

本作でテーマとした農具は、言わずもがな農業に不可欠である。各作業の現場で、どの農具を選択してどう用いるかは、作業効率、生産性の向上に大きく影響する。永常は各地で利便性を発揮していた大小の農具から選りすぐり、絵を横山陶山に描かせて図説した。本作中には、鍬《くわ》や鋤《すき》などの基本となる農具を詳しく紹介しているが、本書ではアイデアを形にした興味深い農具の中から抜粋して掲載することにした。

永常は小難しい理論に走らず、各種農具を絵で示し、使用現場や道具の構造、作り方や使い方まで平易な文で具体的に著した。実用性にこだわった編集、著述方針は評価に値する。

農具は時代とともに改良されていくものだと安易に考えがちだが、使い慣れた従来の農具に縛られ、更新しない（あるいは投資の金がなく更新できない）農家も当時は多かった。本作はそこに一石を投じ、「これなら使ってみたい」「身近な材料で作れそうだ」と思わせ、農具の更新意欲を喚起させる。本作は「アレンジもご自由に」と農具の可能性を広げるアイデアの種本としても活用できる。刺激的でプラス思考を促す実用書なのである。

「諸国鍬《くわ》之図」では、国によって形状が異なる29種の鍬を9頁にわたって図説。①は、そのあとに続く櫛状の刃をした備中鍬の頁。国によっては熊手鍬とも呼ばれた。②は下総国あたりで用いられた鋳鍬《いくわ》。足で踏んで鋤き返すことから「踏鍬《ふみくわ》」とも呼ばれた。④の足桶は寒中用。これを履いて川に入ると、冷水に浸かることなく人参や大根などが洗えた。⑤は牛馬や猪の皮などで作った綱貫《つなぬき》という紐で縛る沓《くつ》。足が包まれるので暖かく、雨の日や冬期に履くと農作業がはかどったという。

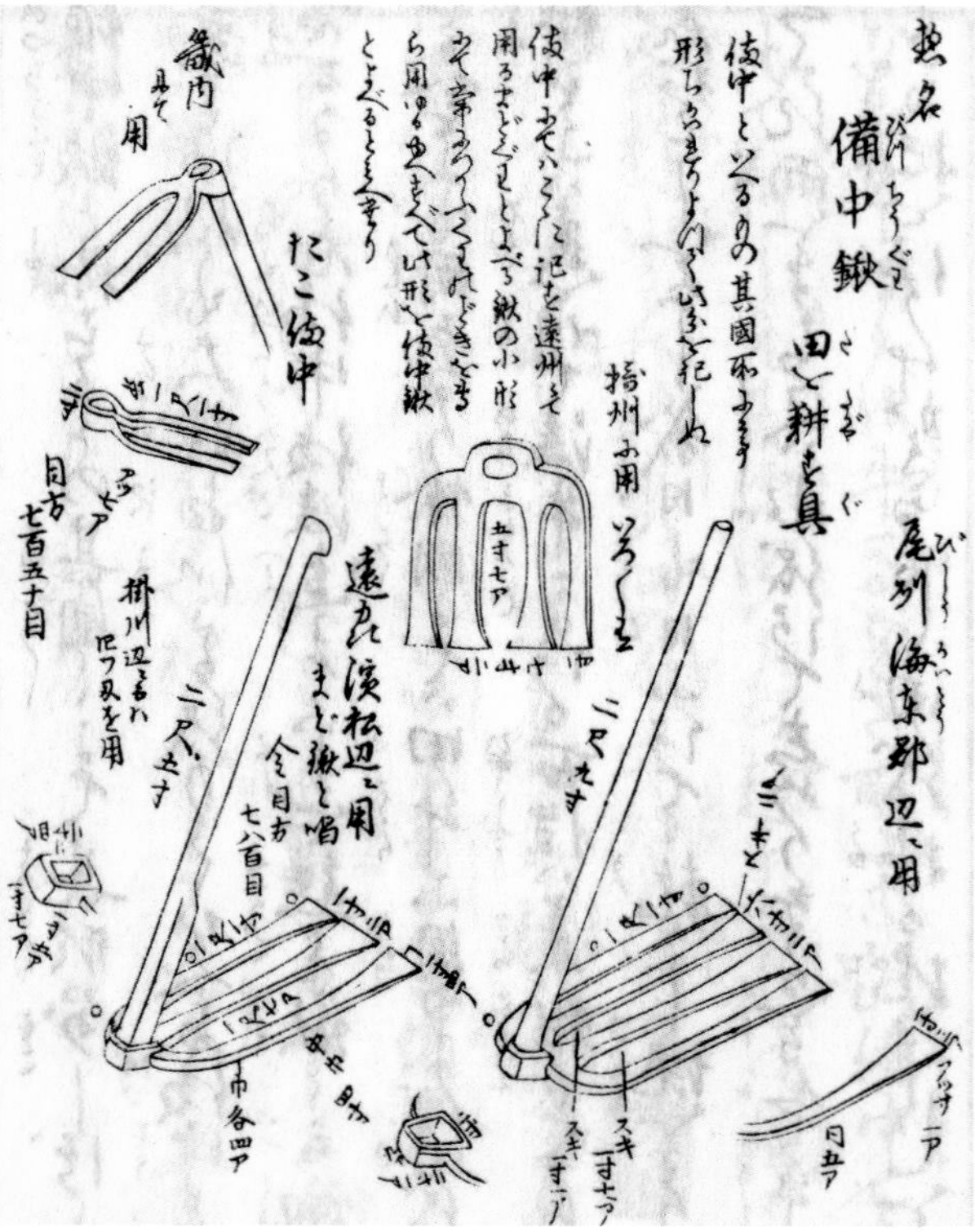

備中鍬《びっちゅうぐわ》 ①

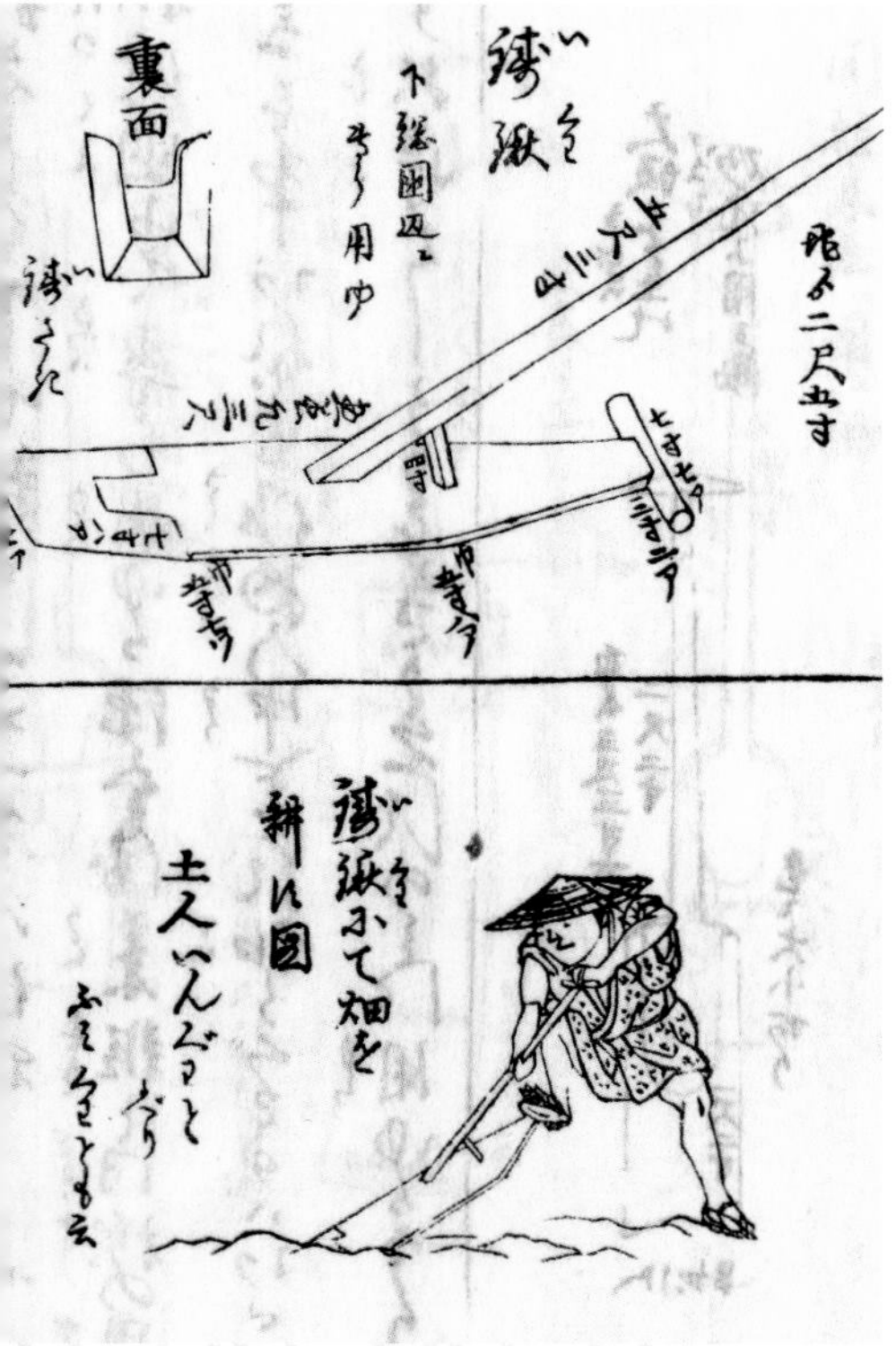

鋳鍬《いくわ》 ②

水かき桶《おけ》 3

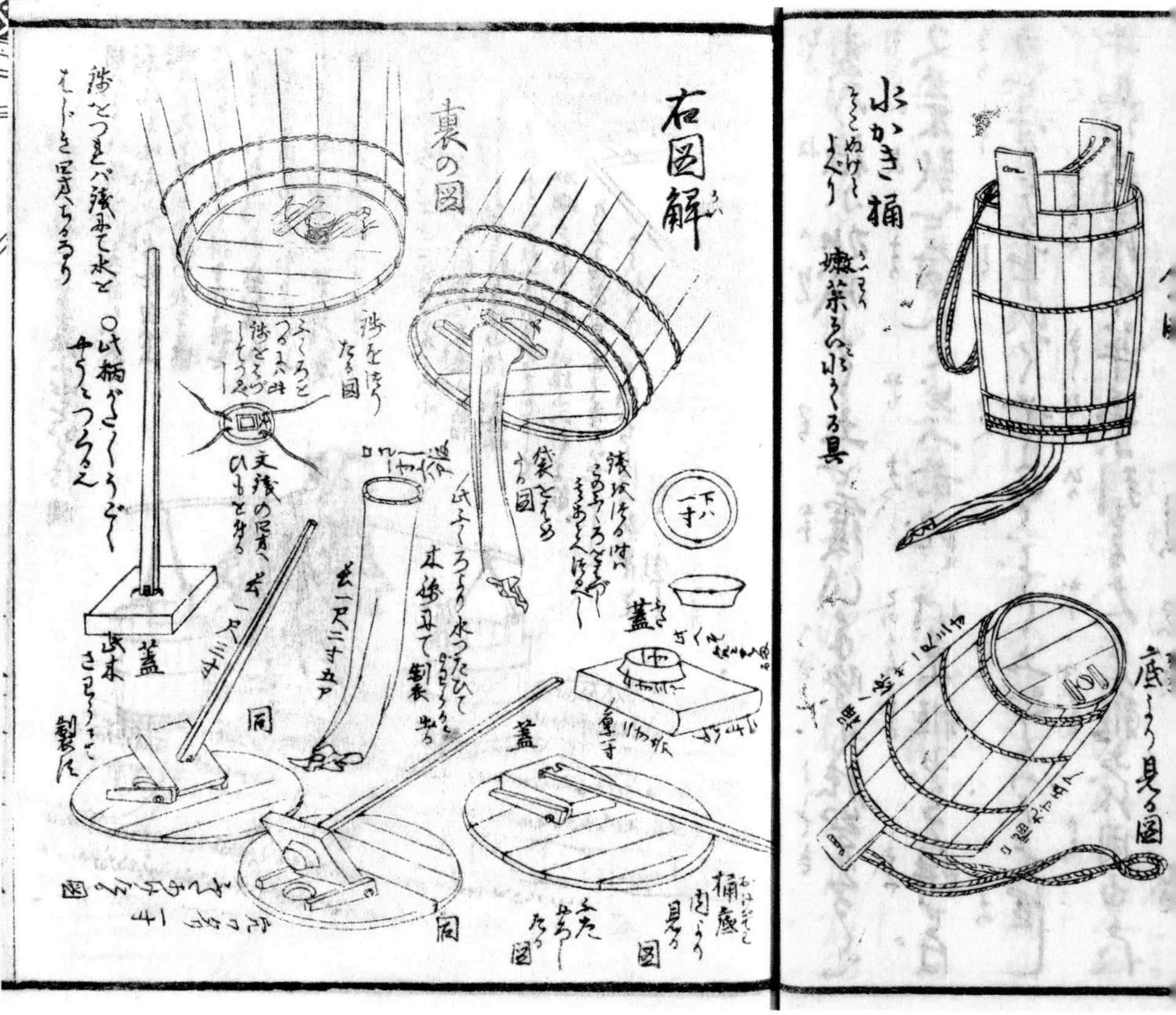

3は、ほどよく水が撒けるアイデア桶。内部には、穴にふたができる小板に棒を取り付けておく。桶に水を入れ、手で棒を操作すると、思いのままに水が出せた。桶の穴に袋を取りつけると、「水つたひて、やわらかく出る」。穴に銭をつると水が広がり出る。柄杓で撒くよりよい、などと記されている。

足桶《あしおけ》 4

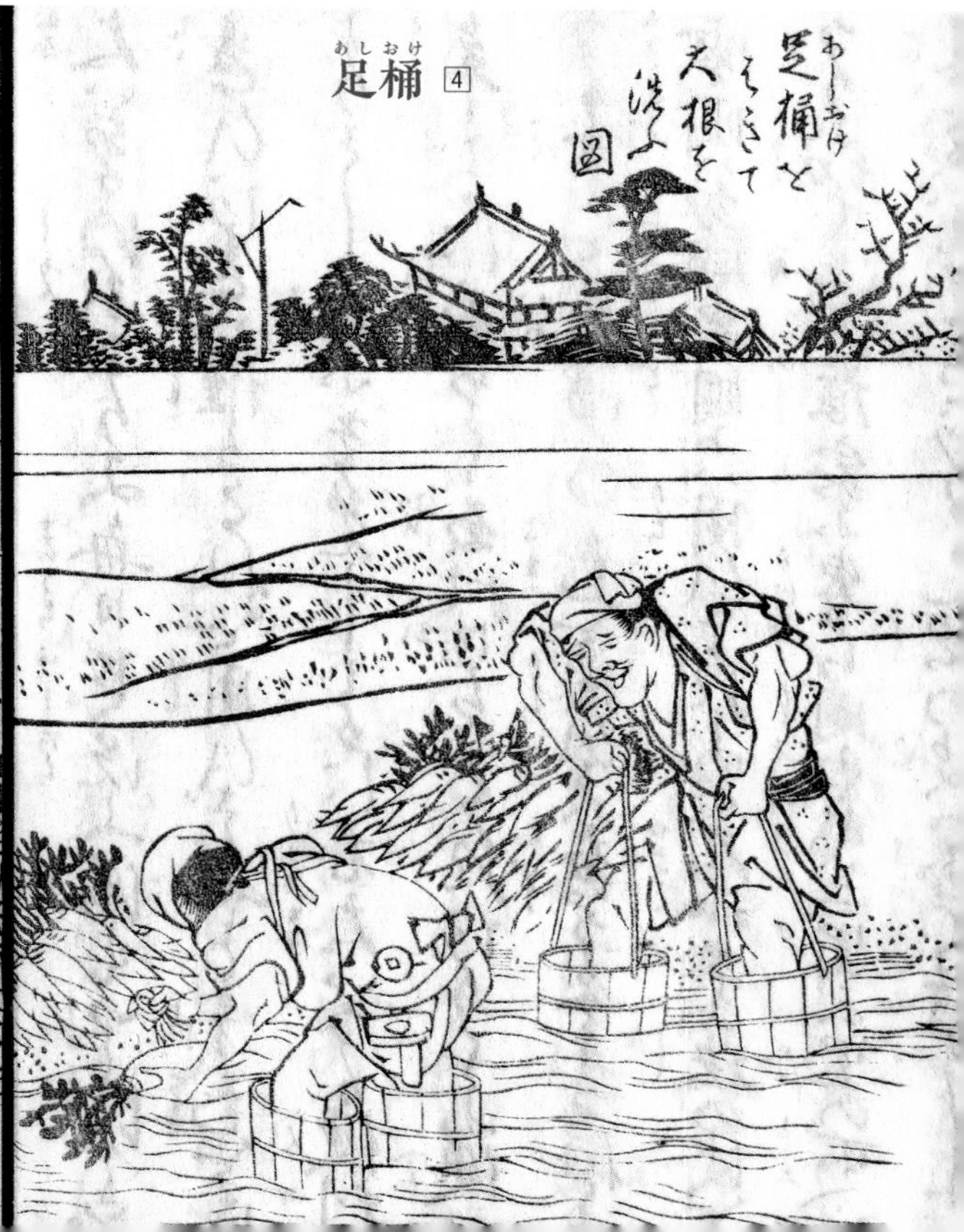

綱貫《つなぬき》 5

踏車《ふみぐるま》全図

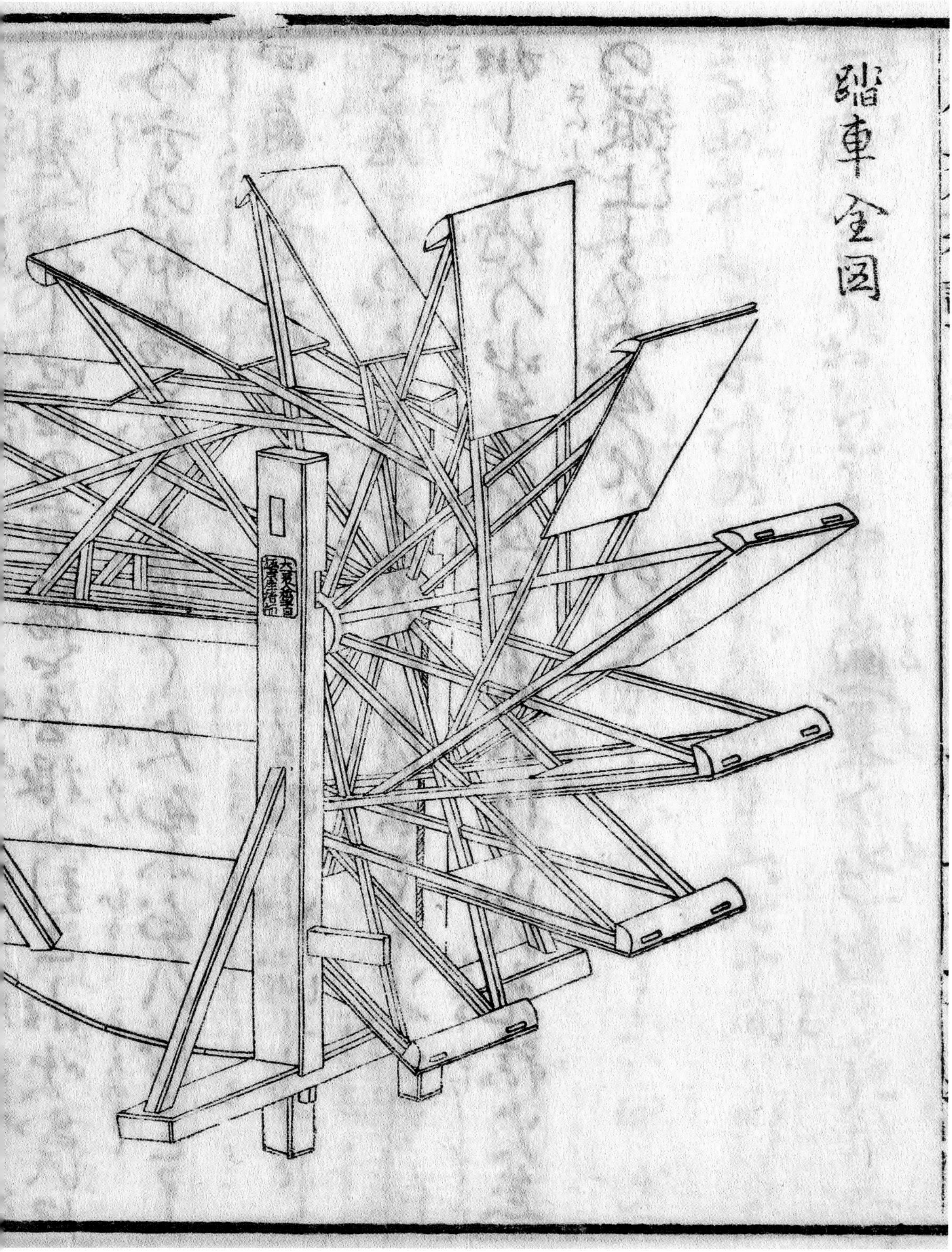

てある。この上に重しになるものを置いて、動かないように固定させて使用した。別の頁では、羽車を手で回す小型の「小車」も絵入りで紹介している。人が使用している絵のほか、手作りしたい読者のために各部品の図も示し、寸法つきで掲載している。このほか、２人乗りの「大車」（二《に》人踏《にんぶみ》）もあったという。

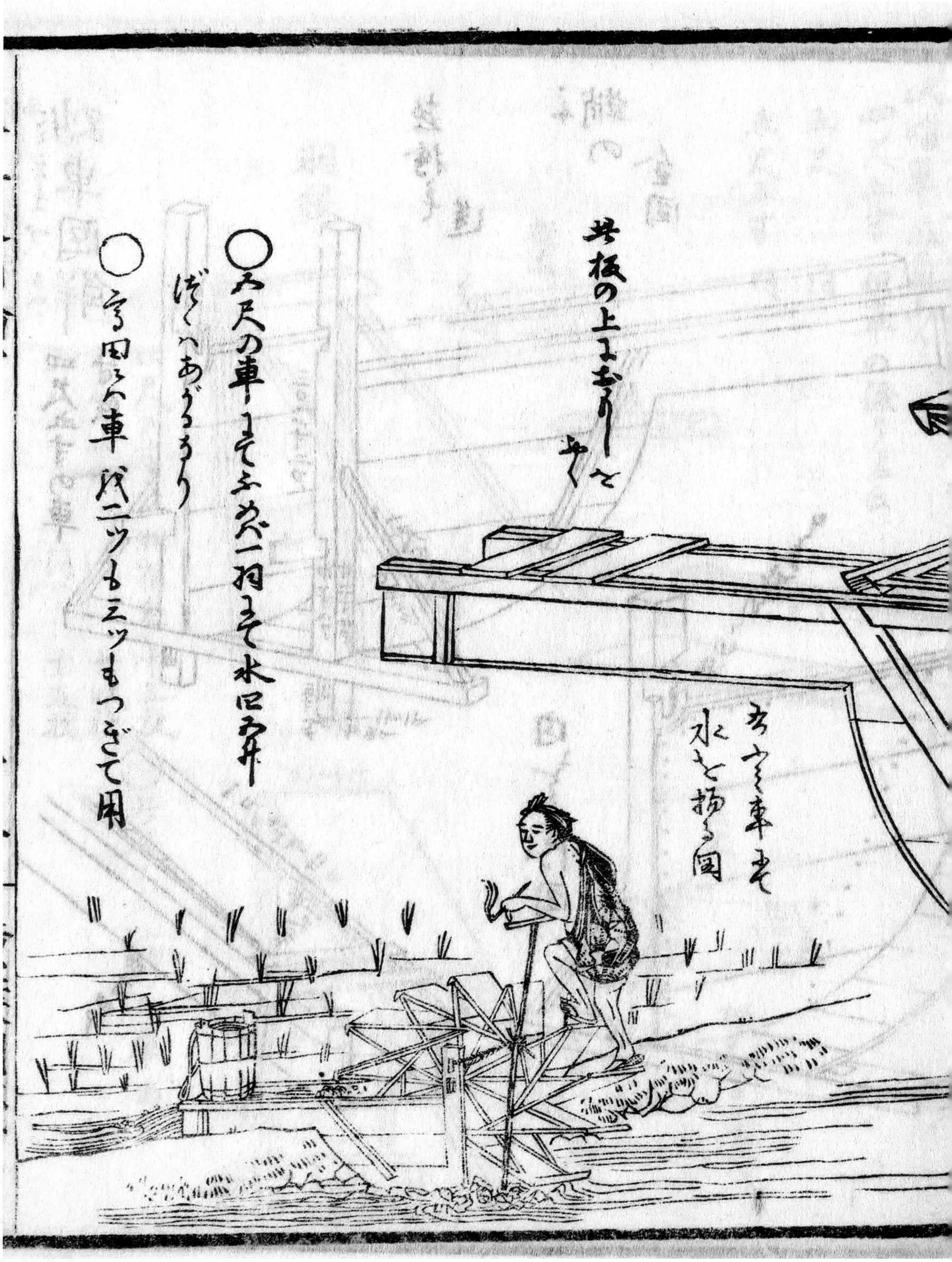

踏車とは、人力揚水機のことである。左下の絵のように、人が羽車に乗って羽を踏み続けると、低地の水を高所の田に汲み揚げることができる。寛文年間（1661 ～ 73）、大坂の農人橋という地に住んでいた京屋七兵衛と京屋清兵衛が最初に製作し、江戸時代中期ごろには諸国に広まっていたという。田に注ぐ口の上には、２枚の板が渡し

杭打船《くいうちふね》　杭打《くいうち》之《の》図《づ》

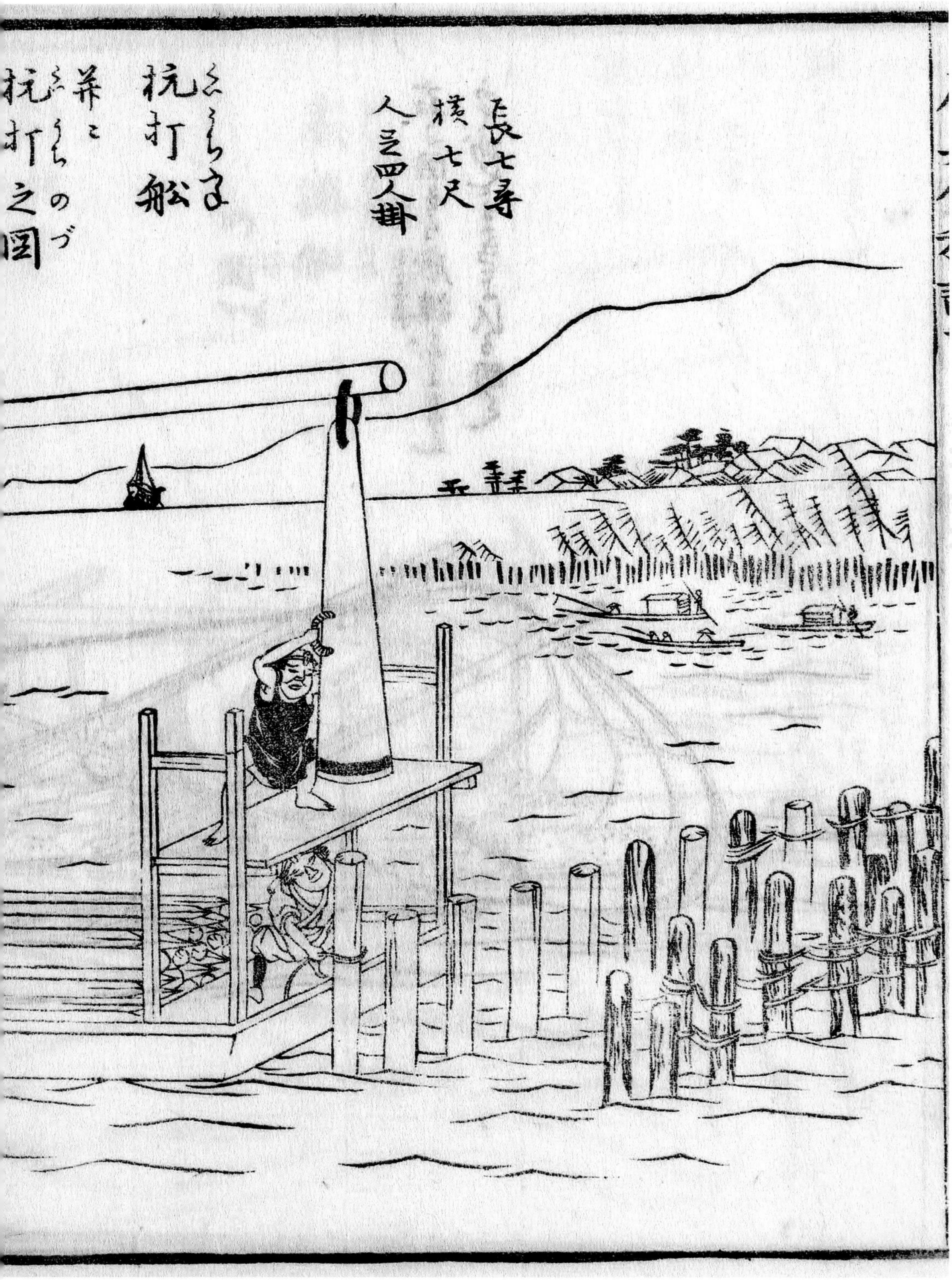

抜く杭抜船《くいぬきふね》、作業用の綱を巻き取る装置を搭載した轆轤船《ろくろふね》、大量の土砂を載せて運ぶ土砂積船、船の中央真下に巨大な石を縄で釣って運ぶ石釣船など、創意工夫が光る作業船を次々紹介。人力で行う水上便利道具の奥深さを伝えてくれた。永常は「種々の船は農具にあらざれども…農家の一助ともなれば…」とやや苦しい言い訳をしているものの、1812（文化９）年に没した松右衛門を相当リスペクトしていたようで、巻末には松右衛門の生涯を綴った長文を15頁にもわたり掲載している。

単純構造だが「なるほど！」と思わせるこの杭打船は、船頭出身の発明家・工楽《くらく》松《まつ》右衛《え》門《もん》が考案した。松右衛門は、1785（天明５）年に丈夫な帆布（織《おり》帆《ほ》）を創案。織帆はそれまでの帆に代わり「松右衛門帆」と呼ばれて全国に普及し、海運業界にその名を轟かせた。知恵者の松右衛門は、このほか川や海で行う土木工事の作業効率を大幅にアップさせるアイデア作業船も多数発明。本作の著者・大蔵永常は、そうした松右衛門作の作業船大特集を第３巻の後半で組んだ。この杭打船のほか、杭を

あとがき

本書で紹介した教養書や実用書の板本は、企画から制作、販売まで一貫して行っていた板元から、すべて手づくりで生み出された。初版は100部から数100部ほどつくられ、初版が捌けると30部から50部くらいずつ増摺《ましずり》されていったようだ。当時は短期間に1000部売れると万々歳で、祝い酒を関係者に振る舞うほどのヒットとされた。

あまたの板元がそれぞれヒットを狙い鎬を削った商業出版は、江戸時代前期に京都からはじまり、大坂に伝播した。中期になると、長らく上方で刊行された板本の販売に甘んじていた江戸の板元が奮起。大衆向けの売れ線を開拓して、隆盛の波に乗る。出版界は、中期から三都の時代に入った。

教養書や実用書の板本は、三都の板元から、指南書やガイドブック、事典、救荒書、図案集など、さまざまな分野の本が刊行されていった。

江戸時代の本の販売は、板元直営の本屋などで行われていたが、大量の本を背負って家や店を廻る貸本屋も数を増やした。貸本屋は、読者層の裾野を広げる重要な役割を担ったといえる。庶民は貸本屋のおかげで、気軽に娯楽本が借りられるようになった。読書の楽しみが庶民に浸透すると、板元は大衆向けを意識したタイムリーな話題作や普遍性を持つ定番書を次々生み出していった。

出版の規模も幅を広げた。低予算で制作された板本もあるが、なかには高額な制作費を必要とする企画も立案された。需要が見込める企画は、複数の板元が共同出資する「相板《あいはん》」という契約が結ばれ、初期投資や版権の問題をクリアした。

戦略が当たるとビッグヒットも誕生。目の上のたんこぶである幕府の出版統制はあるものの、企画・制作・販売の幅を膨らませたことで、荒波にもまれながらも出版界は活況を保った。江戸後期になると、三都の板元から販売される書籍は、新旧入り乱れて膨大な数となる。流通網は主要街道を通じて地方にも広がっており、地方の板元も地域色をウリにする書籍を出版していった。

そうした雑多な板本は、今も読書に堪える書籍として生きている。板本を扱っている古本屋に行けば、当時の板本を手に取り、買うことができる。

私が古本市ではじめて板本を手に取ったとき、まず驚いたのはその軽さだった。本文の紙はとても薄く、どこか手漉きの温かみが感じられた。

手漉き職人が、漉き船という水槽に簀桁《すけた》を差し入れ、繊維が絡んだ薄膜をすくい取って重ねていき、それを圧搾機にかけて水分を搾り取り、1枚ずつはがして板に張り、天日干しにしてつくりあげた紙は、明治時代に洋紙と区別するため「和紙」と呼ばれるようになった。長い繊維が複雑に絡み合った和紙は、薄くても破れにくく丈夫である。

私が手に取った板本は約200年前の刊行物だったが、1丁（43頁参照）ずつめくっていっても劣化の脆さは感じなかった。数千円で買える板本もあるので、板本に興味をもった方は試しに1冊買ってみて、当時の和紙をめくる感触を味わいながら、読んでみてはいかがだろう。

江戸時代の板本は、当然のことながら古本屋以外にもある。日本各地の図書館、大学、博物館、美術館、板本をコレクションしている企業などで大切に所蔵、保管されている。それらの板本の画像は、ネットでも大量に公開されるようになった。今、著名な板本の多くは全頁読めるのではないだろうか。長いあいだ書庫に眠っていた板本の本文が家でも手軽に読めるありがたい時代は、すでに到来しているのである。板本の研究は遅れているといわれて久しいが、丹念に掘り起こしていけば、これまでにない発見がまだたくさんありそうだ。

しかしその数は膨大で、大作は頁数も多い。板本の海に飛び込んだはいいが、くずし字の読みにくさも加わり、翻弄され、溺れそうになる人も多いのではないだろうか。本書は、ほんのひとときの浮き輪に過ぎないかもしれないが、巻頭でも書いたように、まずは古本屋に入った気分で多彩な板本の世界を楽しんでいただければ幸いである。

本書は、江戸の板本をテーマとした図説シリーズの3冊目となる。今回も刊行に至るまで河出書房新社の藤﨑寛之氏に大変お世話になった。あつく御礼を申し上げたい。

【主要参考文献】

『北越雪譜』 鈴木牧之 編撰 京山百樹 刪定 岡田武松 校訂 岩波書店 1936（1978 改版）
『広益国産考』 大蔵永常 土屋喬雄 校訂 岩波書店 1946
『蘭学事始』 杉田玄白 緒方富雄 校註 岩波書店 1959（1983 改版）
『江戸服飾史』 金沢康隆 青蛙房 1961
『元禄歌舞伎の研究』 諏訪春雄 笠間書院 1967
『江戸の本屋さん 近世文化史の側面』 今田洋三 日本放送出版協会 1977
『松浦武四郎紀行集』上・下 吉田武三 編 冨山房 1977
『日本名所風俗図会 3 江戸の巻 I』 朝倉治彦 編 角川書店 1979
『田沼時代』 辻 善之助 岩波書店 1980
『都風俗化粧伝』 高橋雅夫 校注 平凡社 1982
『江戸っ子と江戸文化』 西山松之助 小学館 1982
『日本名所風俗図会 16 諸国の巻 1』 長谷章久 編 角川書店 1982
『日本名所風俗図会 5 東山・東海の巻』 鈴木棠三 編 角川書店 1983
『日本名所風俗図会 15 九州の巻』 朝倉治彦 編 角川書店 1983
『遊びのデザイン 山東京伝「小紋雅話」』 谷 峯藏 解説 岩崎美術社 1984
『江戸名物評判記案内』 中野三敏 岩波書店 1985
『江戸の戯作絵本 続刊（二）』 小池正胤 宇田敏彦 中山右尚 棚橋正博 編 社会思想社 1985
『和漢三才図会』全 18 巻 島田勇雄ほか 訳注 平凡社 1985
『日本名所風俗図会 1 奥州・北陸の巻』 朝倉治彦 編 角川書店 1987
『歌舞伎評判記集成 第二期 第二巻』 役者評判記研究会 編 岩波書店 1988
『元禄歌舞伎攷』 鳥越文蔵 八木書店 1991
『日本酒ルネッサンス 民族の酒の浪漫を求めて』小泉武夫 中央公論社 1992
『江戸文化評判記』 中野三敏 中央公論社 1992
『江戸風俗 東都歳事記を読む』 川田 壽 東京堂出版 1993
『江戸の本屋』上・下 鈴木敏夫 中央公論社 1993
『叢書江戸文庫 32 森島中良集』 石上 敏 校訂 国書刊行会 1994
『別冊太陽 蔦屋重三郎の仕事』 平凡社 1995
『蝦夷、北海道の謎』 中江克己 河出書房新社 1997
『江戸の道楽』 棚橋正博 講談社 1999
『江戸の遊び方 若旦那に学ぶ現代人の知恵』 中江克己 光文社 2000
『市川團十郎代々』 服部幸雄 講談社 2002
『江戸時代を探検する』 山本博文 新潮社 2005
『江戸娯楽誌』 興津 要 講談社 2005
『千年生きる書物の世界 和本入門』 橋口侯之介 平凡社 2005
『もっと知りたい 葛飾北斎 生涯と作品』 永田生慈 監修 東京美術 2005
『江戸文化をよむ』 倉地克直 吉川弘文館 2006
『続和本入門 江戸の本屋と本づくり』 橋口侯之介 平凡社 2007
『お殿様たちの出世 江戸幕府老中への道』 山本博文 新潮社 2007
『江戸の武家名鑑 武鑑と出版競争』 藤實久美子 吉川弘文館 2008
『静かな大地 松浦武四郎とアイヌ民族』 花崎皋平 岩波書店 2008
『シリーズ江戸学 江戸の教養 遊びと学び』 大石 学 編 角川学芸出版 2009
『江戸文化の見方』 竹内 誠 編 角川学芸出版 2010
『絵草紙屋 江戸の浮世絵ショップ』 鈴木俊幸 平凡社 2010
『和本のすすめ』 中野三敏 岩波書店 2011
『北斎』大久保純一 岩波書店 2012
『書誌学談義 江戸の板本』 中野三敏 岩波書店 2015
『江戸のベストセラー』 清丸恵三郎 洋泉社 2017
『江戸の居酒屋』 伊藤善資 編著 洋泉社 2017
『江戸庶民の読書と学び』 長友千代治 勉誠出版 2017
『松浦武四郎入門』 山本 命 月兎舎 2018
『へんちくりん江戸挿絵本』 小林ふみ子 集英社 2019
『おしゃれ文化史 飛鳥時代から江戸時代まで』 ポーラ文化研究所 秀明大学出版会 2019
『〈奇〉と〈妙〉の江戸文学事典』 長島弘明 編 文学通信 2019
『雪国を江戸で読む 近世出版文化と『北越雪譜』』 森山 武 東京堂出版 2020
『馬琴と月岑 ―千代田の“江戸人”―』（図録）千代田区教育委員会 2015
『歴史公論』 江戸時代の町人文化 雄山閣出版 1981（10 月号）

著者　深光富士男（ふかみつ ふじお）

1956年、山口県生まれ島根県出雲市育ち。日本文化歴史研究家。光文社雑誌記者などを経て、1984年に編集制作会社プランナッツを設立。現在は歴史や文化に主軸をおいたノンフィクション系図書の著者として、取材・執筆を行っている。著書に『図説 江戸のエンタメ 小説本の世界』『図説 江戸の旅 名所図会の世界』『京都・大坂で花開いた元禄文化』『江戸で花開いた化政文化』『面白いほどよくわかる浮世絵入門』『旅からわかる江戸時代（全3巻）』『明治まるごと歴史図鑑（全3巻）』『はじめての浮世絵（全3巻）』〔第19回学校図書館出版賞受賞〕（以上、河出書房新社）、『明治維新がわかる事典』『日本のしきたり絵事典』『あかりの大研究』（以上、PHP研究所）、『金田一先生の日本語教室（全7巻）』『日本の年中行事（全6巻）』（以上、学研プラス）、『自然の材料と昔の道具（全4巻）』（さ・え・ら書房）など多数。本文執筆に『すっきりわかる！ 江戸〜明治 昔のことば大事典』（くもん出版）がある。

画像協力（順不同・敬称略）

国文学研究資料館
国立国会図書館

装丁・本文レイアウト

田中晴美

編集制作

有限会社プランナッツ

図説　江戸のカルチャー　教養書・実用書の世界

2022年3月20日　初版印刷
2022年3月30日　初版発行

著　者　深光富士男
発行者　小野寺優
発行所　株式会社河出書房新社
〒151-0051　東京都渋谷区千駄ヶ谷2-32-2
電話　03-3404-1201（営業）
03-3404-8611（編集）
https://www.kawade.co.jp/
印刷・製本　凸版印刷株式会社

Printed in Japan
ISBN978-4-309-22850-1

『雛形都風俗』